beck **|**sche reihe

bsr

Palästina ist eine Region der Superlative: Kein Gebiet auf der Erde ist politisch so zerstückelt wie das Westufer des Jordan, die sogenannte „Westbank", und der Gazastreifen. Nirgendwo sonst ist eine mehrere Jahrtausende währende Geschichte nicht nur in archäologischen Zeugnissen, sondern auch im politischen und religiösen Alltag so präsent. Dieses Buch bietet einen fundierten und umfassenden Überblick über Geschichte, Politik und Kultur Palästinas. Im Mittelpunkt stehen der Konflikt der Palästinenser mit dem Staat Israel und die palästinensische Politik unter Yassir Arafat. Die Autoren beschreiben die Hoffnungen und Probleme des Friedensprozesses und zeigen, wo die größten Hindernisse für einen dauerhaften Frieden liegen. Ein Blick auf das vielfältige kulturelle Leben im heutigen Palästina rundet die Darstellung ab.

Dietmar Herz, geb. 1958, ist Ordinarius für Vergleichende Regierungslehre an der Universität Erfurt. Zuvor war er Professor für Politikwissenschaft an der Universität Bonn (1997–2000), Gastdozent am *Helmut Kohl Institute for European Studies* in Jerusalem (1997) und Gastprofessor an der *Vanderbilt University* in Nashville, Tennessee (1999/2000). Zahlreiche Veröffentlichungen, u.a. „Die wohlerwogene Republik" (1999), „Thomas Morus zur Einführung" (1999) und „Das kurze Amerikanische Jahrhundert" (1991).
Julia Steets, geb. 1975, studierte Politikwissenschaften, Soziologie und Rechtswissenschaften in München und London und ist seit 1999 *McCloy Scholar* an der *John F. Kennedy School of Government* der *Harvard University* in Cambridge, Massachusetts.

Dietmar Herz
Julia Steets

Palästina

Gaza und Westbank
Geschichte, Politik, Kultur

Verlag C.H. Beck

Mit 8 Abbildungen und 12 Karten

Die ersten beiden Auflagen dieses Buches erschienen 2001
3. Auflage 2002

4. Auflage. 2002
Originalausgabe

© Verlag C.H.Beck oHG, München 2001
Gesamtherstellung: Druckerei C.H.Beck, Nördlingen
Umschlagabbildung: Palästinenser in der Altstadt von Jerusalem
Foto: Sharon Abbady, Jerusalem
Umschlagentwurf: +malsy, Bremen
Printed in Germany
ISBN 3 406 47559 0

www.beck.de

Inhalt

Vorwort.. 7

I. Das Land 11
  1. Die Grenzen................................ 12
  2. Die Küstenregion 14
  3. Die Bergregion und das Jordantal 15
  4. Beerscheba und die Wüste 18

II. Geschichte 19
  1. Die frühe Geschichte Palästinas................ 21
  2. Palästina im Osmanischen Reich 24
  3. Weltkrieg, Mandat und jüdische Einwanderung 27
  4. Al-Nakbah 30
  5. Der israelisch-arabische Konflikt und die
     Palästinenser, 1949–1967 34
     a) Vom Panarabismus zum palästinensischen Nationalismus 34 –
     b) Der Gazastreifen unter ägyptischer Verwaltung 39 – c) Die
     Westbank als Teil des haschemitischen Königreichs Jordanien 42
  6. Die palästinensische Diaspora, 1967–1987 45
     a) Der Sechstagekrieg und seine Folgen 45 – b) Flucht und
     Exil 48 – c) Der palästinensische „Staat im Staate" in Jordanien
     50 – d) Der palästinensische „Exilstaat" im Libanon 53 – e) Der
     Tiefpunkt 58
  7. Die besetzten Gebiete, 1967–1987 62
     a) Widerstand 62 – b) Palästinensische Institutionen 65 – c) Die
     israelische Besatzungspolitik 70 – d) Die Wirtschaft in den be-
     setzten Gebieten 71
  8. Intifada – der palästinensische Aufstand........... 75
     a) Ursachen 75 – b) Organisation 79 – c) Folgen 81 – d) Friedens-
     verhandlungen 86

III. Der Friedensprozeß 89
  1. Oslo: Frieden als Prozeß 89
  2. Friedensbefürworter und Friedensgegner.......... 91

3. Die Interimsphase 98
4. Verhandlungen über den endgültigen Status 104
   a) Jerusalem 106 – b) Flüchtlinge 110 – c) Siedlungen, Grenzen
   und Wasser 115

IV. Politik 122
   1. Yassir Arafat, der *Ra'ees* 123
   2. Institutionen der Autonomiegebiete und der *PLO* ... 125
   3. Das Rechtssystem 128
   4. Außenbeziehungen 130

V. Wirtschaft 137
   1. Die Entwicklung von Wirtschaft, Handel und
      Finanzen 138
   2. Ursachen und Hintergründe der Wirtschafts-
      entwicklung 144

VI. Gesellschaft und Kultur 149
   1. Palästina: eine heterogene arabische Gesellschaft 149
   2. Religionen 154
   3. Bildung 159
   4. Frauen 161
   5. Palästinensische Kunst und Literatur 167

Zitatnachweise 173
Literaturhinweise 175
Zeittafel 178
Register 180

Vorwort

Schon ein oberflächlicher Blick in Bibliotheken oder ein flüchtiges Durchblättern von Bibliographien zeigt, daß an Literatur zu Palästina kein Mangel herrscht. Bei genauem Hinsehen bemerkt der suchende Leser allerdings, daß ein Großteil dieser Bücher und Aufsätze Einzelaspekte des israelisch-palästinensischen Konflikts behandelt. Eine überblickshafte, für eine größere Leserschaft verfaßte Darstellung der Geschichte und Politik Palästinas, zumal in Deutsch, fehlt. Das hier vorgelegte Bändchen versucht, diese Lücke zu schließen. Dies ist kein einfaches Unterfangen. Wie Faust schon beim ersten Satz seiner Übersetzung des Johannes-Evangeliums ins Stocken gerät, so machte bereits der Titel des Buches Schwierigkeiten. „Palästina" ist ein historischer, seit langer Zeit gebrauchter Begriff. Er hatte in der Geschichte unterschiedliche Bedeutung: Ein Küstenstreifen in der Levante, benannt nach einem antiken Seevolk; eine römische, später byzantinische Provinz; ein unter britischer Verwaltung stehendes Mandat des Völkerbundes; heute ein in Entstehung begriffener Staat der Palästinenser, dessen Grenzen und rechtlicher Status umstritten sind.

Die längste Zeit war Palästina eine geographische Bezeichnung für das Gebiet, das den Staat Israel, einige wenige Gebiete östlich des Jordan im Königreich Jordanien und die seit 1967 von Israel besetzten und verwalteten Gebiete (die sogenannte Westbank und den Gazastreifen) umfaßt. Zum Teil sind die beiden letztgenannten Gebiete heute Bestandteil des von der Palästinensischen Autonomiebehörde regierten Territoriums. Jerusalem, das ein Großteil der Völkergemeinschaft als *corpus separatum* betrachtet, wurde von Israel nach der Eroberung im Juni 1967 annektiert und wird von Israel als unteilbare Hauptstadt des Landes betrachtet. Zumindest Ostjerusalem und die Altstadt werden gleichermaßen von den Palästinensern beansprucht. Unsere Darstellung versucht, dieser schwierigen Ausgangslage Rechnung zu tragen.

Ausgehend von einer umfassenden geographischen Beschreibung des gesamten Raumes, widmet sich die Darstellung den Gebieten, die heute die politische Entität Palästina konstituieren, also dem Gazastreifen und den als Westbank bezeichneten Gebieten westlich des Jordan und südlich von Jerusalem (Bethlehem und Hebron). Jerusalem, obwohl von großer politischer und religiöser Bedeutung, wird nur am Rande erörtert, soweit dies für das Verständnis der israelisch-palästinensischen Friedensverhandlungen nötig ist. Die Komplexität der Jerusalem-Frage bedarf einer eigenen Darstellung, und mit Bernard Wassersteins umfassendem Werk über die seit dem Ende der Mandatszeit bis 1967 geteilte und seither politisch umkämpfte und religiös und ethnisch zerstrittene Stadt liegt eine hervorragende Studie zu dieser Thematik vor.

Palästina als politischer Begriff ist, an den Maßstäben der Region gemessen, jüngeren Datums. Wir haben daher versucht, zunächst die Geschichte des Landes und mit zunehmender Annäherung an die Gegenwart die Geschichte der Palästinenser als Volk zu erzählen. Der nach Themen geordnete Gang durch die Geschichte endet mit einer Zustandsbeschreibung des Gebietes, das sich zum Staat Palästina entwickeln soll. Auch hier ist Jerusalem weitgehend ausgeklammert.

Der Gang durch die Geschichte zeigt auch, daß die Entwicklung einer politischen Eigenständigkeit der Palästinenser irreversibel ist: Palästina ist in den Jahren seit 1967 nach und nach zu einer distinkten politischen Einheit geworden, es kann sich zu einem Staat und einer Nation weiterentwickeln. Dies kann, wie die Historie zeigt und die Betrachtung der gegenwärtigen politischen Situation verdeutlicht, nur mit, nicht gegen Israel geschehen. Auch wenn die Ereignisse seit dem Herbst 2000 wenig Anlaß zu der Hoffnung geben, es würde sich schon bald eine Lösung für den israelisch-palästinensischen Konflikt finden lassen, so gibt es doch zu einer friedlichen Koexistenz der Völker der Region keine Alternative. Keines ist stark genug, das jeweils andere auf Dauer zu unterdrücken oder gar in seiner Existenz zu bedrohen. Zumindest in dieser Frage besteht ein Konsens, den weder die palästinensische Führung noch die derzeitige israelische Regierung unter Ariel Scharon in Frage stellt.

Unser Unterfangen erfordert Einschränkungen: Die Darstellung verzichtet auf eine Erörterung vieler historisch wichtiger Details. Wir haben versucht, die großen Entwicklungslinien nachzuzeichnen und eine (vorläufige) Bestandsaufnahme des Staatswerdungsprozesses zu geben. Wie alle solche Darstellungen, so ist auch diese gefährdet, schon am Tage ihrer Drucklegung veraltet zu sein. Allerdings behalten die geschilderten historischen und politischen Voraussetzungen des Prozesses ihre Gültigkeit. Das gibt dem Text, wie wir hoffen, seinen bleibenden Wert.

Das Buch ist Produkt vieler Reisen in die Region, von Gesprächen mit Freunden und Kollegen in Israel und Palästina. Sie alle zu nennen, würde das Vorwort in unzulässiger Weise verlängern. Daher sei hier auf einen solchen Dank im einzelnen verzichtet. Besonderer Dank gebührt jedoch Herrn Janusz Musial, der die Vorlagen für die Karten zu diesem Band erstellt hat. Bedanken möchten wir uns auch bei den Mitarbeitern in Erfurt, Christian Jetzlsperger, Veronika Weinberger, Eckhart Arnold und Marc Schattenmann, die das Manuskript gelesen und durch inhaltliche und stilistische Hinweise den Text erheblich verbessert haben. Natürlich verbleiben Ungenauigkeiten, politische Zweideutigkeiten und Fehler. Diese haben die Autoren allein zu verantworten.

Erfurt/Cambridge, Mass., Februar 2001   Dietmar Herz
Julia Steets

I. Das Land

„In dieser Jahreszeit kann man in Jerusalem an klaren Tagen von jedem hohen Gebäude aus die Vororte von Amman sehen. Rosarot schimmern sie in der trockenen Bergluft am fernen Horizont über der tiefen Senke des Toten Meeres."

Amos Elon (Blick über den Jordan)

„Geographie ist Schicksal" lautet eine vielzitierte politische Platitüde. Nirgends sind aber das Land und seine Landschaften tatsächlich so von Bedeutung wie in der Region, der die römische Militärverwaltung den Namen *Palaestina* gab. Bezeichnete dieses Wort, dem aramäischen Ausdruck für „Philister" entlehnt, ursprünglich nur den von phönizischen Seevölkern bewohnten Küstenstreifen zwischen Gaza im Süden und dem Karmelgebirge im Norden, so umfaßte es seit der Zeit der direkten römischen Verwaltung nach der Niederschlagung des Zweiten Jüdischen Aufstandes auch die westlich des Jordan gelegene römische Provinz *Iudaea*. Später wurde die Bezeichnung auch für einige kleinere Gebiete am östlichen Ufer des Jordan verwendet. Unter der römischen und byzantinischen Militärverwaltung blieb Palästina eine Einheit; unter arabischer, fränkisch-christlicher und später osmanischer Herrschaft wurde das Gebiet verschiedene Male geteilt und unterschiedlichen Provinzen des jeweiligen Herrschaftsgebietes zugeordnet.

Die folgende Darstellung des gesamten Landes Palästina beschreibt geographischer Gegebenheiten wegen den Raum der ehemals römischen Provinz. Die vielfachen politischen Bedeutungen der historisch-geographischen Begriffe in Geschichte und Gegenwart bleiben dabei außer Acht.

Palästina liegt am östlichen Rand des Mittelmeers. Geographisch gehört es zu Westasien, doch seine historische und kulturelle Vielfalt resultiert nicht zuletzt aus seiner besonderen Lage zwischen Europa, Afrika und Asien.

Auf relativ kleiner Fläche – mit etwa 27 000 km² ist der geographische Raum Palästina kleiner als Belgien – treffen hier sehr unterschiedliche Landstriche aufeinander. Karges Hügelland ist eingerahmt von den fruchtbaren Landschaften der Küste und jenen entlang des Jordan. Das Jordantal bildet einen eindrucksvollen Kontrast zur Wüste Negev und dem Toten Meer im Süden des Landes. Das Klima variiert stark zwischen den einzelnen Regionen – so kann es gut und gerne im Winter in Jerusalem schneien, während man am Toten Meer noch 23 Grad mißt. Die Wüstenzonen und das Salzmeer ausgenommen herrscht jedoch im allgemeinen ein temperiertes mediterranes Klima mit trockenen, heißen Sommern und kühlen, feuchten Wintern.

1. Die Grenzen

Das geographische Palästina grenzt im Norden an den Libanon, im Nordosten an Syrien. Auf diesem Gebiet befinden sich im wesentlichen zwei politische Einheiten: der Staat Israel und die von Israel besetzten beziehungsweise von Palästinensern autonom verwalteten Gebiete. Die heutigen Grenzen Israels und der palästinensischen (besetzten und selbstverwalteten) Gebiete beruhen zum Großteil auf Abkommen zwischen den Kolonialmächten Großbritannien und Frankreich, die nach dem Ende des Ersten Weltkrieges das osmanische Großsyrien unter sich aufteilten. So fielen 1920 der Norden (Libanon und Syrien) unter französische, der Süden (Palästina und Transjordanien) unter britische Herrschaft. Die Grenze zwischen Palästina und Transjordanien (später in Jordanien umbenannt) wurde 1922 einseitig von der britischen Verwaltung festgelegt. Die südliche Grenze, die entlang des Sinai und des Golfs von Aqaba verläuft, geht auf ein Abkommen zurück, das 1906 zwischen dem Osmanischen Reich und dem semiunabhängigen ägyptischen Khedive getroffen wurde.

Doch wie so oft im Falle künstlich gezogener Grenzen, blieben die Entscheidungen der Kolonialmächte nicht lange unumstritten. Seit Gründung des Staates Israel im Jahre 1948 auf einem Teil des Gebiets des historischen Palästina sind die Grenzen zu den arabischen Nachbarstaaten umstritten. Viele Gebiete werden heute von mehreren Seiten beansprucht und es gab vielfach Teilungen. So stand der Gazastreifen zwischen 1948 und 1967 unter ägyptischer Verwaltung. Die Westbank und Ostjerusalem wurden nach 1948

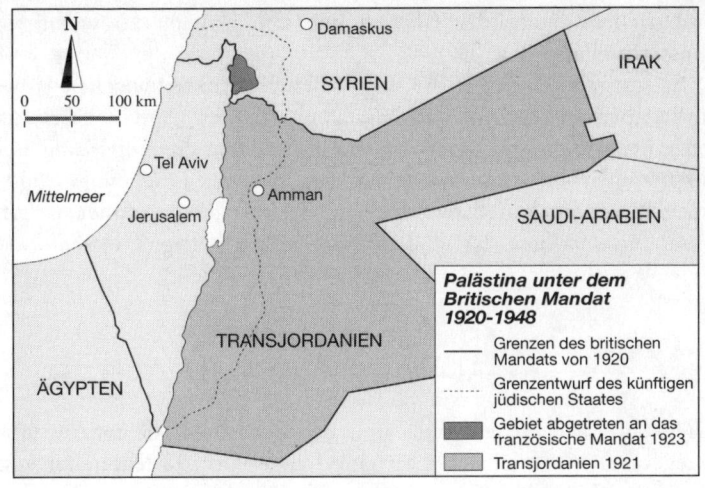

Palästina unter dem
Britischen Mandat
1920-1948

——— Grenzen des britischen
Mandats von 1920

.... Grenzentwurf des künftigen
jüdischen Staates

▓ Gebiet abgetreten an das
französische Mandat 1923

▒ Transjordanien 1921

von Jordanien verwaltet und alsbald dem Königreich eingegliedert; der jordanische König Hussein gab erst 1988 seine Ansprüche auf diese seit 1967 von Israel besetzten Gebiete auf. 1967 eroberte Israel aber nicht nur diese beiden Landstriche, sondern auch den ägyptischen Sinai (einschließlich des Gazastreifens) und die zu Syrien gehörenden Golanhöhen im Norden des Landes.

1979 wurden die Grenzstreitigkeiten mit Ägypten beigelegt und der Sinai zurückgegeben; 1994 wurden die Streitpunkte mit Jordanien in einem Friedensvertrag geregelt. Offen bleiben dagegen Territorialkonflikte mit dem Libanon und Syrien. Die israelische Armee zog sich zwar im Frühjahr 2000 aus der seit 1982 besetzten sogenannten „Sicherheitszone" im Südlibanon zurück und beseitigte damit den wichtigsten Grenzkonflikt zwischen Israel und dem Libanon. Doch bestehen nach wie vor Uneinigkeiten über Details des Grenzverlaufs. Wichtigster Streitpunkt mit Syrien bleiben die Golanhöhen. Dieses Bergplateau im Nordosten des Sees Genezareth ist nicht nur landwirtschaftlich wertvoll – dort wird unter anderem hervorragender Wein angebaut –, sondern es ist wegen seiner Höhenlage und Unzugänglichkeit für beide Seiten von herausragender militärischer Bedeutung; zudem sichert eine Beherrschung der Golanhöhen den Zugang zu wichtigen Wasserquellen.

Es sind aber weniger die ungelösten Konflikte zwischen Israel und seinen arabischen Nachbarstaaten, die der Lage ihre Brisanz verleihen. Vielmehr ist es die Frage der inneren Aufteilung des historischen Palästina zwischen den palästinensischen Autonomiegebieten beziehungsweise einem zukünftigen palästinensischen Staat und dem Staat Israel, die immer wieder heftige Unruhen und Gewalt auslöst.

2. Die Küstenregion

Die Mittelmeerküste Israels und der palästinensischen Autonomiegebiete erstreckt sich über eine Länge von 230 Kilometer von Rafah im Süden des Gazastreifens bis Ras Al-Naqua im Norden Israels. Die Küstenregion ist im Norden zwischen 8 und 16 km breit, verengt sich am Berg Karmel auf 180 m und weitet sich im Süden, wo sie direkt in die Wüste übergeht, wieder aus.

Haifa im Norden und Tel Aviv in der Mitte des Küstenstreifens sind die Großstädte, die das säkulare und moderne Gesicht Israels repräsentieren. Tel Aviv ist das geschäftliche und kulturelle Zentrum des Landes, dessen liberale Atmosphäre und kulturelle Diversität ein friedliches Zusammenleben der verschiedenen Bevölkerungsgruppen meist auch dann ermöglicht, wenn sich der Rest des Landes im „Ausnahmezustand" befindet.

Entlang der Küste finden sich auch zahlreiche moderne, meist israelische, Badeorte, die den (überwiegend israelischen) Besuchern Erholung bieten. Die Küstenorte sind aber nicht nur als Ferienorte attraktiv. Sie haben auch eine weit in die Vergangenheit zurückreichende Geschichte und sind Zentren historischen und archäologischen Interesses – besonders Aschkelon, Cäsarea, Jaffa und Akko, in denen das Neben- und Übereinander von Relikten der jüdischen und römischen Kultur, der Kreuzfahrer und der Muslime Zeugnis von der Geschichte des Landes ablegt.

Während der Norden der Küstenregion zu Israel gehört, befindet sich im Süden eines der beiden Gebiete, die unter palästinensischer Selbstverwaltung stehen: der Gazastreifen. Neben den kleineren städtischen Zentren Khan Younis und Rafah ist die Stadt

Gaza der Mittelpunkt des Gazastreifens. Gaza gehört zu den ältesten Städten des Nahen Ostens und ist Sitz wichtiger Institutionen der Palästinensischen Autonomiebehörde. Für den wirtschaftlich in arger Bedrängnis befindlichen Gazastreifen ist die Stadt Gaza ein wichtiges ökonomisches Zentrum. Die in diesem Gebiet angebauten Zitrusfrüchte ebenso wie die Fischereierzeugnisse werden in Gaza-Stadt vermarktet; dort werden auch Teppiche, Möbel und Keramik produziert. Geplant ist der Bau eines palästinensischen Hafens, von dem Industrie und Handel erheblich profitieren könnten. Im Süden des Gazastreifens befindet sich der von der Palästinensischen Autonomiebehörde verwaltete Flughafen.

3. Die Bergregion und das Jordantal

Östlich der Küstenregion werden Israel und die palästinensischen Autonomiegebiete von Nord nach Süd von einer breiten Berg- und Hügelkette durchzogen. Das Land erhebt sich, einige Kilometer von der Küste entfernt, erst zu Hügeln, dann zu kargen Bergen. Nach langsamem, sanftem Anstieg fallen die Berge schroff in den Großen Ostafrikanischen Grabenbruch ab, der sich von Kleinasien bis Zentralafrika hinzieht. In dieser geologischen Spalte befindet sich das Jordantal (*Al Ghor*), eine der fruchtbarsten Regionen des Landes.

Der Jordan entsteht im Norden aus mehreren Quellflüssen, die im Hermongebirge entspringen. Der Berg Hermon liegt am Dreiländereck zwischen dem Libanon, Syrien und Israel und ist – nicht zuletzt wegen der Bedeutung der Wasserquellen – Gegenstand territorialer Streitigkeiten. Am Fuße der Golanhöhen fließt der Jordan in den See Genezareth, der bereits 212 m unter dem Meeresspiegel liegt. Da für die Landwirtschaft viel Wasser aus dem See entnommen wird, führt der Jordan südlich des Sees weniger Wasser und hat einen höheren Salzgehalt. Trotz des Zuflusses des Yarmouk wird der Jordan durch intensive Nutzung und Verdunstung bis zu seiner Mündung in das Tote Meer immer kleiner und salziger.

In der Gegend um das Tote Meer nimmt die geologische Spalte ihre eindrucksvollsten Formen an. Das Tote Meer liegt knapp 400 m unter dem Meeresspiegel und ist damit der tiefste Punkt der

Erde. Die besonderen klimatischen Bedingungen und der extrem hohe Salz- und Mineraliengehalt des Toten Meeres lassen fast keine Pflanzen wachsen oder Tiere überleben, bieten aber Heilmittel für viele Krankheiten. Das Tote Meer und seine Umgebung sind seit langem schweren ökologischen Bedrohungen ausgesetzt: Der Wasserzufluß aus dem Jordan ist durch dessen Nutzung so stark verringert, daß der Wasserstand des Toten Meeres ständig sinkt. Etwa ein Viertel des Meeres ist bereits ausgetrocknet, und die einzigen Lebensformen im Toten Meer, Mikroorganismen und einige Algen, sind aufgrund des veränderten Salzgehaltes verschwunden.

Die Bergregion und das Jordantal sind der Teil Israels und der palästinensischen Autonomiegebiete, in dem die meisten Menschen leben. In dem an den Libanon grenzenden israelischen Nordteil – in der Bibel als Galiläa bezeichnet – befinden sich vor allem in der Umgebung des Sees Genezareth eine Vielzahl von Dörfern und Städten mit historischer und religiöser Bedeutung. In Nazareth verbrachte Jesus dem Neuen Testament zufolge seine Kindheit. Das gleichfalls in den Evangelien oft erwähnte Capernaum, die Heimatstadt des Apostels Petrus, und Tabgha, der Ort der wunderbaren Brotvermehrung, liegen ebenfalls in dieser Gegend. Tiberias, die größte Stadt am Ufer des Sees Genezareth, gilt dem Judentum als heilige Stadt, und Safed, ein Ort in den Bergen, spielt im jüdischen Mystizismus der Kabalah eine wichtige Rolle.

Etwas unterhalb des Sees Genezareth beginnt die „Westbank", ein Begriff, der heute nicht nur das Westufer des Jordan bezeichnet, sondern auch einen großen Teil der mittleren und südlichen Bergregion bis hinab zum Toten Meer. Die Westbank ist neben dem Gazastreifen das zweite Gebiet, das unter palästinensischer Selbstverwaltung steht. Die in den 90er Jahren zwischen Palästina und Israel getroffenen Autonomievereinbarungen schufen allerdings kein territorial einheitliches Verwaltungsgebiet. So stehen die meisten palästinensischen Bevölkerungszentren unter palästinensischer Kontrolle, einige Gebiete werden gemeinsam von Israel und der Palästinensischen Autonomiebehörde verwaltet, und israelische Siedlungen und Militärstützpunkte fallen unter die ausschließliche Souveränität Israels.

Im Norden der Westbank ist die bedeutendste Stadt – neben den kleineren Städten Jenin und Tulkarem – Nablus, das im Jahr 72 v. Chr. von den Römern gegründet wurde. Nablus ist ein wichtiges Wirtschaftszentrum der Palästinenser – bekannt für die Produktion von aus Olivenöl hergestellter Seife. Südlich von Nablus, auf 900 m Höhe, liegt Ramallah, eine Kreuzfahrergründung. Ramallah ist die modernste und weltoffenste der palästinensischen Städte. Neben einem ausgeprägten Nachtleben findet man hier eine vielfältige palästinensische Kunstszene, insbesondere Galerien, Theater und Museen.

Einige Kilometer südlich von Ramallah liegt Jerusalem, der historische, kulturelle, religiöse und politische Mittelpunkt Israels und Palästinas. Der Status Jerusalems ist umstritten und eines der Haupthindernisse für einen permanenten palästinensisch-israelischen Frieden. Die Stadt gilt Judentum, Christentum und Islam als heiliger Ort. Palästinenser und Israelis beanspruchen sie als Hauptstadt. Kunstschätze, historische Bauten und vor allem religiöse Stätten aus allen Jahrhunderten, das Nebeneinander von Religionen und ihren Organisationen sowie die Spannungen zwischen den verschiedenen Bevölkerungsgruppen machen Jerusalem zu einem für die Identität aller Religionen und Volksgruppen der Region zentralen Ort.

Etwa zehn Kilometer südlich von Jerusalem liegt Bethlehem, nach der biblischen Überlieferung die Geburtsstadt Jesu. Die Palästinensische Autonomiebehörde bemüht sich seit Mitte der 90er Jahre, das Städtchen einer größeren Zahl von Touristen zugänglich zu machen und so die lokale Industrie zu unterstützen, die sich auf Holzschnitzereien, Stickereien und Kunstgegenstände aus Perlmutt spezialisiert hat. Östlich von Jerusalem und Bethlehem, nördlich des Toten Meeres, liegt Jericho. In der palästinensischen Stadt befinden sich wichtige archäologische Ausgrabungen. Nicht weit von Jericho entfernt sind die Qumranhöhlen, in denen die ältesten biblischen Manuskripte gefunden wurden, und Massada, die Bergfestung, die als Symbol für den jüdischen Widerstand gegen die römische Herrschaft steht. Im südlichen Teil der Westbank liegt Hebron (*Al-Khalil*); der Überlieferung zufolge die Stadt, in der Abraham für sich und seine Familie ein Erbgrab erwarb. Die Grabstätte Abrahams und der ihm nachfolgenden Patriarchen gilt Juden, Christen und Muslimen als heilig. Diese gemeinsame religiöse Bedeutung trägt zur explosiven politischen Stimmung in der Stadt bei, in der es häufig zu gewaltsamen Zusammenstößen zwischen einigen hundert dort verbliebenen israelischen Siedlern und der palästinensischen Bevölkerungsmehrheit kommt.

4. Beerscheba und die Wüste

Das dreiecksförmige Wüstengebiet im Süden Israels und der palästinensischen Autonomiegebiete nimmt fast die Hälfte der Gesamtfläche des historischen Palästina ein. Es erstreckt sich vom südlichsten Punkt der israelisch-palästinensischen Mittelmeerküste entlang der Grenze zu Ägypten bis zur jordanischen Grenze zwischen dem Toten und dem Roten Meer.

In der Wüste Negev („trockenes Land") wechseln sich Hügelketten mit steinigen Tälern und Sandverwehungen ab. Oasen und spärliches Pflanzenwachstum ermöglichten es über Jahrhunderte einigen Beduinenstämmen, in der Wüste zu überleben. Seit 1948, als das Gebiet zu einem Teil des Staats Israel wurde, leben deutlich mehr Menschen im Wüstengebiet. Am Rand der Wüste wurden einige neue Siedlungen gegründet und existierende Dörfer erheblich ausgeweitet. So wurde aus dem kleinen Beduinennest Beerscheba, der Hauptstadt des Negev und laut Überlieferung erste Heimatstätte Abrahams im Heiligen Land, eine Stadt mit fast 200 000 Einwohnern. Beerscheba ist damit die viertgrößte israelische Stadt. Sie beherbergt eine Universität, ist Ausgangspunkt für touristische Ausflüge in die Wüste und bleibt ein wichtiger Marktplatz für Beduinen.

Im Südosten läuft das Wüstendreieck auf einen Punkt am Roten Meer zu: die Ferienstadt Eilat. Eilat ist aber nicht nur ein Badeort, sondern gleichzeitig ein wichtiger kommerzieller Hafen für Israel. Die wenigen Kilometer Küste, die zu Israel gehören, werden von Ägypten auf der einen und Jordanien auf der anderen Seite eingerahmt; auch die Grenze zu Saudi Arabien ist nur einige Kilometer entfernt. Da der Hafen für Israel militärisch wichtig ist, war Eilat häufig Auslöser für Konflikte zwischen Israel und seinen arabischen Nachbarn. Seit den Friedensschlüssen mit Ägypten und Jordanien bemühen sich die Staaten um Kooperation. So gibt es zum Beispiel eine Reihe von gemeinsamen Tourismusprogrammen.

II. Geschichte

> „Die Tradition aller toten Geschlechter lastet wie ein
> Alp auf dem Gehirne der Lebenden. Und wenn sie
> eben damit beschäftigt scheinen, sich und die Dinge
> umzuwälzen, noch nicht Dagewesenes zu schaffen, ge-
> rade in solchen Epochen revolutionärer Krise be-
> schwören sie ängstlich die Geister der Vergangenheit
> zu ihrem Dienste herauf, entlehnen ihnen Namen,
> Schlachtparole, Kostüm, um in dieser altehrwürdigen
> Verkleidung und mit dieser erborgten Sprache die
> neue Weltgeschichtsszene aufzuführen."
> Karl Marx (Der XVIII. Brumaire des Louis Bonaparte)

Geschichte formt das Selbstverständnis einer Gesellschaft. Nirgends gilt dies so sehr wie im Falle Palästinas und Israels. Im Konflikt zwischen Palästinensern und Israelis werden seit jeher historische Argumente gebraucht, die den Anspruch beider Volksgruppen
auf das Land zwischen Mittelmeer und Jordan rechtfertigen sollen.

Der Zionismus, die im 19. Jahrhundert entstandene jüdische
Nationalbewegung, die sich die Rückkehr des jüdischen Volkes
nach „Zion" zum Ziel gesetzt hatte, begründet seinen Anspruch
auf ein Existenzrecht der Juden in Palästina nicht in erster Linie
religiös – Israel als das den Juden von Gott versprochene Land –,
sondern historisch: Palästina ist das geschichtliche Ursprungsland
des jüdischen Volkes, das seit Urzeiten dort siedelte und auch
nach der Vertreibung durch die Römer immer durch eine kleine
Gemeinschaft vertreten war. Damit, so das Argument, sei ein Anspruch der Nachkommen auf eine Rückkehr in das heilige Land
gegeben.

Ebenso begründen die Palästinenser ihr Siedlungsrecht mit der
Geschichte. Sie haben ihre Wurzeln in der autochthonen Bevölkerung des Gebiets, die erst christlich, dann islamisch, aber auch jü-
disch geprägt war und die sich mit den verschiedenen Herrschern
des Gebiets, vor allem den Arabern, vermischte. Aus diesem Grund
beanspruchen die Palästinenser für sich ein Bleiberecht sowie das
Recht auf nationale Selbstbestimmung und Unabhängigkeit.

Diese Geschichte und ihre Verwerfungen sind im täglichen Leben stets präsent. So tauchen die konkurrierenden Ansprüche im Alltag zum Beispiel in der Verwendung von Namen und Ortsbezeichnungen auf. Der Nahe Osten wird so für den unabhängigen Betrachter zum semantischen Minenfeld. Die Verwendung des einen oder anderen Begriffs oder Namens impliziert immer eine Unterstützung des einen oder anderen Geschichtsverständnisses und damit letztlich eines Besitzanspruches. Schon die bloße Verwendung der Namen bedeutet oft, Partei zu ergreifen.

Das beginnt bei der Benennung des Landes: „Israel", als Bezeichnung für das historische Palästina, also auch die 1967 besetzten Gebiete, unterstützt die zionistisch-israelische Interpretation. „Palästina", als politische und geographische Bezeichnung für das ganze Land zwischen Mittelmeer und Jordan, stützt den palästinensischen Standpunkt. Es war sogar lange Zeit umstritten, ob man von „Palästinensern" sprechen kann, denn dieser Begriff impliziert die (politische) Existenz eines palästinensischen Volkes, die lange Zeit verneint wurde. Ein ähnliches Problem ist mit dem von beiden Parteien als Hauptstadt reklamierten Ort verbunden: Die Verwendung von „Jerusalem" (vom hebräischen *Jeru'shalaim*, Stadt des Friedens) oder des arabischen Namens *Al-Quds Ash-Sharif* (Heilige Stadt) wird oft als Unterstützung des ein oder anderen Anspruchs gedeutet. Noch deutlicher wird der Konflikt bei der Benennung des westlichen Jordanlandes – israelische Nationalisten verwenden die biblischen Begriffe „Judäa und Samaria", Palästinenser und im allgemeinen auch die internationale Gemeinschaft sprechen von der „Westbank". Es ließen sich weitere Beispiele finden.

Doch historische Argumente werden nicht nur benutzt, um grundsätzliche Ansprüche zu legitimieren, auch in der Tagespolitik spielt das unterschiedliche Verständnis der Geschichte eine wichtige Rolle. So nimmt die Debatte um die palästinensischen Flüchtlinge und ihre Rechte – einer der Hauptstreitpunkte im Friedensprozeß – vielfach auf die Geschichte Bezug. Verschiedene Historiker stellen und beantworten die Frage nach den Gründen der Flucht vieler Palästinenser im Laufe des israelisch-arabischen Kriegs von 1948 unterschiedlich: Flohen die arabischen Bewohner des Landes, weil sie von israelischen Einheiten vertrieben wurden oder weil sie von arabischen Führern dazu aufgefordert wurden?

Die Beantwortung dieser Frage hat Auswirkungen auf die Frage nach der Verantwortung für die Flucht und damit auch für die Bejahung oder Verneinung eines Rückkehrrechts oder eventueller Kompensationsansprüche und anderer Rechte der Flüchtlinge. Diese historiographische Debatte war in den letzten Jahren eines der heftig diskutierten Themen der israelischen Innenpolitik.

Geschichte ist in Israel und Palästina, mehr noch als in vielen anderen Ländern, eine politisch brisante und umstrittene Angelegenheit, und ihre Kenntnis ist unabdingbar für das Verständnis der gegenwärtigen politischen Konflikte.

1. Die frühe Geschichte Palästinas

Die Geschichte Palästinas ist alt. Der Nahe und Mittlere Osten gilt als die zivilisatorische „Wiege der Menschheit", da sich dort die frühesten uns bekannten Kulturen entwickelten. Durch die religiösen Traditionen und Lehren von Judentum, Christentum und Islam sind Grundzüge der frühen Geschichte dieser Region kaum jemandem gänzlich unbekannt.

Über die Geschichte Israels in vorstaatlicher Zeit gibt es keine gesicherten Erkenntnisse. Die früheste Erwähnung „Israels" findet sich in einer Inschrift des Pharaos Merenptah (1224–1204 v. Chr.). Zwischen 1200 und 1000 v. Chr. entstanden in Palästina die Königreiche Israel und Juda. Die vorübergehende Einheit beider Reiche unter den Königen David und Salomon seit etwa 1000 v. Chr. zerfiel Ende des zehnten Jahrhunderts wieder. Das Nordreich Israel wurde in den Jahren 727–722 von Assyrien erobert und ging damit endgültig unter. Rund 150 Jahre später wurde auch das Königreich Juda mit der Eroberung Jerusalems und der Zerstörung des Tempels durch den babylonischen Großkönig Nebukadnezar im Jahre 586 v. Chr. ausgelöscht. Der Achämenide Kyros I., Zerstörer des babylonischen und Gründer des persischen Reiches, ermöglichte Ende des 6. Jahrhunderts den Wiederaufbau des Tempels – freilich unter persischer Herrschaft.

Die Herrschaft der persischen Achämeniden-Dynastie endete mit der Niederlage des letzten Großkönigs gegen Alexander den Großen (356–323 v. Chr.). Dessen Herrschaft war allerdings nur von kurzer Dauer. Der Zerfall des Alexanderreichs führte zur Bil-

dung von Nachfolgestaaten, in denen sich die griechisch-maze-
donische Kultur mit orientalischen Einflüssen verband (Hellenismus). Der Hellenismus wurde durch die Herrschaft der Ptolemäer
im dritten und der Seleukiden im zweiten Jahrhundert v. Chr.
in dem nun als „Syrien und Phönizien" bezeichneten Gebiet vor-
herrschend und für alle dort siedelnden Volksgruppen zu einem
bestimmenden kulturellen Einfluß. Nach dem Zerfall des Seleu-
kidenreichs und einer kurzen Wiederbelebung des jüdischen Kö-
nigtums etablierten die Römer im ersten Jahrhundert v. Chr. ihre
Herrschaft über das Gebiet. Im Jahre 66 n. Chr. brach der große
Aufstand der Juden gegen die römische Herrschaft aus, der im
Jahre 70 mit einem Sieg der Römer unter Kaiser Vespasian und der
Zerstörung des zweiten jüdischen Tempels endete. Die Reste der
Tempel-Westmauer erinnern noch heute als „Klagemauer" an die
Zerstörung. Nach einem weiteren jüdischen Aufstand unter Bar
Kochba (132–135 n. Chr.) bestrafte Kaiser Hadrian die Juden un-
ter anderem damit, daß er Jerusalem in „Aelia Capitolina" und
„Iudaea" in „Palaestina" umbenannte. Von diesem Zeitpunkt an
wird der Begriff „Palästina" für die gesamte Region gebraucht.

War das Christentum zu Beginn der römischen Herrschaft in
der Provinz Palästina eine Minderheit, wurde es mit der neuen
Religionspolitik des Kaisers Konstantin (311–337 n. Chr.) Schritt
für Schritt zur Staatsreligion. Der Niedergang des Römischen
Reiches beendete die klaren Herrschaftsverhältnisse. Die Provinz
war oft umkämpft. In den ersten Jahrhunderten unserer Zeitrech-
nung bestimmte der Konflikt zwischen dem römischen Imperium
(nach der Teilung 395 n. Chr. dem oströmischen oder byzantinischen) und dem Reich der Parther, später dem der persischen Sassaniden über die Vorherrschaft in Syrien und Palästina die Ge-
schicke der Region und der dort siedelnden Völker.

Als es dem byzantinischen Kaiser Herakleios (610–641 n. Chr.)
gelang, die Perser endgültig zu besiegen und seine Herrschaft in
Syrien und Palästina zu befestigen, entstand der byzantinischen
Herrschaft eine neue große Gefahr: der Islam. Der Prophet und
Religionsgründer Mohammed wurde gemäß der Überlieferung
im Jahr 571 in Mekka geboren; 622 flohen er und seine Anhänger
nach Yathrib (später al-Madina, d. h. „die Stadt", genannt). Mit
dieser Flucht, der sogenannten *Hijra*, beginnt der islamische Ka-
lender. Mohammed erlangte nicht nur religiöse Autorität, sondern

auch politische Macht und eroberte acht Jahre nach seiner Flucht Mekka. Nach dem Tod des Propheten 632 übernahm Abu Bakr, ein enger Vertrauter Mohammeds, die Regierung. Er führte erstmals den Titel Stellvertreter – *Khalifa*; auf ihn geht die Institution des Kalifats zurück, die religiöse und politische Macht in sich vereint. Während des ersten Jahrhunderts ihrer Existenz dehnte die arabisch-muslimische Herrschaft sich mit atemberaubender Geschwindigkeit aus; sie erstreckte sich Ende des siebten Jahrhunderts von den Grenzen Indiens und Chinas über die gesamte südliche Mittelmeerküste bis ins Afrika der südlichen Sahara und an die Grenzen Europas. Der große Eroberer Kalif Omar, der 638 auch Jerusalem und Palästina unter arabische Herrschaft brachte, erließ Bestimmungen, die das Verhältnis zwischen muslimischen Herrschern und andersgläubigen Untertanen für Jahrhunderte regeln sollten: Andersgläubige, die sich dem Kalifen unterwarfen, mußten eine besondere Kopf- und Grundsteuer bezahlen, bekamen dafür aber den Status eines „beschützten Volks" (*ahl al-dhimma*) und wurden nicht gezwungen zu konvertieren. Die christliche und jüdische Bevölkerung Palästinas wurde von arabischen Kriegern beherrscht. Viele der Bewohner traten zum Islam über; langsam vermischten sich Eroberer und Eroberte. Arabisch trat als Verkehrssprache neben Griechisch und die anderen Sprachen der Region und begann diese alsbald zu ersetzen.

Die Frage der legitimen Nachfolge des Kalifen spaltete bereits kurz nach dem Tod des Propheten die *Umma* (Gemeinschaft der Muslime); eine Spaltung, die sich bis zum heutigen Tag fortsetzt. Auf der einen Seite stehen die *Sunniten*, die Mehrheit der Muslime. Sie halten die Herrschaft der ersten vier Kalifen, die aus dem engsten Kreis um den Propheten stammten und gewählt wurden, für rechtmäßig. Ihnen gegenüber stehen die *Schiiten* (von *shi'atu Ali*, die Anhänger Alis), die eine erbliche Nachfolge innerhalb der Familie des Propheten verteidigen, die auf Ali, den Vetter und Schwiegersohn Mohammeds, zurückgeht. Die Mehrheit der palästinensischen Bevölkerung bekannte sich zur Sunna. Religiöse und politische Uneinigkeit trug dazu bei, daß das Kalifat nach dem Höhepunkt seiner Macht im achten und frühen neunten Jahrhundert an realem Einfluß verlor und oftmals nur als nominale Autorität überlebte. So übernahmen im Laufe des elften

Jahrhunderts eingewanderte Turkvölker aus den vorderasiatischen Steppen, die Seldschuken, als Sultane die Regierung im Irak, in Syrien und Palästina, erkannten aber nach wie vor die religiöse Autorität der Kalifen an.

Die innere Zersplitterung schwächte das Reich des Kalifen und machte es anfällig für äußere Bedrohung. Diese tauchte zunächst in Form der europäischen Kreuzfahrer auf, die 1099, vier Jahre nach dem Aufruf Papst Urbans II., Jerusalem erreichten und dort ein ungeheures Blutbad unter muslimischen wie jüdischen Einwohnern anrichteten. Salah al-Din (Saladin), dem Herrscher Ägyptens, gelang es 1187, Jerusalem zurückzuerobern und die Kreuzfahrer in die Defensive zu zwingen.

Im dreizehnten Jahrhundert eroberten die Mongolen weite Teile des islamischen Reiches. Erst die Mamelucken – in Ägypten zur Herrschaft gekommene Kriegssklaven – beendeten die Angriffe. Palästina und Syrien wurden in der Folge 1260 in das ägyptische Sultanat integriert und blieben trotz mongolischer Angriffe unter der Herrschaft Ägyptens. Palästina wurde von diesem Zeitpunkt an meist als Teil (Groß-)Syriens begriffen. 1291 eroberte der mameluckische Sultan von Ägypten die Küstenfestung Akkon, die letzte Zuflucht der Kreuzfahrer in Palästina. Die Invasion aus dem Westen hinterließ in der arabischen kollektiven Erinnerung ein bleibendes Trauma, das mit der Kolonialisierung des Nahen Ostens durch europäische Mächte im neunzehnten und zwanzigsten Jahrhundert und – obwohl die Juden mindestens ebenso unter den Christen gelitten hatten – der jüdischen Einwanderung wieder auflebte.

Der Autorität der mameluckischen Herrscher in Großsyrien und Ägypten stand im fünfzehnten Jahrhundert das sich ausdehnende und zunehmend mächtiger werdende Osmanische Reich gegenüber, das nach langen Auseinandersetzungen 1517 dauerhaft die Herrschaft über Syrien und Ägypten erlangte.

2. Palästina im Osmanischen Reich

Bis zum Ersten Weltkrieg gehörte Palästina als Teil Großsyriens zum Osmanischen Reich und war in verschiedene Verwaltungseinheiten aufgeteilt: Der südliche Teil des Landes gehörte zum

Vilayet (Verwaltungsbezirk) Jerusalem, der nördliche war dem *Vilayet* Beirut unterstellt, und das transjordanische Gebiet war Teil des Verwaltungsgebiets Syrien.

Die osmanischen Herrscher vereinten weltliche und religiöse Autorität in ihrem Amt. In ihrem Reich regierten sie in einer alles in allem toleranten Art und Weise. Obwohl der Islam die dominante Religion war, wurden andere Religionsgruppen (griechisch-orthodoxe Christen, Armenier und Juden) als Minderheiten anerkannt und genossen, wenn nicht Gleichstellung, so zumindest bestimmte Rechte. Lokale soziale und politische Strukturen wurden zum Großteil beibehalten, und es wurden keine Versuche unternommen, regionalen Kulturen spezifisch osmanische Sitten aufzudrängen.

Im letzten Jahrhundert der osmanischen Herrschaft über den Nahen Osten kam es zu einer fundamentalen Veränderung der Gesellschaftsstruktur, der Wirtschaft und der Gebräuche der Bevölkerung. Ursache dieses Wandlungsprozesses war der wachsende Einfluß der Europäer auf die Region. In seinen Anfängen lehnte das Osmanische Reich in klassisch islamischer Denkweise Einflüsse aus dem Westen, dem *Dar al-Harb* (Haus des Krieges), ab, da dieses dem *Dar al-Islam* unterlegen war. Die zunehmende Schwäche des Reiches erlaubte es den europäischen Mächten jedoch, immer mehr Einfluß zu nehmen.

Die militärische Überlegenheit des Osmanischen Reichs gegenüber den europäischen Mächten endete schon 1683, als das Reich die erste große und eindeutige Niederlage hinnehmen und die zweite Belagerung Wiens aufgeben mußte. Endgültig in die Defensive ging das Reich des Sultans gut hundert Jahre später, als die europäischen Staaten nicht nur die osmanische Herrschaft auf europäischem Boden zu beenden suchten, sondern Napoleon mit seiner Landung in Ägypten 1798 sogar versuchte, eine direkte Kontrolle über den Nahen Osten auszuüben. Diese erste französische Besatzung endete zwar bereits drei Jahre später, und das Sultanat überlebte noch mehr als ein weiteres Jahrhundert, doch der Aufstieg Europas war unumkehrbar und das Osmanische Reich daher gezwungen, schrittweise europäischen Techniken, Gedanken und Gebräuchen Tür und Tor zu öffnen. Nicht zuletzt der Anspruch der europäischen Großmächte, bestimmte religiöse Minderheiten und heilige Stätten zu schützen, und die Einrichtung religiöser Schulen, Missionen und Sozialeinrichtungen eröffneten den Europäern die Möglichkeit, direkt auf die Bevölkerung des Nahen Ostens einzuwirken. So waren in Jerusalem Konsuln der europäischen Mächte tätig, die die Europäer und die von ihnen in Schutz genommenen christlichen Teile der Bevölkerung vertraten. Der Einfluß dieser Konsuln wuchs beständig – auch wenn sie häufig untereinander zerstritten waren.

Handel und diplomatisch-politische Kontakte führten zu einer Rezeption europäischer politischer Ideen, darunter auch des Nationalismus. Im Osmanischen Reiche waren es zunächst vor allem die christlichen Völker in Griechenland und auf dem Balkan, die diese Ideologie aufgriffen; Ende des 19. Jahrhunderts hielt sie dann auch Einzug in das Denken der arabischen Bevölkerung. Das Aufkeimen des Nationalismus beschleunigte die Fragmentierung des Reichs und trug letzten Endes zum Untergang des Vielvölkerstaates bei.

Der Einfluß der Europäer war auch für die Transformation des Staats- und Gesellschaftssystems von zentraler Bedeutung. Konfrontiert mit eigener Schwäche und Zerfallserscheinungen sowie mit dem unaufhaltbaren Machtstreben der europäischen Staaten, sah sich die Regierung in Istanbul zu Reformen gezwungen. Was mit einer Militärreform nach europäischem Muster begann, weitete sich schnell zum *Tanzimat*, einer generellen Reform der administrativen Strukturen, des Erziehungswesens und des Rechtssystems aus. Zentralisierung der Bürokratie und Modernisierung der Armee und der Verwaltung waren das Ergebnis. Naturgemäß hatten diese Reformen weitreichende Konsequenzen für das Alltagsleben, die Werte, Normen und Gewohnheiten der Bevölkerung.

Folgenreich für die Zukunft Palästinas sollte die in diesem Zusammenhang durchgeführte Landreform sein: Das 1858 eingeführte Gesetz verlangte die Registrierung von – zuvor meist als Gemeinschaftsland bebautem – Grundbesitz als Privateigentum. Dies führte wegen der Verarmung der Bauern zur Konzentration großer Landflächen in den Händen einiger, meist in Städten residierender Großgrundbesitzer. Zunächst bewirkte dieser formelle Besitzwechsel kaum Veränderungen für die *Fellachen* (Bauern). Praktisch relevant wurde er erst gegen Ende des neunzehnten und Anfang des zwanzigsten Jahrhunderts, da er die Veräußerung weiter Landstriche an zionistische Organisationen ermöglichte.

Diese Reformen und die Rivalitäten der europäischen Großmächte und Rußlands führten zunächst zu einer kurzen Erholung
des Osmanischen Reiches, das die Europäer mitleidig-spöttisch
den „kranken Mannes am Bosporus" nannten. Doch blieb nicht
genügend Zeit bis zur Genesung; der Erste Weltkrieg endete mit
der endgültigen Niederlage des Osmanischen Reiches und beendete so vierhundert Jahre nahezu ununterbrochener Herrschaft
über Palästina.

3. Weltkrieg, Mandat und jüdische Einwanderung

Bei Ausbruch des Ersten Weltkriegs waren der panarabische Nationalismus und das Streben der Araber nach Unabhängigkeit bereits so weit entwickelt, daß sie nicht mehr auf Seiten des Osmanischen Reichs in den Krieg eintraten. Im Gegenteil: Sherif Hussein
Ibn Ali, ein Führer der panarabischen Bewegung, fand sich bereit,
auf der Seite Großbritanniens gegen die Türken zu kämpfen – im
Gegenzug zur Zusicherung des britischen Hochkommissars Mc-
Mahon, einen unabhängigen arabischen Staat in Syrien und auf
der arabischen Halbinsel zu schaffen.
   Großbritannien verfolgte aber nie wirklich die Absicht, dieses
Versprechen einzulösen: 1916, im selben Jahr, in dem das McMahon-Hussein-Abkommen geschlossen wurde, traf Großbritannien
im sogenannten Sykes-Picot-Abkommen eine geheime Vereinbarung mit Frankreich, in der sich die beiden Mächte auf eine Aufteilung des Nahen Ostens einigten. Und bereits ein Jahr später gingen
die Briten eine dritte Verpflichtung für die Zukunft Palästinas ein,
diesmal in aller Öffentlichkeit: Am 2. November 1917 erklärte Außenminister Balfour Lord Rothschild einem Repräsentanten – wenn
auch ohne formelles Amt – der englischen Juden in einem Brief, daß
sich Großbritannien für die Einrichtung einer „nationalen Heimstätte" für Juden in Palästina einsetzen werde. Die Reaktionen der
Araber auf diese Erklärung waren gemischt. Während viele die Idee
ablehnten, setzte Emir Faisal, der Sohn von Sherif Hussein, auf ein
Bündnis mit den zionistischen Verbänden, um das Ziel der Unabhängigkeit zu erreichen (Faisal-Weizmann-Abkommen).
   Nach Ende des Weltkriegs stellte sich heraus, daß die europäischen Mächte ihre Eigeninteressen über ihre Versprechen stellten:

Auf der Konferenz von San Remo im Jahr 1920 wurde der Nahe Osten in britische und französische Mandatsgebiete aufgeteilt. So kam Syrien unter französische und Palästina unter britische Verwaltung. Palästina war nunmehr ein von Großbritannien verwaltetes Mandatsgebiet des Völkerbundes. Für solche Mandate bestand die Verpflichtung des Mandatsträgers, das ihm überantwortete Gebiet zu einem Staat zu entwickeln, der in die Unabhängigkeit entlassen werden sollte.

Zu Beginn der Mandatszeit stellten die arabischen Palästinenser etwa 91 % der Bevölkerung. Die jüdische Bevölkerung bestand einerseits aus dem ursprünglichen, immer im Lande lebenden *Jischuv*, der religiösen jüdischen Gemeinde in Palästina, die mit der arabischen Bevölkerung weitgehend im Einklang lebte und vor der ersten größeren Einwanderung etwa 24 000 Mitglieder zählte. Dazu kamen jüdisch-zionistische Einwanderer, die mit einer der ersten drei *Alijahs* ins Land gekommen waren. Das hebräische Wort *Alijah* bedeutet eigentlich „Aufstieg" und bezeichnete ursprünglich Pilgerfahrten zu den heiligen Stätten in Jerusalem. Mit der Entstehung des Zionismus wurden mit diesem Wort die verschiedenen Einwanderungswellen nach Palästina bezeichnet. Diese ersten Wellen (1882–1903, 1904–1914, 1919–1923) brachten insgesamt ca. 95 000 Menschen nach Palästina, viele von ihnen auf der Flucht vor Pogromen in Osteuropa und Rußland. Durch Landkäufe begannen die Einwanderer, sich eine Existenz zu sichern; ab 1897 wurden sie darin vom Zionistischen Weltkongreß unterstützt.

Begrenzten Protest hatte es schon gegen die ersten Einwanderer gegeben, die im Gegensatz zur ursprünglich ansässigen Glaubensgemeinschaft der *Jischuv* das Ziel der Einrichtung eines jüdischen Staats verfolgten. So begannen arabisch-palästinensische Intellektuelle noch am Hof des Sultans mit Lobbyarbeit gegen den Zionismus, und es kam mehrmals zu gewalttätigen Konflikten mit Fellachen, die nach dem Verkauf ihres Ackerlandes durch Großgrundbesitzer ihre Lebensgrundlage verloren. Zu ihrem Schutz gründeten die Siedler 1909 die *Ha-Schomer*, eine erste inoffizielle paramilitärische Einrichtung, die als Vorläuferin der *Haganah* und damit der israelischen Armee gilt.

Mit der Einrichtung des Mandats, in dem das Ziel der Schaffung einer „jüdischen Heimstätte" beinhaltet war, nahmen Einwanderung und zionistische Landkäufe neue Dimensionen an. Großbritannien unterstützte anfangs das zionistische Projekt, wohl nicht zuletzt aus der strategischen Überlegung heraus, sich so einen verläßlichen Partner im Nahen Osten zu schaffen. So kamen mit der vierten *Alijah* (1924–1931) etwa 82 000 jüdische Einwanderer ins Land; zwischen 1932 und 1938 waren es ca. 200 000. Bei Beendigung des Mandats 1948 machten Juden etwa 31 % der Bevölkerung Palästinas aus und besaßen etwa 7 % des Landes.

Beide Bevölkerungsgruppen entwickelten während der Mandatszeit politische Strukturen. Auf der arabischen Seite war das vor allem die Arabische Exekutive Palästinas (*Palestine Arab Executive, PAE*), die 1920 aus dem palästinensisch-arabischen Kongreß hervorging. Wegen der Rivalität zwischen verschiedenen Clans versank diese Institution bald in Bedeutungslosigkeit und wurde 1936 in ihrer Funktion vom Arabischen Hochkomitee abgelöst. Da die Araber eine Gleichstellung mit dem jüdischen Gegenstück, der *Jewish Agency*, ablehnten, erreichte nur letztere offizielle Anerkennung durch die Mandatsmacht und damit gewisse Mitspracherechte in der Regierung.

Den Engländern gelang es nicht, während der Mandatszeit funktionierende Selbstverwaltungsstrukturen zu errichten. Solange sie eine Minderheit waren, wollten die Zionisten nicht in Gremien mitarbeiten, die aller Voraussicht nach die jüdische Einwanderung sofort stoppen würden. Auch die Araber lehnten Vorschläge der Briten ab, einen „Legislativrat" zu schaffen. Sie erkannten das Mandat grundsätzlich nicht an. Der wichtigste Gegenspieler der Briten, der Mufti von Jerusalem und Vorsitzende des Großen Muslimischen Rates, Haj Amim al-Hussaini, wurde daraufhin von den Briten abgesetzt.

Während der Mandatszeit kam es immer wieder zu öffentlichen Protesten und gewaltsamen Konflikten zwischen Arabern, Juden und der Mandatsregierung. Die britische Regierung reagierte auf Unruhen meist mit der Einsetzung von Untersuchungskommissionen. Doch die Umsetzung der Berichte und Empfehlungen war oft aus politischen Gründen nicht möglich. So schlug die 1921 eingesetzte Haycraft Kommission die Unterbindung der jüdischen Immigration vor, der Einwanderungsstopp wurde aber nach zwei Monaten wieder aufgehoben. Eine ähnliche Empfehlung des sogenannten Passfield White Paper 1929 wurde nicht umgesetzt.

Erst als die Lage zwischen 1936 und 1939 eskalierte, beschloß Großbritannien in einem weiteren Weißbuch, die Einwanderung auf 75 000 Personen während der folgenden fünf Jahre zu begrenzen. In der sogenannten Biltmore-Resolution von 1942 protestierte die Zionistische Exekutive gegen diese Entscheidung. Die Verfolgung und Ermordung der europäischen Juden durch die Nationalsozialisten machten die Schaffung eines Zufluchtortes immer dringender. In Palästina selbst gab es immer häufiger Verletzte und Todesopfer bei Zusammenstößen verschiedener zionistischer Organisationen wie der terroristischen *Stern-Bande* und bewaffneten Einheiten politischer Organisationen wie *Haganah* und *Irgun* auf der einen und britischen sowie arabischen Kräften auf der anderen Seite.

4. Al-Nakbah

Die Unruhen erreichten einen neuen Höhepunkt, als zionistische Terroristen am 22. Juni 1946 einen Anschlag auf das King David Hotel in Jerusalem verübten, den Sitz der britischen Administration. Großbritannien, selbst geschwächt von den Folgen des Weltkriegs, sah sich zunehmend außer Stande, die Lage in Palästina selbst unter Kontrolle zu bringen, und übertrug die Lösung der schwierigen Frage an die neu gegründeten Vereinten Nationen (UNO). Vor dem Hintergrund der Shoa, deren schreckliches Ausmaß allmählich bekannt wurde und die Weltöffentlichkeit schockierte, schien die Gründung eines jüdischen Staates nur allzu legitim. Dementsprechend verabschiedete die Generalversammlung der Weltorganisation am 29. November 1947 eine Resolution, die die Aufhebung des britischen Mandats, die Teilung des Landes in einen jüdischen und einen palästinensischen Staat und die Übertragung der Regierungsgewalt über Jerusalem an die internationale Gemeinschaft vorsah. Resolution 181 (II), die sogenannte Teilungsresolution, bestimmte etwa 43% des Territoriums des Mandatgebiets für den arabischen und 56% für den jüdischen Staat.

Wegen der Ablehnung durch die Araber trug der Lösungsvorschlag der Vereinten Nationen nicht zu einer Entspannung der Lage in Palästina bei. Im Gegenteil eskalierte die Gewalt zwischen Arabern und Juden, und ab Ende 1947 kam es zur militärischen

Konfrontation. Angesichts der bürgerkriegsähnlichen Zustände zog die britische Regierung ihre Truppen früher als vorgesehen bereits im Mai 1948 aus Palästina ab. Daraufhin beschloß die jüdische Seite, die Teilungsresolution auch einseitig umzusetzen und rief am 14. Mai 1948 den Staat Israel aus.

Für die arabischen Nachbarstaaten war diese Staatsausrufung der *casus belli*. In der Nacht vom 14. zum 15. Mai griffen Truppen aus Ägypten, Transjordanien, Syrien, dem Irak und dem Libanon jüdische Stellungen an. Trotz der scheinbaren Übermacht der arabischen Koalition gingen die Israelis eindeutig als Sieger aus dieser Konfrontation hervor. Die israelische Verteidigung war gut auf die Angriffe vorbereitet. Sie verfügte über motivierte und disziplinierte Truppen. Die arabischen Verbände hingegen waren untereinander kaum koordiniert und verfolgten unterschiedliche Ziele. Die Palästinenser selbst verfügten über keine nennenswerte militärischen Verbände.

Vermittlungsversuche der Vereinten Nationen fruchteten zunächst nicht. Zu einer endgültigen Waffenruhe kam es erst im März 1949, als die arabischen Staaten sukzessive Waffenstillstandsabkommen (jedoch keine Friedensverträge) mit Israel schlossen. Als Ergebnis des Kriegs hatte Israel sein Gebiet um gut ein Drittel vergrößert und kontrollierte nun 76% des Territoriums anstelle der im Teilungsplan vorgesehenen 56%. Die Kehrseite der Teilungsresolution, die Gründung eines palästinensischen Staats, wurde dagegen nicht umgesetzt. Statt dessen wurde das übrige Territorium geteilt; Ägypten besetzte den Gazastreifen und Transjordanien die Westbank. Der jordanische König verfolgte eine Eingliederungspolitik. Die eroberten Gebiete, einschließlich Ostjerusalems, wurden Stück für Stück in den jordanischen Staat integriert. Der Status Jerusalems als *corpus separatum* wurde in der Völkergemeinschaft als Anspruch und Ziel aufrechterhalten, *de facto* aber wurde der Westteil der Stadt Israel eingegliedert, der Osten einschließlich der Altstadt Jordanien.

Für die arabische Seite war der Krieg eine eindeutige militärische Niederlage. Trotzdem profitierten Ägypten und vor allem Transjordanien letztlich vom Ergebnis des Kriegs. Die Palästinenser hingegen bezeichneten die Niederlage als *al-nakbah*, die Katastrophe. *Al-nakbah* bedeutet für die Palästinenser zunächst die territoriale Zersplitterung des Landes, den Verlust eines Großteils

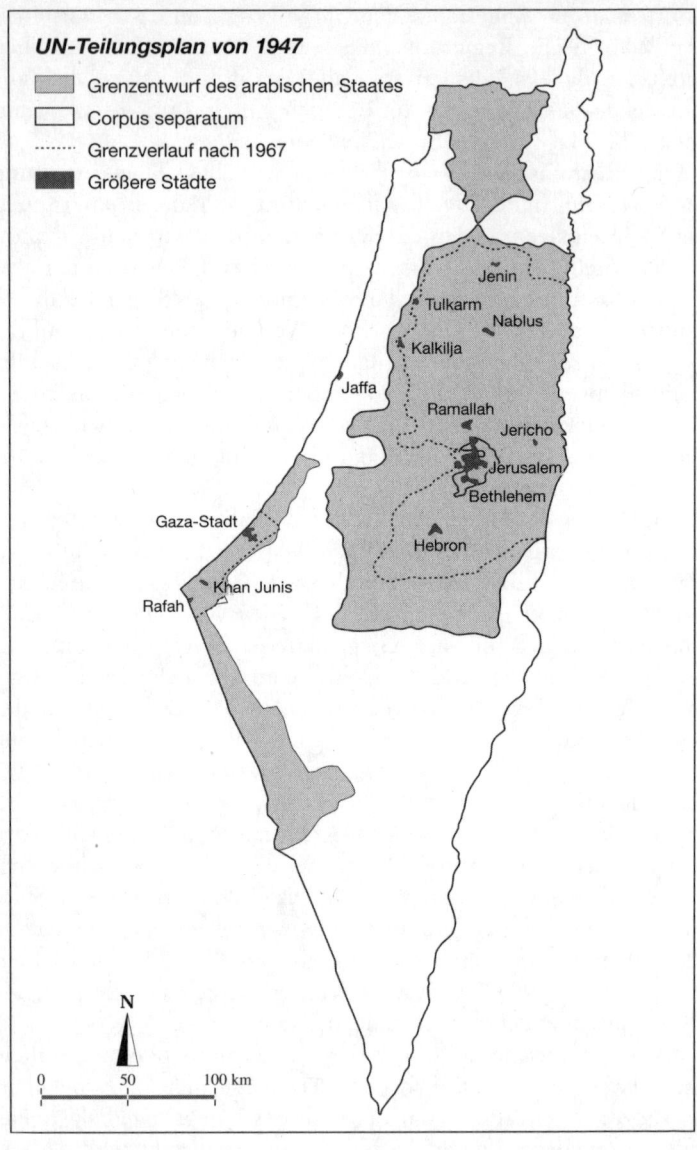

UN-Teilungsplan von 1947

- Grenzentwurf des arabischen Staates
- Corpus separatum
- Grenzverlauf nach 1967
- Größere Städte

Jenin

Tulkarm

Nablus

Kalkilja

Jaffa

Ramallah

Jericho

Jerusalem

Bethlehem

Gaza-Stadt

Hebron

Khan Junis

Rafah

N

0   50   100 km

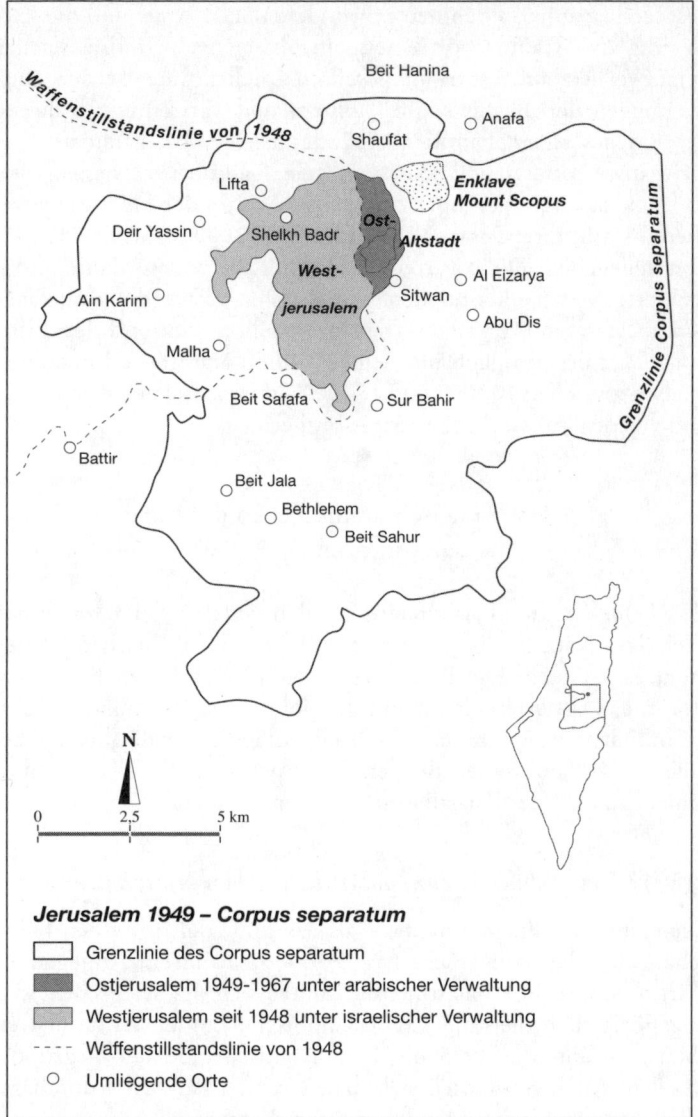

Beit Hanina

Anafa

Shaufat

Waffenstillstandslinie von 1948

Lifta

Enklave
Mount Scopus

Deir Yassin

Shelkh Badr

Ost-
Altstadt

Westjerusalem

Al Eizarya

Ain Karim

Sitwan

Abu Dis

Malha

Beit Safafa

Sur Bahir

Grenzlinie Corpus separatum

Battir

Beit Jala

Bethlehem

Beit Sahur

N

0   2,5   5 km

Jerusalem 1949 – Corpus separatum

- Grenzlinie des Corpus separatum
- Ostjerusalem 1949-1967 unter arabischer Verwaltung
- Westjerusalem seit 1948 unter israelischer Verwaltung
- - - - Waffenstillstandslinie von 1948
- ○ Umliegende Orte

des Territoriums an den neu gegründeten Staat Israel und die Zerstörung des Traums von einem unabhängigen palästinensischen Staat. Verheerend waren die gesellschaftlichen und sozialen Auswirkungen der „Katastrophe". Flucht und Vertreibung während des Krieges rissen Familienverbände auseinander, zerstörten soziale Institutionen und machten viele Palästinenser besitz- und rechtlos. Schätzungen über die genaue Anzahl der Flüchtlinge variieren stark, ihre Gesamtzahl wird mit 700 000 bis über eine Million angegeben. Diese verteilten sich auf die von Jordanien kontrollierte Westbank und den Gazastreifen sowie die arabischen Nachbarstaaten (vor allem Transjordanien, Syrien und den Libanon). Von ursprünglich über einer Million arabischer Einwohner blieben zwischen 100 000 und 180 000 auf israelischem Territorium und wurden zu israelischen Staatsbürgern.

5. Der israelisch-arabische Konflikt und die Palästinenser, 1949–1967

Das Schicksal der Palästinenser in den ersten zwei Jahrzehnten nach der „Katastrophe" ist von der Politik der arabischen Staaten nicht zu trennen. Die Palästinenser waren durch den Krieg zerstreut, es existierte keine Form der politischen Organisation, keine militärische Macht und kein eigenständiges palästinensisches Gebiet. Die arabischen Staaten hielten den Schlüssel zur politischen Zukunft der Palästinenser in ihren Händen.

a) Vom Panarabismus zum palästinensischen Nationalismus

Die arabischen Staaten hatten – als das Ende der britischen Herrschaft absehbar war – sehr früh Palästina zu ihrem Anliegen erklärt, und auch die Palästinenser fühlten sich der arabischen Welt zugehörig. Um die (angestrebte) arabische Einheit zu unterstreichen, war im Mai 1945 die Liga Arabischer Staaten gegründet worden. Auch sie schrieb sich die Befreiung Palästinas durch gemeinsames arabisches Handeln auf ihre Fahnen.

Bereits in der ersten Auseinandersetzung mit Israel 1948/49 war jedoch klar geworden, daß der Schein der ungetrübten Einigkeit und Hingabe für die palästinensische Sache trog. Vielmehr stellten sich

Eigeninteresse und innerarabische Machtkämpfe als eigentliche Beweggründe der arabischen Politik heraus. So hielten sich zwar die arabischen Staaten an ihre Abmachung, Israel im Falle der Staatsausrufung gemeinsam anzugreifen, dann aber scheiterte die Koordination der militärischen Aktionen, und es zeigte sich schnell, daß keiner der Staaten bereit gewesen war, ausreichende Ressourcen in den Konflikt zu investieren. Gleichzeitig wollten weder Ägypten noch Jordanien eine unabhängige palästinensische Machtbasis entstehen lassen. So verhinderte die Liga den Ausbau einer palästinensischen Armee des Heiligen Kriegs (*Jaysh al-Jihad al-Muqaddas*). Auch vereitelte man Versuche, palästinensische politische Institutionen zu schaffen. Die von Haj Amin al-Husseini, dem Großmufti von Jerusalem, 1948 in Gaza ausgerufene „Regierung von ganz Palästina" fand keine Unterstützung bei den arabischen Staaten. Ausschlaggebend für diese Haltung dürfte nicht zuletzt das Interesse Ägyptens und vor allem (Trans-)Jordaniens an der direkten Verwaltung und Kontrolle der palästinensischen Gebiete gewesen sein.

Trotz der offensichtlichen Diskrepanz zwischen arabischer Rhetorik und tatsächlicher Politik setzten die Palästinenser nach 1949 angesichts ihrer eigenen Schwäche auf die panarabische Solidarität zur Durchsetzung ihrer Ziele. Arabische Einheit war der Weg zur Befreiung Palästinas. Auch die wenigen eigenen politischen Strukturen, die die Palästinenser in dieser Zeit bildeten, unterstützten den panarabischen Nationalismus. Wichtigstes Beispiel hierfür ist die 1951 inoffiziell gegründete Bewegung Arabischer Nationalisten (*Arab Nationalists Movement, ANM*), die an der Amerikanischen Universität in Beirut um die Studentenführer George Habash und Hani al-Hindi entstand und zu einem wichtigen Faktor in der palästinensischen Politik werden sollte.

Die Palästinenser wurden in ihren politischen Zielen von der öffentlichen Meinung der arabischen Länder durchaus unterstützt. Vor allem nationalistische und panarabische Intellektuelle sprachen sich vehement für die Sache der Palästinenser aus. Wie stark diese Kräfte waren, zeigten die Regierungswechsel in Syrien und Ägypten zwischen 1952 und 1954, bei denen linksorientierte, arabisch-nationalistische Kräfte die traditionellen Monarchien ersetzten. Die neuen Regierungen räumten auch dem israelisch-palästinensischen Konflikt höhere Priorität ein. Für diese Gruppe war der Kampf für die Palästinenser der Weg zur Schaffung der arabischen Einheit.

Ägypten wurde zur stärksten Kraft innerhalb der arabischen Welt. Trotz innerarabischer Rivalitäten um diese Führungsposition wurde Gamal Abdel Nasser (seit 1954 Vorsitzender des Revolutionären Führungsrats, ab 1956 Präsident Ägyptens) zur Symbolfigur arabischer Einheit. Seine Rolle als wichtigster arabischer Staatsmann ließ ihn geradezu automatisch zum Herold palästinensischer Rechte werden, schließlich galt die Hingabe an die palästinensische Sache als wichtiger Gradmesser für den arabischen Patriotismus.

Gefordert wurde jetzt immer wieder der Zusammenschluß arabischer Staaten und die dadurch mögliche Befreiung Palästinas. Einen Höhepunkt erreichte die panarabische Bewegung, als Syrien 1956 erst seine Armee unter ägyptisches Kommando stellte und sich 1958 formell mit Ägypten zur Vereinigten Arabischen Republik vereinigte. Doch der Traum von der – auch staatlichen – arabischen Einheit war schnell vorüber; nach einem Putsch 1961 löste sich Syrien aus der Vereinigung.

Auch wenn der panarabische Nationalismus bis zum Krieg 1967 eine einflußreiche Kraft bleiben sollte, mehrten sich bereits in den späten 50er und frühen 60er Jahren die Stimmen, die eine eigenständige palästinensische Strategie forderten. Grund dafür war zunächst die fehlende Bereitschaft und Fähigkeit der arabischen Staaten, den bewaffneten Kampf für die Befreiung Palästinas aufzunehmen. Tatsächlich war vor allem Ägypten nach der zweiten militärischen Niederlage gegen Israel während der Suezkrise von 1956 geschwächt und wollte ein erneutes Ausbrechen von Kampfhandlungen verhindern. Aus diesem Grund tolerierte Ägypten auch nicht die Entstehung militanter palästinensischer Organisationen, die eine militärische Konfrontation mit Israel provozieren könnten.

Radikale Palästinenser gründeten daher Untergrundorganisationen, deren Hauptprogramm in dem Slogan „Palästina zuerst" prägnant zusammengefaßt ist: Man verwarf die Idee, daß die arabische Einheit Vorbedingung für die Befreiung Palästinas sei, und postulierte statt dessen, daß am Anfang der Kampf für die Befreiung stehen müsse, die arabische Einheit würde als Folge entstehen. Eine dieser Untergrundorganisationen wurde 1957 von einigen palästinensischen Studenten in Kuwait gegründet: Gemeinsam mit fünf Kommilitonen beschloß Muhammad 'Abd-al-Ra'uf al-Qidwa al-Husseini, heute besser als Yassir Arafat bekannt, die Gründung der *Harakat al-Tahrir al-Watani al-Filastin*, der Bewegung zur nationalen Befreiung Palästinas, die mit der Umkehrung ihrer Abkürzung meist als *Fatah* bezeichnet wird.

Die Gruppe, die den bewaffneten Kampf gegen Israel propagierte, erhielt erheblichen Aufschwung, als Präsident Nasser 1959 angesichts steigender Spannungen mit Israel öffentlich bekanntgab, er habe keine Pläne zur Befreiung Palästinas. Die Palästinenser fühlten sich infolge dieses Eingeständnisses zunehmend auf sich selbst gestellt. Auch wenn die Mitgliedschaft in Gruppen wie der *Fatah* zahlenmäßig gering blieb, war die wachsende Popularität der Forderung nach mehr palästinensischer Eigeninitiative und weniger Einmischung der arabischen Staaten offensichtlich. Verschiedene arabische Regierungen unterstützen diesen Stimmungswandel, um ihren Führungsanspruch in der arabischen Welt zu demonstrieren. So erhöhte vor allem der Irak den Handlungsdruck auf Ägypten durch Aufrufe zur Gründung palästinensischer politischer und militärischer Organisationen.

Pläne Israels, den Oberlauf des Jordan umzuleiten, waren schließlich der Auslöser für gemeinsames arabisches Handeln. Ein Gipfeltreffen der Arabischen Liga Anfang 1964 beschloß zum einen die Einrichtung des *Unified Arab Command (UAC)*, eines militärischen Koordinationsgremiums unter ägyptischer Führung. Zum anderen wurde in einem zaghaften Schritt Ahmad al-Shuqayri damit beauftragt, Pläne für die politische Organisation der Palästinenser und die Befreiung des Landes auszuarbeiten. Shuqayri rief daraufhin in klarer Überschreitung seines Mandats eine palästinensische Versammlung, den Palästinensischen Nationalkongreß (*Palestinian National Congress, PNC*) in Ostjerusalem ein, der wiederum im Mai 1964 die Gründung der Palästinensischen Befreiungsorganisation (*Palestine Liberation Organisation, PLO*) beschloß.

Die PLO-Charta definierte die Befreiung ganz Palästinas in den Grenzen des britischen Mandatsgebiets als Ziel der neuen Organisation. Dieses Ziel sollte ohne Umwege und durch bewaffneten Kampf erreicht werden. Damit unterschied sich die PLO von anderen Organisationen, die entweder zuerst die arabische Einheit herstellen wollten (die arabischen Nationalisten) oder mit einer

Veränderung der Gesellschaftsstrukturen beginnen wollten (der politische Islam und marxistisch-kommunistische Gruppen).

Die PLO beschloß unter dem Vorsitz von Shuqayri kurz nach ihrer Gründung die Einführung der Wehrpflicht für Palästinenser und die Ausrüstung einer Armee, der *Palestine Liberation Army (PLA)*. Obwohl diese Entwicklung von den arabischen Staaten so nicht geplant war, erkannten sie sowohl *PLO* als auch *PLA* an. Als Zeichen der Ernsthaftigkeit seiner Unterstützung palästinensischer Initiativen übertrug Nasser der *PLA* zudem die Führung der seit Ende 1952 gebildeten Truppen des palästinensischen Grenzschutzes, die bislang unter dem Kommando ägyptischer Offiziere gestanden hatten. Die arabischen Staaten versprachen die Ausbildung und Ausrüstung weiterer Einheiten.

Doch bereits kurz nach diesem aus palästinensischer Sicht positiven Start wurde deutlich, daß Zusagen geben und Zusagen einlösen in der arabischen Politik zwei sehr unterschiedliche Dinge waren. Jordanien verwehrte von vornherein jede Stationierung palästinensischer Truppen auf seinem Territorium; in Ägypten und Syrien brach ein Streit über die Befehlsgewalt aus, und sowohl Ausrüstung als auch Truppenstärke blieben weit hinter den palästinensischen Erwartungen zurück. Als der arabisch-israelische Krieg 1967 ausbrach, bestand die *PLA* im Gazastreifen lediglich aus 5000 Mann, dazu kamen etwa 4000 leicht bewaffnete Ordnungskräfte und Milizen.

Im Gegensatz zur *PLA* erfreute sich die *PLO* zwar der Anerkennung und Unterstützung der arabischen Staaten, büßte aber gleichzeitig an Popularität in der palästinensischen Gesellschaft ein. Auf Druck der arabischen Staaten, die sich für einen Krieg mit Israel nicht gerüstet sahen, verzichtete die *PLO* zunächst auf bewaffnete Angriffe gegen Israel. Nicht so *Fatah*, die zu diesem Zeitpunkt noch nicht zur *PLO* gehörte. Unterstützt von arabischen Intellektuellen und Politikern, die zunehmend die bewaffnete Auseinandersetzung mit Israel forderten, begann *Fatah* Anfang 1965 mit Anschlägen auf israelische Einrichtungen. Anzahl und Stärke der palästinensischen Anschläge sowie die Härte der israelischen Vergeltungsmaßnahmen nahmen während der nächsten zwei Jahre deutlich zu und trugen so zu den Spannungen bei, die sich im Juni 1967 in einem weiteren arabisch-israelischen Krieg entluden. Die erneute Niederlage der arabischen Staaten gab den entscheidenden Anstoß zur endgültigen Ersetzung des panarabischen durch den palästinensischen Nationalismus.

b) Der Gazastreifen unter ägyptischer Verwaltung

Während die Entstehung des palästinensischen Nationalismus sowohl im Gazastreifen wie in der Westbank zu spüren war, unterschieden sich die Lebensumstände der Palästinenser in den beiden Gebieten erheblich.

Der Gazastreifen ist nur etwa 40 Kilometer lang, zwischen sechs und zwölf Kilometer breit und sehr dicht besiedelt; vor 1967 lebten dort knapp 300 000, heute über 750 000 Bewohner. Das Gebiet war zwischen 1948 und 1967 weitgehend isoliert: Im Norden und Osten von israelischem Staatsgebiet umgeben, stellte die Grenze zu Ägypten im Süden die einzige Verbindung zur arabischen Welt dar. Doch da der Sinai den Gazastreifen von den ägyptischen Bevölkerungszentren trennt, war auch diese Verbindung nur von eingeschränktem Wert.

Ägypten nutzte den Gazastreifen im ersten Krieg gegen den neu ausgerufenen Staat Israel 1948/49 als Einfallstor und Aufmarschgebiet. Letztlich blieb dieser schmale Landstreifen das einzige Gebiet, das die ägyptischen Streitkräfte dauerhaft halten konnten. Im 1949 mit Israel geschlossenen Waffenstillstandsvertrag bekam Ägypten schließlich offiziell die Verwaltung dieses Gebiets zugesprochen – eine Entscheidung, die auch von der Bevölkerung positiv aufgenommen wurde.

Die ägyptische Militärverwaltung war mit einer äußerst schwierigen sozialen und politischen Lage konfrontiert: Etwa 70% der Bevölkerung des Gazastreifens, das heißt zu diesem Zeitpunkt ca. 200 000 Menschen, waren Flüchtlinge. Das kleine Stück Land war mit dieser Menschenmasse völlig überfordert. Es fehlte an allem – von Nahrung, über Wohnungen und Ausbildungsmöglichkeiten, bis zu Arbeitsplätzen. Nicht zuletzt deswegen kam es zu Spannungen zwischen der einheimischen und der Flüchtlingsbevölkerung, die sich bis heute nicht ganz gelegt haben.

Ägypten annektierte den Gazastreifen nicht, sondern stellte ihn zunächst unter militärische, ab 1954 unter zivile Verwaltung. Das bedeutete für die Palästinenser auch, daß sie keine Staatszugehörigkeit besaßen; statt dessen wurden sie von Ägypten mit Reisedokumenten ausgestattet. Die Mitspracherechte der Palästinenser im Verwaltungssystem des Territoriums waren gering. In der Verwaltung besetzten ägyptische Beamte und Offiziere alle einflußreichen Posten. Palästinensern standen lediglich einige Posten in den Verwaltungsräten offen, und nur etwa 6 000 fanden eine Anstellung im öffentlichen Dienst. Wahlen, wie sie unter osmanischer und britischer Herrschaft üblich gewesen waren, fanden unter ägyptischer Kontrolle nicht statt.

Die wirtschaftliche Lage war desolat. Die landwirtschaftliche Nutzfläche des Gazastreifens reichte gerade aus, um die ursprüngliche Bevölkerung von etwa 88 000 Menschen zu versorgen. Der Flut von Flüchtlingen jedoch, welche die Bevölkerungszahl mehr als verdreifachte, waren die lokalen Strukturen auf keinen Fall gewachsen. Während die *UNRWA* (*United Nations Relief and Works Agency for Palestine Refugees in the Near East*), das von den Vereinten Nationen speziell für die palästinensischen Flüchtlinge im Dezember 1979 geschaffene Flüchtlingshilfswerk (durch Resolution der Generalversammlung 302 (IV), zuletzt bis zum 30. Juni 2002 verlängert), eine notdürftige Grundversorgung der Menschen sicherstellen konnte, fehlte es dem Gazastreifen an Ressourcen, Investitionen und dem Zugang zu anderen Märkten, um sich wirtschaftlich zu entwickeln. Die Lage verbesserte sich etwas, als Nasser 1954 die ägyptischen Universitäten für Studenten aus Gaza öffnete und die arabischen Ölländer palästinensische Arbeiter aufnahmen. Dennoch waren auch in den 60er Jahren noch etwa 80% der Flüchtlinge und 35% der ursprünglichen Bevölkerung arbeitslos.

Die Politik der ägyptischen Regierung gegenüber den Palästinensern war zwiespältig. Wegen ihres Führungsanspruchs innerhalb der arabischen Welt unterstützte Kairo in öffentlichen Verlautbarungen die Palästinenser und das Ziel der „Befreiung Palästinas" ausdrücklich. Gleichzeitig war Nasser jedoch darauf bedacht, seine Kontrolle über die palästinensische Politik zu wahren. Vor allem wollte seine Regierung den Grad der Spannungen mit Israel selbst regulieren und sich nicht durch Aktionen der Palästinenser verfrüht in eine militärische Auseinandersetzung drängen lassen.

Wie schwierig der Spagat zwischen Rhetorik und Interessen sein konnte, zeigte die Frage der Bewaffnung der Palästinenser.

Nach dem Krieg von 1948/49 entwaffnete Ägypten zunächst die wenigen verbliebenen palästinensischen Einheiten im Gazastreifen. Doch drängten die Palästinenser darauf, selbst zur Befreiung ihres Heimatlandes beizutragen, und forderten die Aufstellung palästinensischer Truppen. Die Ägypter gestatteten daraufhin die Bildung der palästinensischen Grenzpatrouille. Heftige Demonstrationen palästinensischer Aktivisten im Gazastreifen 1954 erreichten lediglich eine Verstärkung und etwas schwerere Bewaffnung dieser Grenztruppen. Hinzu kamen verdeckte Maßnahmen: Der ägyptische Militärgeheimdienst bildete seit 1949 eine palästinensische Sondereinheit für Sabotageakte und Anschläge in Israel aus, die *Fida'iyyun* (die Opferbereiten) genannt wurde.

Gegen den Willen vieler militanter Palästinenser verfolgte Ägypten bis Anfang 1955 eine Politik der Deeskalation gegenüber Israel. Aufgabe des palästinensischen Grenzschutzes war es zu dieser Zeit, Zwischenfälle an der Grenze zu vermeiden und palästinensische Infiltrationen in israelisches Gebiet zu verhindern. Dies änderte sich jedoch mit dem Beginn französischer Militärhilfe für Israel. Ägypten bemühte sich nun seinerseits verstärkt um militärische Unterstützung, die nach dem Scheitern der Verhandlungen mit den USA 1955 zu einer Zusammenarbeit und einem regen Waffenhandel mit der Tschechoslowakei führte. Gleichzeitig kooperierte Ägypten enger mit Syrien und ließ mehr Anschläge auf Israel zu: Die palästinensischen Grenztruppen und die *Fida'iyyun* wurden von Kairo besonders nach schweren israelischen Vergeltungsaktionen gegen ägyptische Aktivisten im Herbst 1955 verstärkt für Grenzübergriffe eingesetzt. Zwischen Dezember 1955 und März 1956 wurden etwa 180 Angriffe auf israelisches Gebiet gezählt.

Die Lage eskalierte weiter, als Ägypten im Juli 1956 entgegen den Vereinbarungen mit Großbritannien den Suezkanal verstaatlichte und ihn im September für die Durchfahrt israelischer Schiffe sperrte. In geheimer Absprache mit Großbritannien und Frankreich griff Israel daraufhin am 29. Oktober Ägypten an. Israel konnte innerhalb einer Woche den Gazastreifen und den Sinai unter seine Kontrolle bringen. Die Kanalzone wurde von britischen und französischen Truppen unter dem Vorwand besetzt, den Kanal zu schützen und die Kombattanten zu trennen. Durch eine gemeinsame diplomatische Intervention der USA und der Sowjetunion wurden die Angreifer jedoch bald zum Rückzug gezwungen, und im März 1957 übernahm Ägypten wieder die Verwaltung des Gazastreifens. Auch der Kanal blieb in ägyptischer Hand.

Nach dieser erneuten militärischen Konfrontation zeigte sich Ägypten wieder deutlich vorsichtiger und konzilianter. Die palästinensischen Einheiten wurden entwaffnet und aus dem Gazastreifen abgezogen. Gleichzeitig wurde eine UN-Friedenstruppe entlang der Waffenstillstandslinie positioniert, die erneute Übergriffe meist erfolgreich verhindern konnte. Die so geschaffene Stabilität führte zu Fortschritten in der Wirtschaft, dem Sozialsystem, der Bildung, der Kultur und der medizinischen Versorgung in der palästinensischen Gesellschaft.

Den Forderungen der Palästinenser nach mehr Mitspracherechten begegnete Nasser nun mit der Gründung palästinensischer politischer Institutionen. So wurde 1957 ein palästinensischer Legislativrat gegründet, dessen Mitglieder von Ägypten ernannt wurden. Den Vorsitz übernahm 1962 ein Palästinenser, Haidar Abd al-Shafi. Im selben Jahr erließ Nasser per Gesetz außerdem eine „Verfassung" und Rechtsordnung für den Gazastreifen und ließ die Hälfte der Mitglieder des Legislativrats durch die palästinensische Nationalunion wählen.

Bereits 1965/66 wurde die offizielle Rhetorik in Kairo wieder deutlich aggressiver. Verschiedene Handlungen Ägyptens schürten in Israel die Furcht vor einem unmittelbar drohenden Angriff und trugen damit zum Präventivschlag vom Juni 1967 bei.

c) Die Westbank als Teil des haschemitischen Königreichs Jordanien

Die Westbank war erst kurz nach dem Ersten Weltkrieg durch die britische Verwaltung von Transjordanien getrennt worden. Zahlreiche kulturelle, religiöse und familiäre Verbindungen zwischen den beiden Gebieten bestanden jedoch fort, und die Haschemiten betrachteten die Westbank als natürlichen Teil des jordanischen Territoriums.

Während des Krieges 1948 besetzte König Abdullahs Arabische Legion die Westbank und Ostjerusalem und bekam diese Gebiete auch im Zuge der Waffenstillstandsverhandlungen zur Verwaltung zugesprochen. Schon bald berief der König zwei Versammlungen aus sorgfältig ausgewählten Mitgliedern der traditionellen Oberschicht der Westbank ein, die erwartungsgemäß das haschemitische Königreich dazu aufforderten, die Westbank in das transjordanische Staatsgebiet einzugliedern. Im März 1949 wurde die Militärverwaltung von einer zivilen Verwaltung abgelöst, den Palästinensern wurde die transjordanische Staatsbürgerschaft angeboten und damit ein Wahlrecht für die Parlamentswahlen von 1950 eingeräumt. Das so gewählte Parlament stimmte unmittelbar nach seiner Konstituierung einem Gesetz über den Zusammenschluß der Westbank mit Transjordanien zu.

Damit hatte Transjordanien, das sich nun Jordanien nannte, seine Bevölkerung vervielfacht. Zu der ursprünglichen Bevölkerung von etwa 340000 Einwohnern kamen 30000 Palästinenser, die bereits vor dem Krieg in Transjordanien ansässig waren, etwa 460000 bis 500000 Flüchtlinge und 425000 Bewohner der Westbank. Bis 1954 hatten so gut wie alle Palästinenser im haschemitischen Königreich die jordanische Staatsbürgerschaft angenommen und waren somit die einzige palästinensische Gruppe, der politische Mitspracherechte und die gleichen Rechte wie der eingesessenen Bevölkerung eingeräumt wurden. König Hussein, der bald nach der Ermordung seines Großvaters Abdullah den Thron bestiegen hatte, versuchte zudem, die traditionelle palästinensische Führungsschicht der Westbank für sich einzunehmen, indem er den Notabeln Posten in der Lokalverwaltung anbot. Die meisten Städte und Dörfer der Westbank wurden daher von palästinensischen Bürgermeistern aus der Notabelnschicht regiert.

Dennoch waren auch in Jordanien, das gute Rahmenbedingungen für die politische und wirtschaftliche Entwicklung der palästinensischen Gesellschaft bot, die Mitwirkungsrechte eingeschränkt. So wurde die Gründung spezifisch palästinensischer politischer Institutionen meist nicht geduldet. Außerdem schloß das jordanische Wahlrecht nicht nur Frauen aus; auch Männern erlaubte es den Gang zur Urne nur dann, wenn sie Land besaßen oder auf andere Weise steuerpflichtig waren. Trotz der *de iure* Gleichbehandlung von Jordaniern und Palästinensern traf diese Regelung *de facto* natürlich vor allem die Flüchtlinge. Die Chancen für die Artikulation palästinensischer Interessen wurden weiter drastisch eingeschränkt, als König Hussein 1956/57 nach einem Putschversuch sämtliche politische Parteien sowie Gewerkschaften und andere politische Einrichtungen verbot.

Ähnlich die jordanische Wirtschaftspolitik: Zwar wurden Palästinenser nicht offiziell diskriminiert, die Investitionen der Regierung flossen jedoch fast ausschließlich in das transjordanische Gebiet. Die schlechten wirtschaftlichen Möglichkeiten in der Westbank veranlaßten in den Jahren der jordanischen Herrschaft ca. 120 000 Palästinenser dazu, von der Westbank auf die östliche Seite des Jordan zu ziehen. Rund 170 000 weitere versuchten ihr Glück in den ölreichen Golfstaaten.

Für die jordanischen Palästinenser war, ähnlich wie für ihre Landsleute im Gazastreifen, die Frage der Bewaffnung und des militärischen Kampfes gegen Israel von zentraler Bedeutung. Ebenso wie Ägypten löste Jordanien die palästinensischen Truppen nach dem Krieg von 1948/49 rasch auf. Und auch hier begrenzte die Regierung palästinensische Übergriffe auf israelisches Territorium, um keine neuen Kampfhandlungen zu provozieren und die Kontrolle über das neugewonnene Staatsgebiet nicht zu riskieren. Jordanien ging allerdings in seinen Bemühungen einen Schritt weiter als Ägypten: Es übertrug sogar ein zusätzliches Stück Land entlang der Waffenstillstandslinie an Israel, damit die Israelis die Grenze besser kontrollieren konnten. Anfang der 50er Jahre stieg die Zahl der Übergriffe und Vergeltungsaktionen dennoch an, und Jordanien konnte nur durch verstärkte Sicherheitsmaßnahmen eine Eskalation der Auseinandersetzung verhindern.

Was die Einrichtung gesamtpalästinensischer Strukturen anging, zeigte sich Jordanien erwartungsgemäß sehr zurückhaltend, schließlich kollidierte das Ziel dieser Organisationen – die Errichtung eines palästinensischen Staates – direkt mit dem jordanischen Souveränitätsanspruch über die Westbank. Allerdings konnte sich die jordanische Regierung angesichts der Instabilität im eigenen Land und des wachsenden Einflusses der Palästinenser den Forderungen nicht ganz verschließen. Gelang es der jordanischen Regierung immerhin, das Gipfeltreffen der arabischen Staaten 1964 von der Gründung gesamtpalästinensischer Institutionen abzuhalten, konnte Jordanien die Gründung der *PLO* und der dazugehörigen Armee *PLA* durch den palästinensischen Nationalkongreß nicht verhindern. Allerdings untersagte die jordanische Regierung die Stationierung von *PLA*-Kontingenten auf ihrem Territorium und beteiligte sich nicht an Ausrüstung, Finanzierung und Training der Truppe.

Doch wenn es der Regierung in Amman auch glückte, den Einfluß der offiziellen palästinensischen Institutionen zu begrenzen, so waren die Möglichkeiten gegenüber den Untergrundorganisationen naturgemäß weitaus eingeschränkter. *Fatah*, aber auch die *ANM* bzw. deren Nachfolgegruppe, die *Popular Front for the Liberation of Palestine (PFLP)*, erfreuten sich zunehmenden Zuspruchs unter den jordanischen Palästinensern. Die Regierung konnte zwar eine beträchtliche Zahl von radikalen Aktivisten inhaftieren, aber die Versuche, Übergriffe auf Israel mit Hilfe der Armee zu verhindern, waren nur bedingt erfolgreich, da viele palästinensische Armeeangehörige ihren Befehlen zum Trotz Untergrundkämpfer unterstützten.

Die Politik der jordanischen Regierung gegenüber den Palästinensern unter ihrer Hoheit war eindeutig darauf ausgelegt, den Status quo zu bewahren und keine neue militärische Konfrontation mit Israel herauszufordern. Da Jordanien, anders als Ägypten, keinen Führungsanspruch innerhalb der arabischen Welt geltend machen wollte, konnte es diese Position nach außen vertreten. Anfangs erleichterten auch die vergleichsweise günstigen wirtschaftlichen und politischen Lebensbedingungen die Kontrolle über die palästinensische Bevölkerungsmehrheit. Jedoch konnte auch König Husseins vorsichtige Politik den Ausbruch des Kriegs 1967 und den Verlust der Westbank an Israel nicht verhindern. Später erklärte der König, er habe die Niederlage vorhergesehen, aber eine Neutralität Jordaniens hätte zu einer Revolution gegen die Herrschaft der Haschemiten geführt. Das Unglück war nicht zu verhindern.

6. Die palästinensische Diaspora, 1967–1987

a) Der Sechstagekrieg und seine Folgen

Im Frühjahr 1967 deuteten die Zeichen im Nahen Osten immer deutlicher auf Krieg. Sowohl Israel als auch Ägypten rüsteten erkennbar auf, und die arabischen Terroranschläge und israelischen Vergeltungsschläge mehrten sich. Eine erneute Annäherung zwischen Syrien und Ägypten barg für Israel zudem die Gefahr eines Zweifrontenkriegs und erhöhte deshalb das Gefühl der Bedrohung. Als schließlich Mitte Mai Ägypten den Abzug der UNO-Friedenstruppen aus dem Sinai forderte und erneut die Straße von Tiran für die Durchfahrt israelischer Schiffe sperrte, ordnete die israelische Regierung die Generalmobilmachung an und kam der befürchteten arabischen Offensive durch einen Überraschungsangriff auf Ägypten am Morgen des 5. Juni 1967 zuvor.

Der Krieg war bereits nach sechs Tagen entschieden. Innerhalb dieser Frist hatte die israelische Armee die Streitkräfte Ägyptens, Syriens und Jordaniens (ganz zu schweigen von den Fragmenten palästinensischer Truppen) gänzlich kampfunfähig gemacht. Ägypten hatte 11500, Jordanien 6000, Syrien 1000 und Israel 679 Tote zu beklagen. Außerdem besetzte Israel nicht nur den Gazastreifen und die Westbank, sondern auch den ägyptischen Sinai und die zu Syrien gehörenden Golanhöhen. Von den ca. 1,3 Millionen Palästinensern, die noch im Gazastreifen und in der Westbank gelebt hatten, flohen während des Kriegs etwa 500000 in die arabischen Nachbarstaaten, nur etwa ein Zehntel von ihnen kehrte nach Kriegsende wieder zurück.

Trotz seiner Kürze war die Bedeutung dieses Kriegs für die politische und langfristige Entwicklung der Situation in der Region immens: Der Sechstagekrieg zog wichtige Entscheidungen der internationalen Gemeinschaft nach sich, und er veränderte das Verhältnis der arabischen Staaten zu Israel sowie die Beziehungen zwischen Palästinensern und den arabischen Staaten. Die israelische Besetzung der Westbank und des Gazastreifens führte zudem zur Verlagerung des palästinensischen politischen Zentrums ins Exil.

Der Sicherheitsrat der Vereinten Nationen verabschiedete am 22. November 1967 die Resolution 242, die den Rückzug der israelischen Truppen aus den besetzten Gebieten im Gegenzug für eine arabische Anerkennung des Existenzrechts Israels fordert. Dieses Prinzip „Land für Frieden" bildet bis heute die Grundlage für die Friedensverhandlungen im Nahen Osten. Der UN-Text ist allerdings als Verhandlungsbasis problematisch, da sich die Resolution in den verschiedenen Amtssprachen der UN unterschiedlich interpretieren läßt (der französische Text spricht von „les territoires occupés", was einen Abzug aus allen Gebieten impliziert, der

Während des Sechstagekrieges flohen etwa 500000 Palästinenser in die arabischen Nachbarstaaten. Wie schon nach dem israelisch-arabischen Krieg 1947/48 mußten viele davon in Flüchtlingslagern wie dem oben abgebildeten in Ostjordanien Unterschlupf suchen.
Foto: SV-Bilderdienst, 1969

englische Text dagegen nur von „occupied territories", wobei das Fehlen des bestimmten Artikels andeutet, daß auch ein teilweiser Rückzug die Resolution erfüllen könnte).

Den Palästinensern gab die Resolution wenig Grund zur Hoffnung: Die Rechte der Palästinenser waren zu umstritten. So wurde diese doch in erster Linie betroffene Bevölkerungsgruppe in der Resolution 242 lediglich im Zusammenhang mit dem Flüchtlingsproblem erwähnt – und auch hier konnte sich die Staatengemeinschaft nicht auf mehr einigen, als daß eine „gerechte Lösung" gefunden werden müsse. Eine Beteiligung der Palästinenser an etwaigen Friedensverhandlungen wurde gar nicht erst in Betracht gezogen.

1967 wurde der Lösungsvorschlag der Vereinten Nationen daher sowohl von den Palästinensern als auch von den meisten arabischen Staaten abgelehnt. Zwei der wichtigsten Regierungen, die Ägyptens und Jordaniens, akzeptierten den Text zwar als Verhandlungsgrundlage. Friedensgespräche kamen aber nicht zustande. Die arabische Seite lehnte direkte Verhandlungen mit Israel ab (dies hätte bereits eine Anerkennung impliziert, die doch erst im Tausch gegen den Rückzug der israelischen Armee zugestanden werden sollte). Israel weigerte sich, eine Vermittlung durch Dritte zuzulassen. Der Waffenstillstand blieb brüchig und die Scharmützel vor allem entlang der ägyptisch-israelischen Waffenstillstandslinie, das heißt entlang des Suezkanals, dauerten an. Ägypten forcierte ab 1968 diese Zusammenstöße – der Abnutzungskrieg sollte Kairos Verhandlungsposition gegenüber der israelischen Regierung stärken.

Die prinzipielle Bereitschaft Ägyptens und Jordaniens, mit Israel auf der Grundlage des Prinzips „Land für Frieden" zu verhandeln, zeigt, daß die arabischen Staaten aus der Niederlage im Sechstagekrieg eine wichtige Schlußfolgerung gezogen hatten: Es war nun klar, daß sie der israelischen Armee auf absehbare Zeit militärisch nicht gewachsen waren und ihren Interessen – panarabischer Solidarität zum Trotz – besser gedient war, wenn sie einen *modus vivendi* mit Israel finden konnten. So wurde das Ziel der friedlichen Koexistenz mit Israel wichtiger als die Erfüllung der palästinensischen Forderungen.

Für die Palästinenser zeichnete sich ein ernüchterndes Bild der Lage: Sie waren besiegt, ihr Land besetzt und ihre Organisationen auf sich selbst gestellt. Die internationale Gemeinschaft nahm sich ihrer Sache nicht an; nicht einmal die Existenz eines palästinensischen Volkes schien als Tatsache anerkannt zu werden. Die arabischen Staaten wiederum, auf deren Hilfe die Palästinenser bislang gesetzt hatten, waren anscheinend entweder nicht willens oder nicht in der Lage, die Befreiung Palästinas mit Gewalt durchzusetzen.

b) Flucht und Exil

Die hoffnungslose Lage der Palästinenser barg aber in sich Chancen für die Entwicklung einer eigenständigen palästinensischen Politik. Der Sechstagekrieg hatte die Hoffnung vieler Palästinenser auf panarabische Solidarität und Hilfe von außen zerstört. Das Bewußtsein, auf sich selbst gestellt zu sein, verlieh dem nationalen Zusammengehörigkeitsgefühl einen großen Aufschwung. Nach

1967 wurde der Nationalismus zur dominanten politischen und gesellschaftlichen Kraft der Palästinenser.

Die Möglichkeit zur Umsetzung der nationalen Idee in die politische Wirklichkeit schien zunächst verhältnismäßig gut. Denn 1967 erwarteten die Palästinenser einen schnellen Rückzug der israelischen Armee, ähnlich, wie dies 1956 nach der Besetzung des Gazastreifens der Fall gewesen war. In diesem Fall wäre Israel durch seinen Sieg den Palästinensern unwillentlich zu Hilfe gekommen: Deren Hoffnung war, ein Machtvakuum in den geräumten Gebieten mit einem palästinensischen Staatsgebilde füllen zu können und gleichzeitig die arabische Vormundschaft zu beenden. Die palästinensische Untergrundbewegung, gestärkt durch einen Zustrom neuer Mitglieder, versuchte durch inszenierte Unruhen in den besetzten Gebieten, den Abzug der Israelis zu beschleunigen.

Doch entgegen den palästinensischen Hoffnungen und unter Mißachtung der Entschlüsse der internationalen Gemeinschaft war Israel entschlossen, diesmal nicht zum *status quo ante* zurückzukehren. Jerusalem, so die Meinung in Israel, sollte keineswegs wieder geteilt werden. Ob es eine Rückgabe der besetzen Gebiete geben sollte, war in der israelischen Politik umstritten. Deutlich wurde jedoch schnell, daß es einen baldigen Rückzug nicht geben würde.

Im Gazastreifen gelang es der israelischen Armee zunächst kaum, die Bevölkerung unter ihre Kontrolle zu bekommen. Unter der ärmeren Bevölkerung hatte die Guerillabewegung großen Rückhalt, und die Zustände ähnelten oft einem Volksaufstand. Erst etwa drei Jahre nach der Besetzung trat relative Ruhe im Gazastreifen ein. In der Westbank dagegen war Israel von Anfang an erfolgreicher in der Bekämpfung der palästinensischen Widerstandsgruppen. Einerseits gingen die Aktivisten der schlecht organisierten und miteinander konkurrierenden Guerillaorganisationen ein großes Risiko ein, aufgedeckt und hart bestraft zu werden. Andererseits bot der israelische Staat Palästinensern, die nicht gegen die Besetzung kämpften, vergleichsweise gute Lebensbedingungen. Bis zum Frühjahr 1968 gelang es den israelischen Sicherheitsdiensten, den Widerstand in der Westbank fast vollständig zu brechen.

Die erfolgreiche israelische Politik zwang die palästinensische Untergrundbewegung zu einer neuen Strategie und zu einer Veränderung ihrer Zielvorstellungen. Die Guerillagruppen zogen sich weitgehend aus den besetzten Gebieten zurück, um sich zunächst eine sichere Ausgangsbasis in den arabischen Nachbarländern zu schaffen. *Fatah, ANM* bzw. *PFLP, Ba'th*, die Kommunisten, verschiedene kleinere Organisationen und schließlich die *PLO* und *PLA* konzentrierten sich ab Ende 1967 darauf, sich vor allem in Jordanien, Syrien und dem Libanon ein Rückzugs- und Aufmarschgebiet zu schaffen, um von dort den Kampf gegen Israel zu organisieren. Diese als vorübergehend gedachte Verlagerung der palästinensischen Organisationen auf die arabischen Nachbarstaaten sollte bis zum Ausbruch der *Intifada* 1987 anhalten.

Gleichzeitig trat anstelle des exklusiv palästinensischen Anspruchs auf das gesamte Territorium ein älteres Konzept, das bereits in den 20er und 30er Jahren im arabischen Denken eine wichtige Rolle gespielt hatte: die Schaffung eines demokratischen, säkularen Staats in ganz Palästina mit gleichen Rechten für alle Religionsgruppen. Gedanklich bedeutete dies eine wichtige Entwicklung: Hatten die *PLO* und andere Widerstandsorganisationen in ihrer Frühphase Juden und Zionisten gleichgesetzt und beide Gruppen als Feind definiert, war man nun zur Differenzierung bereit. Juden als Religionsgruppe könnten durchaus auf palästinensischem Territorium geduldet werden, lediglich die Zionisten mit ihrem Anspruch auf einen jüdischen Staat, dessen Errichtung mit palästinensischen Ansprüchen auf das Territorium kollidierte, wurden nun als Gegner gesehen. 1969 wurde die Akzeptanz der neuen Zielsetzung offiziell bestätigt; die *PLO*-Charta wurde geändert, um den Grundsatz eines einheitlichen, säkularen Staats für alle Religionsgruppen in ganz Palästina aufzunehmen.

c) Der palästinensische „Staat im Staate" in Jordanien

Ein natürlicher Rückzugsort für die palästinensischen Guerillas war Jordanien. Das haschemitische Königreich grenzte direkt an die Westbank an und bot sich damit als Basis für Angriffe auf israelische Einrichtungen an. Zudem erhofften sich die Guerillas materielle und personelle Unterstützung von der palästinensischen Bevölkerungsmehrheit in Jordanien. Die meisten, zahlenmäßig noch kleinen palästinensischen Organisationen wählten daher Jordanien als Quartier und Ausgangsbasis.

Schon bald nach dem Sechstagekrieg gelang es der Guerillabewegung, ihre Popularität in Jordanien deutlich zu steigern. Katalysator der Veränderung war ein einzelner Vorfall: Im März 1968 zeichnete sich ein bevorstehender Großangriff der israelischen Armee auf einen wichtigen Guerillastützpunkt im Dorf Karameh ab. Entgegen der sonst üblichen *Hit-and-run*-Taktik, bei der Guerillas den offenen Kampf vermeiden, entschieden sich *Fatah*- und *PFLP*-Kämpfer diesmal dazu, dem Angriff Widerstand entgegenzusetzen. Mit großer Übermacht griff die israelische Armee am 21. März an. Ihr gelang auch die Eroberung des Dorfes, sie mußte aber bis zu ihrem (geplanten) Rückzug am Abend ungewöhnlich schwere Verluste hinnehmen (28 Todesopfer, 90 Verwundete, sowie vier zerstörte Panzer und ein Flugzeug). Die Verluste der arabischen Seite waren zwar weitaus höher, und die Palästinenser hätten ohne die auf den umliegenden Hügeln stationierte jordanische Armee keinen effizienten Widerstand leisten können. Dennoch hielten die Guerillas, allen voran *Fatah*, überschwengliche Siegesparaden mit den zerstörten israelischen Fahrzeugen ab. So entstand die Legende von Karameh, die Guerillakämpfer hätten die angeblich unbesiegbare israelische Armee bezwungen. Diese Legende begründete gleichzeitig den Widerstandsmythos des palästinensischen Volkes neu, der Tradition und Kontinuität der Aufstände betonte. So wurde der bewaffnete Kampf zum identitätsstiftenden Element.

Neben der ideologischen Bedeutung hatte die „Schlacht um Karameh" zwei wichtige praktische Folgen. Zum einen wurde der Erfolg der Schlacht vor allem *Fatah* angerechnet, die ab April 1968 offiziell unter der Führung Yassir Arafats stand, des Kopfes der Operation. *Fatah* hatte so einen erheblichen Vorsprung im Rennen um die Führungsposition innerhalb der palästinensischen Bewegung gewonnen. Die Wahl Arafats zum Vorsitzenden des *PNC* und der *PLO* im Februar 1969 zeigte eine neue, wenn auch noch wacklige Hierarchie in der Nationalbewegung. Zum anderen erhielt die Guerillabewegung als solche durch die „Schlacht um Karameh" eine deutliche Aufwertung. Die Zahl der Mitglieder und Sympathisanten der Guerillas stieg sprunghaft an, und die kleinen Gruppierungen entwickelten sich zu Massenbewegungen. Der neue Ruhm brachte auch finanzielle Unterstützung, Waffenlieferungen und Trainingsangebote aus anderen arabischen Staaten. Die *PLO* bzw. die Guerillabewegung als ganze wurde nach und nach zu einem ernstzunehmenden Machtfaktor in Jordanien und innerhalb der arabischen Region.

Doch der Triumph der palästinensischen Widerstandsbewegung war nicht von langer Dauer; schon bald zeichnete sich ein Konflikt mit dem jordanischen Gastgeberstaat ab. Einerseits provozierten die Guerillaanschläge Vergeltungsaktionen der israelischen Armee auf jordanischem Territorium, unter denen die Zivilbevölkerung litt. So verursachten Angriffe Israels beispielsweise 1968 den Exodus von etwa 100 000 Zivilisten aus dem Jordantal. Eine größere Herausforderung für die jordanische Regierung stellte aber die wachsende militärische Macht der Guerillabewegung dar, die immer öfter und immer unverhüllter die Autorität der Regierungsinstitutionen in Frage stellte.

Zu offenen Auseinandersetzungen zwischen der Regierung und den Guerillas kam es bereits 1968, als die *PLO* bestimmte Gebiete für sich beanspruchte und dort jordanische Gesetze mißachtete. Trotz wiederholter Versuche, gegenseitige Rechte und Pflichten zu definieren, entwickelte sich die Guerillabewegung zunehmend zum palästinensischen Staat im Staate, und besonders die linksorientierten Gruppen riefen wiederholt zum Sturz der haschemitischen Monarchie auf. Unter dem Eindruck des Vietnamkrieges glaubten die radikalen Palästinenser, daß Amman zum „Hanoi der palästinensischen Revolution" werden könnte; eine wichtige Etappe auf dem Weg zur Eroberung Jerusalems. Im Herbst 1970 ließ sich die Konfrontation schließlich nicht länger vermeiden. Im September brach ein offener Bürgerkrieg aus.

Diese in die palästinensische Geschichtsschreibung als „schwarzer September" eingegangene Auseinandersetzung endete mit einem Sieg der jordanischen Regierung. Die Palästinenser hatten nicht nur ihre eigene Schlagkraft überschätzt und Koordination und Planung vernachlässigt; König Hussein war zudem erfolgreich darin gewesen, einflußreiche Beduinenstämme auf seine Seite zu ziehen und die Einheit und Loyalität der Armee zu wahren (viele hatten mit einem Überlaufen der Streitkräfte zu den Palästinensern gerechnet). Zudem hatten die Guerillas mit einem Eingreifen der irakischen Streitkräfte auf ihrer Seite gerechnet – diese Intervention blieb jedoch aus, und die eher überraschende Hilfe durch Syrien konnte aus Sicht der Palästinenser nur noch das Schlimmste verhindern. Auch Syrien war aber an einer Eskalation und an einer damit verbundenen Konfrontation mit Israel nicht gelegen.

Für die Guerillabewegung hatte der schwarze September verheerende Folgen. Viele Tote waren zu beklagen (man spricht von 3000 bis 5000 Todesopfern), bis zu 20000 Palästinenser waren inhaftiert, die palästinensische Machtbasis war zerstört, und der Guerillamythos hatte nachhaltig an Glaubwürdigkeit verloren. Anstelle der mutigen Nationalhelden, die zielstrebig auf die Befreiung Palästinas hinarbeiteten, sah man nun eine Reihe zerstrittener Grüppchen, denen es in erster Linie auf ihre eigene Stellung ankam und die zudem schlecht ausgerüstet, schlecht ausgebildet und vor allem schlecht organisiert waren. Der Anmaßung staatsähnlicher Macht in Jordanien folgte der Absturz, auf materieller wie auf ideeller Ebene. Weder die Bevölkerung noch die arabischen Regierungen sollten der Befreiungsbewegung je wieder so viel Unterstützung wie in den Jahren zwischen 1967 und 1970 gewähren.

Nach einem vorläufigen Ende des jordanischen Bürgerkriegs im Oktober 1970 durch das sogenannte Abkommen von Amman rüstete König Hussein zu einem letzten entscheidenden Schlag gegen die palästinensischen Guerillas. Die Lage war günstig. Zum einen konnte er sich der militärischen Unterstützung der USA sicher sein. Zum anderen mußte er keine Intervention der neuen Machthaber Ägyptens und Syriens zugunsten der Palästinenser fürchten – sowohl Anwar al-Sadat, der nach dem Tod Nassers ägyptischer Präsident wurde, als auch Hafiz al-Assad, der im November 1970 die Macht in Damaskus übernahm, waren der palästinensischen Sache weitaus weniger verbunden als ihre Vorgänger. Im Juli 1971 zerstörte die jordanische Armee in der Schlacht von 'Ajlun endgültig die palästinensischen Guerillastützpunkte in Jordanien.

d) Der palästinensische „Exilstaat" im Libanon

Damit waren die palästinensischen Guerillaorganisationen an einem Tiefpunkt angelangt. Wohin sie sich auch wendeten, sie wurden kaum geduldet, geschweige denn in ihren Zielen unterstützt. Nach der Zerstörung ihrer Machtbasis in Jordanien wandte sich auch Ägypten von den Rebellen ab, und Syrien beschränkte

ihre Handlungsfreiheit erheblich. Erfolgreiche israelische Maßnahmen innerhalb der besetzten Gebiete machten den eigenständigen Kampf gegen Israel unmöglich, und zudem fand die „jordanische Option" vor allem unter Palästinensern der traditionellen
Führungsschicht immer mehr Anhänger: Da mit Jordanien bereits
ein palästinensischer Staat existiere, könne die dortige Regierung
am besten die palästinensischen Interessen vertreten. Kurz, der
PLO drohte auf verschiedenen Ebenen die Marginalisierung und
der Ausschluß von wichtigen Entscheidungsprozessen.

Unter diesen Umständen griff die *PLO* zu radikalen Maßnahmen. Anschläge auf zivile Ziele in Israel und im Ausland wurden
dazu eingesetzt, einerseits die Aufmerksamkeit der Weltöffentlichkeit auf sich zu ziehen und andererseits Israel unter Druck zu
setzen. Bereits im Sommer 1968 hatten kleinere Guerillagruppen
mit Flugzeugentführungen und Anschlägen auf israelische Einrichtungen begonnen; ab Anfang der 70er Jahre unterstützten
Fatah und damit die offizielle *PLO*-Führung die Terroranschläge.

Gleichzeitig nutzten die Guerillagruppen die Schwäche der
Zentralregierung im Libanon und begannen, das dortige Machtvakuum zu füllen. Dem Exodus aus Jordanien folgte daher eine
Einwanderungswelle in den Libanon. Die meisten palästinensischen Widerstandsgruppen errichteten ihre neuen Hauptquartiere
in Beirut – insgesamt schätzt man den Zustrom von Palästinensern in den Libanon zwischen 1971 und 1972 auf 15 000 bis 30 000
Personen.

Im Zuge dieser Neuorientierung festigten sich die Machtstruk-
turen innerhalb der palästinensischen Guerillabewegung. Es gelang Arafat, seine eigene Position innerhalb von *Fatah* zu festigen,
Fatahs Dominanz innerhalb der *PLO* sicherzustellen und die verschiedenen palästinensischen Splitterorganisationen unter dem
Dach der *PLO* zu integrieren. Interne Machtkämpfe sollten zwar
weiterhin ein Bestandteil palästinensischer Politik bleiben, doch
Arafats Rolle als Palästinenserführer wurde seitdem nicht mehr
ernsthaft in Frage gestellt. Auf dieser Grundlage begann Arafat,
sich um die internationale Anerkennung der *PLO* als Vertreter
des palästinensischen Volkes zu bemühen. Dazu war vor allem die
Abkehr vom Terrorismus nötig.

Die palästinensische Terrorkampagne hatte am 5. September
1972 ihren Höhepunkt gefunden, als bei einem Anschlag auf das

israelische Team während der Olympischen Spiele in München elf Israelis, fünf Palästinenser und ein deutscher Polizist ums Leben kamen. Diese Tat löste eine Welle der internationalen Entrüstung aus und veranlaßte die *PLO*, sich zunehmend vom Terrorismus zu distanzieren. Offiziell erteilte die *PLO* dem Terrorismus 1973 eine Absage; einige kleine, radikale palästinensische Organisationen wie die berüchtigte Organisation *Schwarzer September* verübten allerdings weiter Terroranschläge.

Die Gelegenheit für die *PLO*, sich international zu profilieren, kam mit dem Oktoberkrieg, der von der israelischen Geschichtsschreibung als *Yom-Kippur-Krieg* bezeichnet wird, da der Angriff auf Israel am Versöhnungsfest, dem höchsten jüdischen Feiertag, stattfand. An diesem 6. Oktober 1973 eröffneten Ägypten und Syrien gleichzeitig Offensiven entlang des Suezkanals und auf den Golanhöhen. Palästinensische Einheiten unterstützten dabei nicht nur die arabischen Kräfte an den beiden Fronten, sondern errichteten selbst eine „dritte Front" im Südlibanon. Der Krieg war für beide Seiten verlustreich (Israel hatte etwa 2800, die arabische Koalition ca. 8500 Todesopfer zu beklagen), bewirkte aber im wesentlichen keine territorialen Veränderungen. Dennoch wurde er von der arabischen Seite zumindest als Teilerfolg gefeiert, da er ein Aufleben der arabischen Solidarität bewirkte. Sogar die konservativen Golfländer zeigten ihre Unterstützung durch eine Reduzierung der Ölförderung und ein Ölembargo gegen einige westliche Industrieländer. Die *PLO* wurde für ihren Beitrag mit Anerkennung in der arabischen Welt belohnt.

Den ersten Erfolg stellte ein arabisches Gipfeltreffen im November 1973 dar, auf dem die *PLO* als rechtmäßige Vertreterin des palästinensischen Volks akzeptiert wurde – lediglich Jordanien protestierte gegen diesen Entschluß, da König Hussein für sich selbst in Anspruch nahm, die Palästinenser in Jordanien und in der Westbank zu repräsentieren. 1974 schloß sich die Bewegung der blockfreien Staaten der Anerkennung an, und kurz darauf folgte der weltweite Durchbruch: Die Generalversammlung der Vereinten Nationen lud Arafat im November 1974 zu einer Rede ein und räumte der *PLO* in der Resolution 3236 (1974) einen Beobachterstatus bei den Vereinten Nationen ein. Damit hatte sich die palästinensische Position im internationalen Kontext entscheidend verbessert. Erstmals wurden den Palästinensern als Gruppe gewisse Rechte zugestanden. War bislang in internationalen Resolutionen von den Palästinensern höchstens als „Flüchtlingen" die Rede gewesen, findet man nun Hinweise auf die „Rechte des palästinensischen Volks", vor allem auf das Recht der Selbstbestimmung.

Nach der internen Konsolidierung und der externen Anerkennung begann die *PLO*, ihre Stellung im Libanon auszubauen. Die Palästinenser nutzten das fragile Machtgleichgewicht zwischen den Religionsgruppen im Libanon, um einen „palästinensischen Exilstaat" und eine „alternative Heimat" (*al-watan al-badil*) zu errichten. Mit Ausbruch des Bürgerkriegs 1975 zwischen muslimischen und christlichen Milizen brach die staatliche Zentralmacht im Libanon *de facto* zusammen; das entstandene Machtvakuum konnte von den Palästinensern für den Aufbau eigener Strukturen genutzt werden. Dabei gerierte sich die *PLO* meist als unabhängige Vermittlungsinstanz und als Garant der Machtbalance. In Wirklichkeit standen viele Palästinenser der libanesischen Oppositionsbewegung nahe und nahmen aktiv an vielen bewaffneten Auseinandersetzungen teil, wobei sie hauptsächlich gegen maronitische Milizen und syrisches Militär kämpften.

Mit der Zeit konnte die *PLO* ihre Position entscheidend ausbauen und übernahm in einigen Teilen des Libanon – vor allem im Süden und in den palästinensischen Flüchtlingscamps – faktisch die Regierungsgewalt. Die neue Rolle der *PLO* als Quasi-Regierung brachte neue Aufgaben mit sich und machte strukturelle Anpassungen der Organisation nötig. Die Institutionen der palästinensischen Nationalbewegung umfaßten jetzt den Palästinensischen Nationalrat (*PNC*), eine Art ernanntes Parlament, das vom Nationalrat gewählte Exekutivkomitee, das die Funktionen eines Kabinetts wahrnahm, und verschiedene Abteilungen für politische, militärische und soziale Fragen. Daneben existierte die Palästinensische Befreiungsarmee *PLA* weiter und unterhielt Einheiten in Syrien, Ägypten und dem Irak. Finanziert wurden die Aktivitäten der palästinensischen „Regierung" einerseits durch steuerähnliche Abgaben der Palästinenser, andererseits durch internationale Hilfsprogramme und Spenden arabischer Staaten.

Aus dieser gefestigten Position bemühte sich Arafat – gegen den Widerstand vieler arabischer Länder und anderer palästinensischer Gruppen – um die Eröffnung eines direkten Dialogs mit den

USA, mit dem Ziel, sich einen Platz in den erwarteten arabisch-israelischen Friedensverhandlungen zu erkämpfen. Diese Bemühungen führten 1977 beinahe zum Erfolg. Die *PLO* hatte implizit bereits die Zweistaatenlösung und damit das Existenzrecht Israels anerkannt und war nahe daran, die UN-Resolution 242 auch formell als Verhandlungsgrundlage zu akzeptieren. Dies hätte die Vorbedingung der USA zur Aufnahme eines Dialogs erfüllt, weshalb das amerikanische Außenministerium auch bereits auf die Teilnahme der *PLO* an den geplanten Friedensverhandlungen in Genf drängte.

Die palästinensischen Hoffnungen zerschlugen sich jedoch am 19. November 1977, als der ägyptische Präsident Anwar al-Sadat Israel, die Palästinenser und die Welt mit einer Rede vor der israelischen Knesset überraschte. Dieser symbolische Schritt machte deutlich, daß Kairo bereit war, ein gesondertes Friedensabkommen mit Israel zu schließen. Die Einbeziehung der Palästinenser war keine Bedingung mehr für einen ägyptisch-israelischen Friedensvertrag, und eine direkte Beteiligung der *PLO* an den Gesprächen verlor an Bedeutung.

Die Rahmenbedingungen für einen ägyptisch-israelischen Frieden wurden schließlich im März 1979 im Abkommen von Camp David festgelegt. Dieser Vertrag enthielt auch das Ziel einer begrenzten Autonomie der Palästinenser in Teilen der besetzten Gebiete, doch war dies weder für die *PLO* noch für die anderen arabischen Staaten ein akzeptables Ergebnis. In der Folge dieses „Verrats an der arabischen Sache" wurde Ägypten aus der Arabischen Liga ausgeschlossen und der Sitz dieser Organisation von Kairo nach Tunis verlegt. Sadat selbst bezahlte für seine mutige Initiative zwei Jahre später mit seinem Leben; er wurde am 6. Oktober 1981 von einem islamischen Fanatiker erschossen.

Währenddessen hatte die *PLO* ihre Strukturen und Institutionen im Libanon weiter ausgebaut. Vom arabischen Gipfeltreffen im November 1978 reichlich mit finanziellen Mitteln ausgestattet (mit deren Hilfe Arafat auch seine eigene Position in der palästinensischen Bewegung absichern konnte), rüstete die *PLO* zwischen 1978 und 1982 militärisch auf und erweiterte ihre sozialen und politischen Einrichtungen im Libanon und in den besetzten Gebieten. Die Machtfülle und der Grad der Institutionalisierung der palästinensischen Bewegung ging so weit, daß Ende der 70er

Jahre oft von der „Republik Fakhani" die Rede war – Fakhani ist das Viertel Beiruts, in dem die *PLO* ihr Hauptquartier hatte.

e) Der Tiefpunkt

Doch wieder sollte die Macht der palästinensischen Organisation nicht von langer Dauer sein. Spannungen traten auf verschiedenen Ebenen auf. Zum einen verstärkte sich der Konflikt mit den maronitischen Gruppen und der schiitischen Bewegung *Amal* im Libanon; parallel hierzu verlor die palästinensische Bewegung teilweise die Unterstützung der libanesischen Bevölkerung. Dies lag – ähnlich wie zuvor in Jordanien – unter anderem daran, daß sich die *PLO* ständig Scharmützel mit der israelischen Armee und deren libanesischen Verbündeten, der christlich dominierten *South Lebanon Army (SLA)*, lieferte und die Zivilbevölkerung stark unter den israelischen Vergeltungsschlägen litt.

Problematischer für die *PLO*-Führung waren allerdings Streitigkeiten innerhalb der palästinensischen Bewegung und mit dem früheren Hauptverbündeten Syrien. Ursache hierfür waren die erfolglosen diplomatischen Ouvertüren Arafats an die USA und die westeuropäischen Mächte. Die oppositionellen Kräfte innerhalb der *PLO*, allen voran die *PFLP*, *DFLP* und *Sa'iqa*, kritisierten Arafats Bereitschaft zu Zugeständnissen und zogen ein politisches Bündnis mit der Sowjetunion der Annäherung an die USA vor. Syrien wehrte sich vor allem gegen eine Eigenständigkeit der palästinensischen diplomatischen Strategie.

Außerdem sah sich die *PLO* zunehmend scharfen Angriffen Israels ausgesetzt. Seit einer israelischen Invasion in den Libanon im März 1978 war die Lage an der israelischen Grenze nicht zur Ruhe gekommen, und Israel sah die Ausweitung der militärischen und politischen Strukturen der *PLO* als Bedrohung seiner nationalen Sicherheit an. Bereits im Sommer 1981 versuchte Israel durch eine Reihe heftiger Luftangriffe im gesamten Libanon, den weiteren Ausbau palästinensischer Institutionen zu verlangsamen und für die Zukunft zu erschweren. Die Situation eskalierte so weit, daß der Sicherheitsrat der Vereinten Nationen die Parteien am 14. Juli zur sofortigen Beendigung der Angriffe aufrief – dennoch bombardierte die israelische Luftwaffe drei Tage später den Sitz der *PLO* in Beirut. Auch wenn sich die Lage zunächst wieder beruhigte, waren die Palästinenser ab Herbst 1981 auf erneute israelische Angriffe eingestellt und bereiteten sich durch verstärkte Rüstung und militärische Schulung der Bevölkerung darauf vor. Die Angriffe kamen nach einem Attentat auf den israelischen Botschafter am 3. Juni 1982 in London. Die Attentäter waren vermutlich Mitglieder der *Abu-Nidal*-Gruppe, also keiner *PLO*-Organisation. Dennoch brachte dieser Tropfen das Faß zum Überlaufen, und die israelische Armee begann am Tag nach dem Anschlag mit intensiven Luftangriffen. Die palästinensische Führung ging davon aus, daß Israel mit dem Angriff das Ziel verfolgte, vor allem den Südlibanon unter seine Kontrolle zu bringen – eine Annahme, die durch israelische Regierungserklärungen bekräftigt wurde. Doch schon bald zeigte sich, daß nicht nur die Einrichtung einer „Sicherheitszone" im Südlibanon, sondern die Zerschlagung der gesamten palästinensischen Führungsstruktur beabsichtigt war. Dem israelischen Vormarsch auf Beirut konnten die palästinensischen Einheiten wenig Widerstand entgegensetzen; der Druck auf die *PLO* wuchs unaufhörlich, der israelischen Forderung nachzugeben und sich aus dem Libanon zurückzuziehen. Nach Vermittlung durch die USA sicherten die palästinensischen Gruppen zu, sich aus Beirut zurückzuziehen, sofern im Gegenzug eine internationale Friedenstruppe zum Schutz der verbleibenden Palästinenser und der Zivilbevölkerung stationiert würde. Nach Eintreffen dieser Truppen Ende August verließen knapp 15 000 *PLO*-Funktionäre und -Kämpfer das Land.

Unvorhergesehen schnell zogen allerdings kurz darauf die internationalen Friedenstruppen wieder ab und überließen der israelischen Armee und ihren libanesischen Verbündeten das Feld. Die Libanesen übernahmen die Kontrolle über Beirut und verschiedene Flüchtlingslager, die zuvor unter Aufsicht der *PLO* gestanden hatten. Nur zwei Tage nach dem Abzug der letzten internationalen Einheiten, am 16. September 1982, ereignete sich eine der schlimmsten Greueltaten dieses Kriegs: Unter den Augen der israelischen Armee verübten maronitische Milizen in den Flüchtlingslagern Sabra und Shatila ein Massaker, dem fast alle Bewohner der Lager zum Opfer fielen; eine unabhängige internationale Kommission schätzte die Zahl der Opfer später auf 2750. Das israelische Militär versäumte es nicht nur, dieses Massaker zu verhindern, es unterstützte zum Teil die Milizen, indem es mögliche

Fluchtrouten für die Palästinenser sperrte. In Israel kam es zu Demonstrationen gegen die Libanonpolitik der Regierung. Ein Untersuchungsausschuß wurde eingesetzt, und der für den Feldzug verantwortliche Politiker, Verteidigungsminister Ariel Scharon, mußte zurücktreten.

Nach der israelischen Invasion von 1982 stand die palästinensische Bewegung wieder einmal vor einem Scherbenhaufen. Die „Republik Fakhani" mit all ihren militärischen, administrativen und sozialen Strukturen war zerstört, und die Funktionäre und Kämpfer der *PLO* waren zerstreut. Für das Hauptquartier der Dachorganisation wurde zwar bald ein neuer Standort gefunden – man ließ sich am Sitz der Arabischen Liga in Tunis nieder –, doch der physischen Entfernung vom Schauplatz des Geschehens folgte die politische Marginalisierung.

Hoffnungen auf den Erfolg einer unabhängigen diplomatischen Strategie mußte Arafat in dieser Situation schnell aufgeben. Auch die arabische Politik dieser Jahre gab den Palästinensern keinen Anlaß zum Jubel: Das Thema Palästina wurde fast gänzlich durch den iranisch-irakischen Krieg von der arabischen politischen Agenda verdrängt. Zudem waren Anfang der 80er Jahre die Ölpreise merklich gefallen, was direkte finanzielle Zuwendungen an die *PLO* einschränkte und die Arbeitsmöglichkeiten für Palästinenser in den Ölländern reduzierte. Die diplomatischen Rahmenbedingungen waren ebenfalls wenig erfolgversprechend, da die Sowjetunion ihre Beziehungen zur *PLO* herabstufte und die USA, vor allem Außenminister George Shultz, wenig Interesse für den Nahen Osten zeigten.

Unter diesen Bedingungen blieben der palästinensischen Führung wenig Alternativen. Neben Bemühungen, die eigene Präsenz in den besetzten Gebieten zu bewahren, konnte die palästinensische Führung in Tunis nur darauf hoffen, einen stärkeren Partner für die Weiterführung der diplomatischen Strategie zu finden. In dieser Situation setzte Arafat auf ein Bündnis mit Jordanien: Bereits im Dezember 1982 einigte er sich mit seinem früheren Rivalen König Hussein auf die Zusammenstellung einer gemeinsamen jordanisch-palästinensischen Delegation für die Teilnahme an zukünftigen Verhandlungen.

Dieses Eingeständnis der Schwäche stieß erwartungsgemäß auf heftigen Widerstand Syriens und oppositioneller palästinensischer

Gruppen; im Sommer 1983 kam es zu gewaltsamen Auseinandersetzungen der im Libanon verbliebenen kleinen Verbände. Erstmals bildete sich dabei auch innerhalb von Arafats bislang loyaler *Fatah* eine Gruppe von Dissidenten. Zum offenen Bruch zwischen der Führung und der Opposition führte im Februar 1985 das sogenannte Übereinkommen von Amman, in dem sich Arafat und König Hussein auf die Prinzipien eines Friedensschlusses mit Israel verständigten. Als angestrebtes Verhandlungsziel legten sie den vollständigen israelischen Rückzug aus den besetzten Gebieten und die anschließende Bildung einer jordanisch-palästinensischen Föderation fest. Unter der Führung Syriens schlossen sich daraufhin die verschiedenen Oppositionsgruppen einschließlich der *Fatah*-Dissidenten zur *Palestinian National Salvation Front (PNSF)* zusammen und verließen den gemeinsamen Rahmen der *PLO*.

In den Augen der *PNSF* hatte Arafat durch die implizite Anerkennung des Existenzrechts Israels bereits zu weitgehende Zugeständnisse gemacht. Seinen diplomatischen Bemühungen setzte die *PNSF* das Mittel des Terrorismus entgegen. Die Anschläge brachten zwar die Palästinenser dem Ziel der Befreiung Palästinas nicht näher, wohl aber schwächten sie die gemäßigten Fraktionen. Arafat sah sich nicht in der Lage, die terroristischen Angriffe zu verhindern; sein diplomatischer Einfluß schwand daher merklich. Zudem weigerte er sich stur, trotz der bereits gegebenen inhaltlichen Zugeständnisse, die letzten formellen Bedingungen für den Beginn eines offiziellen Dialogs mit den USA zu erfüllen. Daran scheiterte letztlich auch die Zusammenarbeit zwischen Jordanien und den Palästinensern. König Hussein setzte seine Beziehungen zur *PLO* im Februar 1986 aus und bemühte sich statt dessen um eine Verbesserung seiner eigenen Position in den besetzten Gebieten.

Als im Herbst 1986 ein Streit mit der tunesischen Regierung die *PLO* dazu zwang, ihr Hauptquartier vorübergehend in den Irak zu verlegen, schien die Lage der palästinensischen Führung durch und durch desolat. Nur die Schwäche der palästinensischen Opposition ermöglichte es Arafat, die Kontrolle über die Finanzen und damit einige Macht zu behalten. Dennoch waren die Führungsstrukturen in der Diaspora weitgehend isoliert. Erst der Ausbruch der *Intifada* in den besetzten Gebieten sollte der *PLO* wieder mehr Gewicht verleihen und die Aufmerksamkeit der Weltöffentlichkeit wieder auf den Nahen Osten richten.

Seit ihrer Gründung bis zum Ausbruch der *Intifada* hatte die *PLO* nicht nur geographisch, sondern auch geistig einen weiten Weg zurückgelegt. Während ihrer Odyssee durch die verschiedenen arabischen Länder hatte die gemäßigte palästinensische Führung ihren Anspruch vom gesamten Territorium des historischen Palästina auf die 1967 von Israel besetzten Gebiete beschränkt und war von der Errichtung eines unabhängigen palästinensischen Staats zur Akzeptanz einer jordanisch-palästinensischen Föderation übergegangen. Die Strategie des bewaffneten Kampfes war durch Diplomatie ersetzt worden, und anstelle einer unabhängigen diplomatischen Initiative trat die Vertretung der palästinensischen Interessen durch Jordanien. Durch die *Intifada* sollte sich die Perspektive der palästinensischen Führung erneut ändern.

7. Die besetzten Gebiete, 1967–1987

Nach dem Sechstagekrieg von 1967 hatte sich der Dreh- und Angelpunkt der palästinensischen Politik aus den besetzten Gebieten in die Diaspora verlagert. Obwohl die *PLO* an dem Ziel festhielt, die besetzten Gebiete zu befreien, war der Einfluß der von arabischen Ländern aus operierenden Organisation auf die tatsächliche Entwicklung der palästinensischen Gesellschaft in diesen Gebieten eher gering. Erst mit der *Intifada* ab 1987 rückten Westbank und Gazastreifen wieder in den Mittelpunkt des politischen palästinensischen Geschehens.

a) Widerstand

Nach dem arabisch-israelischen Krieg 1967 versuchten die palästinensischen Gruppierungen zunächst, einen Volksaufstand in den besetzten Gebieten zu organisieren, um auf diese Weise die israelische Herrschaft so schnell wie möglich zu beenden. Es gelang den israelischen Sicherheitskräften jedoch, den bewaffneten Widerstand zu brechen, und die meisten Guerillaorganisationen verließen die Westbank. Die vereinzelten Gruppierungen, die weiterhin von der Westbank aus operierten, organisierten zwischen

1967 und 1970 etwa 30 Übergriffe pro Jahr, einen Bruchteil der Angriffe, die Israel insgesamt erleiden mußte.

Erst nach dem arabisch-israelischen Krieg von 1973 wurden die Aktivisten in der Westbank wieder verstärkt von der *PLO*-Zentrale in der Diaspora unterstützt. Die *PLO* verfügte wieder über eine gesicherte territoriale Basis (im Libanon) und erhielt großzügige finanzielle Unterstützung aus den arabischen Ländern. Zudem sah sie zu Beginn der 70er Jahre ihre politische Position in der Westbank zunehmend bedroht: 1972 schlug der jordanische König Hussein die Errichtung eines Vereinigten Arabischen Königreichs auf der Ost- wie Westseite des Jordan vor, gleichzeitig hielt Israel lokale Wahlen in der Westbank ab. Beide Maßnahmen zielten darauf ab, eine alternative palästinensische Führungsschicht auszubilden, daher war es für die Guerillagruppen notwendig geworden, ihren Patriotismus neu unter Beweis zu stellen und ihre Präsenz in den besetzten Gebieten zu erhöhen.

Vor allem *Fatah*, aber auch andere Guerillagruppen bemühten sich daher wieder verstärkt um die Organisation von Untergrundeinheiten und bildeten gemeinsam 1974 die Palästinensische Nationalfront (*PNF*). In den Jahren 1973/74 kam es folglich auch zu mehr Übergriffen, Sabotageakten und Anschlägen auf zivile Ziele in den besetzten Gebieten, wobei *Fatah* für bis zu 90% der militärischen Aktionen verantwortlich zeichnete. Die Festnahme des katholischen Erzbischofs von Jerusalem im Sommer 1974 wegen Waffenschmuggels für *Fatah* demonstriert, wie erfolgreich Arafat und Khalil al-Wazir, der für die besetzten Gebiete zuständige *PLO*-Funktionär, der unter dem „nom de guerre" Abu Jihad bekannt wurde, in der Rekrutierung neuer Sympathisanten waren.

Allerdings bewies das israelische Sicherheitssystem einmal mehr seine Effizienz; viele der *PNF*-Aktivisten wurden gefaßt und verurteilt; der Aufschwung der Guerillabewegung flaute bald wieder ab. Auch zukünftige Versuche, den bewaffneten Widerstand in der Westbank wiederzubeleben, wurden durch die israelischen Sicherheitskräfte meist schon im Keim erstickt. Zunehmend, vor allem seit dem Ende der 70er Jahre, verlegten sich die größeren Guerillaorganisationen daher darauf, soziale und politische Organisationen zu gründen oder zu fördern, die nicht vom israelischen Staat verfolgt wurden und daher leichter Unterstützer rekrutieren konnten.

Ganz anders entwickelte sich die Situation im Gazastreifen: Nach dem Krieg 1967 war die Stimmung in der Bevölkerung des Gazastreifens weitaus explosiver. Im Unterschied zur Westbank gab es hier keinen arabischen Nachbarstaat, auf dessen Territorium die Widerstandskämpfer sich zurückziehen und von wo aus sie den bewaffneten Kampf gegen Israel fortsetzen konnten. Zudem war die soziale Lage wegen des hohen Anteils an Flüchtlingen in der Bevölkerung und der schlechten wirtschaftlichen Situation desolat, und die Menschen waren daher eher bereit, sich im Widerstand zu organisieren. Die palästinensischen Guerillagruppen schlossen sich zur Vereinigten Nationalfront zusammen und wurden von Ägypten unterstützt, das mit Hilfe palästinensischer Widerstandskämpfer einen verdeckten Krieg im Sinai förderte. Israel konnte unter diesen Umständen trotz harscher Gegenmaßnahmen die Lage nicht unter Kontrolle bringen – die Situation im Gazastreifen glich in den ersten Jahren der israelischen Besatzung weitgehend einem Volksaufstand. Die Guerillaangriffe steigerten sich von 167 im Jahr 1968 auf 471 im folgenden Jahr.

Dabei galten die Angriffe nicht nur der israelischen Besatzungsmacht, sondern auch palästinensischen „Kollaborateuren", die entweder als Informanten für die israelischen Sicherheitsdienste fungierten oder auch nur einen gewöhnlichen Beruf in Israel ausübten. Einschüchterungsmaßnahmen gegen und Angriffe auf Palästinenser waren im allgemeinen Klima der Gewalt schwer zu kontrollieren, und der Vorwurf der Kollaboration wurde bald dazu benutzt, Clanfehden auszutragen und persönliche Streitigkeiten zu erledigen. Allein 1970 forderten diese Aktionen 75 palästinensische Todesopfer.

Israel konnte den Widerstand im Gazastreifen erst 1970/71 in einer langwierigen Kampagne brechen. Diese war möglich geworden, da an zwei anderen Fronten relative Ruhe herrschte: Auf der einen Seite hatte der mit dem ägyptischen Präsidenten Nasser geschlossene Waffenstillstand den verhaltenen Krieg im Sinai beendet und die palästinensischen Guerillas von ihrer wichtigsten Unterstützungsquelle abgeschnitten, auf der anderen Seite war die Lage an der Grenze zu Jordanien einigermaßen stabil, da die Auseinandersetzungen zwischen Palästinensern und jordanischer Regierung, die im „schwarzen September" 1971 endeten, alle Kräfte der Kontrahenten beanspruchten. Die israelischen Sicherheitskräfte konnten sich daher auf den Gazastreifen konzentrieren. Ihren Höhepunkt erreichte die Kampagne zeitgleich mit der Niederlage der *PLO* in Jordanien: Im Sommer 1971 begann Israel, den Gazastreifen grundlegend umzustrukturieren, um eine effiziente Kontrolle möglich zu machen. Zu diesem Zweck wurden allein im Juli und August 1971 etwa 2500 palästinensische Häuser zerstört, ca. 38 000 Menschen umgesiedelt und viele Aktivisten inhaftiert.

Die Maßnahmen der israelischen Regierung waren so massiv, daß Ende des Jahres vom Gazastreifen nahezu keine Angriffe auf Israel mehr ausgingen. Die Mehrheit der Menschen im Gazastreifen blieb zwar auch nach dem Erfolg der israelischen Sicherheitskräfte politisiert und gewaltbereit, doch die Umstrukturierung des Gebiets und die massenhafte Deportation von Aktivisten und ihren Angehörigen erleichterten dem Militär die Kontrolle über das unruhige Land und seine Bewohner. Auch hier etablierten sich daher andere Formen der politischen Organisation, und in der Bevölkerung ersetzte die Parole des *sumoud*, des Durchhaltens, zumindest teilweise das Ziel des bewaffneten Widerstands (*al-kifah al-musallah*).

b) Palästinensische Institutionen

Die politischen und sozialen Strukturen der Westbank und des Gazastreifens waren bereits zum Zeitpunkt der israelischen Besetzung 1967 sehr unterschiedlich ausgeprägt. Während der Besatzung wurden die beiden Gebiete von Israel unterschiedlich behandelt, und auch das Engagement der palästinensischen Organisationen in der Diaspora gegenüber den Gebieten war nicht einheitlich. Dies führte zu erheblichen Unterschieden in der Entwicklung der gesellschaftlichen Institutionen.

Die Westbank war während der jordanischen Herrschaft in die gesellschaftlichen Strukturen des Nachbarlandes eingebunden gewesen, die Bewohner hatten volle politische Partizipationsrechte genossen, und viele der traditionellen Führungsstrukturen waren erhalten geblieben. Dennoch war die politische Infrastruktur relativ schwach, da die jordanische Regierung bewußt die Entstehung einer unabhängigen politischen Führung in der Westbank verhindert und deshalb alle zentralen Institutionen in Amman angesiedelt hatte. Nach 1967 wurde die institutionelle und gesellschaftliche Entwicklung in der Westbank von einem komplexen Zusammenspiel der Politik Israels, Jordaniens und der palästinensischen Exilführung bestimmt.

Jordanien erhielt seinen Anspruch auf politische Führung in der Westbank nach 1967 vor allem dadurch aufrecht, daß es die Politik der Kooperationsverweigerung mit Israel unterstützte. Verwaltungspersonal, Lehrer, Rechtsanwälte und andere Mitglieder des öffentlichen Dienstes konnten die Arbeit unter israelischer Besatzung verweigern, ihre Gehälter wurden weiter vom jordanischen Staat bezahlt (zumindest in den Jahren 1967 bis 1970 und 1975 bis 1988). Auch die traditionelle palästinensische Elite wurde weiter aus Amman politisch unterstützt.

Die israelische Regierung ließ daneben die Entstehung einiger lokaler politischer Strukturen zu. Um die traditionelle Elite für sich zu gewinnen und gleichzeitig eine Alternative zur palästinensischen Führung in der Diaspora zu schaffen, stimmte Israel der Abhaltung von Kommunalwahlen zu. Das israelische Kalkül ging zunächst auf; die meisten Posten gingen an gemäßigte Mitglieder der traditionellen Führungsschicht, und die Möglichkeit der politischen Artikulation durch Wahlen verringerte den Zulauf zu militanten Organisationen.

So entstanden in der Westbank wichtige, von der Führung in der Diaspora unabhängige Strukturen, soziale Einrichtungen etwa, wie zum Beispiel das Programm für freiwillige Arbeit, das 1972 gegründet wurde und vor allem vielen jungen Palästinensern durch praktische Arbeit für die Gemeinschaft ein neues Zusammengehörigkeitsgefühl gab. Gleichzeitig konnten sich Gewerkschaften, Studenten- und Frauenorganisationen etablieren, die für die politische Mobilisierung der Gesellschaft im zivilen Bereich eine zentrale Rolle spielten. Der politische Prozeß wurde begleitet von einem Aufleben der palästinensischen Kultur. Es entstanden palästinensische Zeitungen, Literaturforen, Maler- und Gesangszirkel. Vor allem traditionelle Kunstformen wie die Stickerei mit Motiven der palästinensischen Folklore fanden neuen Zulauf.

Die Entstehung einer autonomen sozialen und politischen Führungsstruktur in den besetzten Gebieten, die entweder bereit war, mit dem israelischen Besatzungsregime zumindest teilweise zu kooperieren oder – was häufiger war – eine Union mit dem jordanischen Staat befürwortete, stellte für die Exilführung der Palästinenser eine Herausforderung dar. Ab 1973 begann daher der palästinensische Nationalkongreß, das „Parlament" der *PLO*, in seinen Entschließungen Aktivitäten in den besetzten Gebieten wieder mehr hervorzuheben. Da die Option des bewaffneten Widerstands wenig erfolgversprechend war, gingen die wichtigsten Guerillaorganisationen dazu über, zivile und soziale, also nicht-militante und damit offiziell geduldete Einrichtungen zu unterstützen. Bald gab es auf jedem Gebiet – in der Erziehung, der Gesundheit, den Studenten-, Frauen- und Berufsorganisationen und Gewerkschaften – mindestens jeweils eine Einrichtung der vier Hauptgruppen innerhalb der *PLO*, also der *Fatah*, der *DFLP*, der *PFLP* und der Kommunisten.

Der zunehmende Einfluß dieser neuen sozialen und politischen Organisationsformen in den 70er und 80er Jahren war teils Ausdruck, teils Ursache eines wichtigen gesellschaftlichen Wandlungsprozesses in der Westbank: Stück für Stück wurde die traditionelle politische und gesellschaftliche Dominanz der Notabelnfamilien durch eine neue Elitegeneration ersetzt. Die Notabeln, aus pragmatischen Gründen meist von den verschiedenen Besatzungsmächten in Palästina unterstützt, waren konservativ und standen sozialem Wandel ablehnend gegenüber. Die Kommunalwahlen in der Westbank zeigten ihren schwindenden Einfluß: Wurden 1972 noch fast ausschließlich traditionelle, pro-jordanische Notabeln gewählt, waren 1976 bereits nationalistische palästinensische Kräfte dominant. Die gewählten Bürgermeister und Gemeinderäte gehörten der sozialen Herkunft nach zwar meist der Notabelnschicht an, politisch aber standen sie der Exilführung näher. Etwa 85% aller vergebenen Sitze und etwa 80% der Bürgermeisterposten gingen an *PLO*-nahe Persönlichkeiten mit nationalistischer Einstellung.

Unter der israelischen Besatzungspolitik schwand die Machtbasis der Notabeln in den folgenden Jahren deutlich. Der Einfluß der Notabeln stützte sich traditionell auf Landbesitz und Patronagenetzwerke. Landenteignungen und die Beschäftigung von immer mehr palästinensischen Arbeitern in der israelischen Wirtschaft reduzierten diese Machtgrundlage erheblich. Da der israelischen Regierung, die nunmehr vom rechtsgerichteten Likud dominiert war, die 1976 gewählten Notabeln zudem zu stark nationalistisch orientiert waren, wurden viele der Bürgermeister vor Ablauf ihrer Amtszeit entlassen und von ihren finanziellen Quellen abgeschnitten.

Damit war der Weg frei für eine neue politische Führung. Das Ergebnis stärkte die arabische Hälfte. Die neuen Aktivisten stammten meist aus niedrigeren sozialen Schichten, kamen aus Dörfern und Flüchtlingslagern und hatten oft eine Universitätsausbildung genossen. Die junge Elite engagierte sich in sozialen und politischen Komitees, war stark nationalistisch und daher weniger zur Zusammenarbeit mit Israel bereit. Ab Ende der 70er und während der 80er Jahre wurde diese politische Schicht verstärkt von der *PLO* unterstützt. Dies war möglich, da die arabischen Staaten aus Protest gegen den Abschluß des Camp-David-Abkommens zwischen Israel und Ägypten 1978 ihre finanziellen Zuwendungen an die Palästinenser deutlich steigerten. Allein die Westbank und der Gazastreifen erhielten zwischen 100 und 150 Millionen Dollar pro Jahr.

Im Gegensatz zur Westbank konnten sich im Gazastreifen während der israelischen Besatzung kaum politische Strukturen ausbilden. Schon die Ausgangslage war deutlich ungünstiger: Während der ägyptischen Herrschaft waren im Gazastreifen keine Wahlen abgehalten worden, und nur wenige Palästinenser waren in der lokalen Verwaltung beschäftigt. Aber auch die rudimentären Institutionen, die aus ägyptischer Zeit stammten, wie beispielsweise der palästinensische Legislativrat oder die palästinensische Nationalunion, wurden von der israelischen Besatzung aufgelöst.

Ohne jegliche Möglichkeit, sich politisch zu artikulieren, ohne etablierte politische Führung und ohne Unterstützung von außen konzentrierte die Bevölkerung des Gazastreifens nach 1967 ihre Energien hauptsächlich auf den bewaffneten Widerstand. Militante Organisationen beherrschten auch weite Teile des Alltagslebens, und die Gewalt der selbsternannten Justiz gegen tatsächliche oder vermeintliche Kollaborateure schüchterte weite Teile der Bevölkerung ein. Erst nach der Zerschlagung dieser Bewegungen durch Israel 1971 und der Inhaftierung bzw. Deportation der meisten Anführer und militanten Anhänger konnten sich einige soziale und kulturelle Einrichtungen etablieren.

Jedoch blieb deren Ausbreitung und Einfluß im Vergleich zur Westbank gering. Politische Organisationen hatten es nicht zuletzt deshalb schwerer, weil die israelischen Machthaber keine lokalen Wahlen abhalten ließen. Flüchtlinge waren komplett vom politischen Prozeß ausgeschlossen, und nur in Ausnahmefällen konnten Mitglieder der traditionellen Elite Posten in der Verwaltung bekommen, so z. B. Rashad Shawa, der mehrmals als Bürgermeister von Gaza-Stadt eingesetzt wurde. Selbst in diesen Fällen waren die Amtsinhaber jedoch immer vom Wohlwollen der israelischen Regierung abhängig. Da die verlangte pro-israelische Grundhaltung wenig Unterstützung in der Bevölkerung fand, konnten diese wenigen Persönlichkeiten keine eigene Machtbasis aufbauen.

Anders als in der Westbank brauchte die palästinensische Exilführung daher auch kaum zu fürchten, daß eine von ihr unabhängige Machtstruktur im Gazastreifen entstehen könnte. Ihr Engagement beim Aufbau der verschiedenen sozialen und politischen Strukturen war dementsprechend geringer. Die schwache Präsenz politischer Organisationsformen und das Fehlen einer gebildeten Mittelschicht, aus der sich die neue nationalistische Führung in der Westbank rekrutierte, verhinderte den politischen Generationswechsel im Gazastreifen. So blieb der Einfluß des gemäßigten palästinensischen Nationalismus à la *Fatah* in dieser hoch politisierten Gesellschaft gering.

Statt dessen konnten sich radikalere politische Gruppierungen durchsetzen, vor allem der politische Islam, aber auch der Kommunismus. Beide Richtungen, vertreten durch die Moslembruderschaft (*Ikhwan al-Muslimun*) und den islamischen Jihad (*al-Jihad al-Islami*) auf der einen, die Palästinensische Kommunistische Partei (*PKP*) auf der anderen Seite, konnten als Untergrundorganisationen bereits unter ägyptischer Herrschaft eine starke Gefolgschaft aufbauen. Nach 1967 wurde vor allem den islamischen Gruppen von der israelischen Regierung mehr Freiraum eingeräumt als anderen palästinensischen Organisationen, und indirekt wurden so spätere Feinde des Friedensprozesses von Israel aufgebaut und gestärkt.

Die Abwesenheit politischer Artikulationsmöglichkeiten im Gazastreifen trug neben der schwierigen sozialen Lage entscheidend zur Unruhe und Gewaltbereitschaft der Bevölkerung bei.

c) Die israelische Besatzungspolitik

Die israelische Politik in den besetzten Gebieten war auf eine langfristige Besatzung ausgelegt. Die Westbank und der Gazastreifen sollten zwar nicht annektiert werden – denn dann wären die Palästinenser zu israelischen Staatsbürgern und zur Mehrheit im Staat geworden –, die israelische Kontrolle über das Land und seine Ressourcen sollte aber sichergestellt und die Entstehung eines palästinensischen Staats verhindert werden. Erstes Ziel der israelischen Militärverwaltung war daher die Herstellung von Sicherheit und Ordnung. Dieses Ziel wurde in der Westbank Anfang 1968, im Gazastreifen erst 1971 (und auch dann nicht vollständig) erreicht.

Zur Kontrolle der Bevölkerung wurden nicht nur die israelischen Sicherheitsdienste eingesetzt, der Militärverwaltung wurde drei Wochen nach Beginn der Besatzung, am 27. Juni 1967, auch die Gesetzgebungskompetenz für die besetzten Gebiete übertragen. So entstanden bald unzählige Militärverordnungen (über 1000 bis zum Ausbruch der *Intifada*) mit Gesetzeskraft für die palästinensische Bevölkerung, die nicht von israelischen Regierungsinstitutionen wie der *Knesset* oder dem Obersten Gerichtshof überprüft werden konnten. Zur Durchsetzung dieser Regeln wurden israelische Militärgerichtshöfe eingesetzt.

Die Verwaltung entwickelte weitere Kontrollmechanismen. Bald nach Ende des Kriegs wurde beispielsweise ein neuer Personalausweis (die *hawiyya*) für Palästinenser eingeführt, der von den israelischen Behörden ausgestellt wurde. Nur wer im Besitz einer *hawiyya* war, konnte eine Arbeitserlaubnis in Israel bekommen und die besetzten Gebiete verlassen. Auch für andere Tätigkeiten und Gewerbe vergab die Militärverwaltung Lizenzen, natürlich auch diese nur an Palästinenser, die sich an die israelischen Regeln hielten.

Kontrolle über Personen war jedoch nur eine Seite der israelischen Besatzungspolitik. Um der Gewinne von 1967 nicht wieder beraubt zu werden, zielte die israelische Politik auch auf eine dauerhafte Veränderung des territorialen *Status quo* ab. Die betraf zunächst das zur Westbank gehörende Ostjerusalem. Wegen seiner eminenten religiösen und politischen Bedeutung wurde Ostjerusalem am 28. Juni 1967 von Israel annektiert. Trotz der Proteste der internationalen Gemeinschaft – sowohl die Generalversammlung als auch der Sicherheitsrat der Vereinten Nationen verurteilten jede Veränderung des Status von Jerusalem – ließ sich Israel nicht von der Annexion abhalten.

Doch auch im übrigen Gebiet der Westbank (das per Dekret ab Dezember 1967 Judäa und Samaria hieß) und im Gazastreifen sollten territoriale Veränderungen stattfinden. Zu diesem Zweck entwarf Yigal Allon 1967 ein Siedlungskonzept, das die Einrichtung eines Siedlungsstreifens von 115 km Länge und 20 km Breite entlang des Westufers des Jordan und den Aufbau jüdischer Siedlungen an strategisch wichtigen Positionen vorsah. Die Siedlungspläne betrafen vor allem die Westbank, da der Gazastreifen nicht nur klein und überfüllt, sondern durch seine relativ isolierte Lage auch strategisch weniger wichtig war. Um das Land für die geplanten Siedlungen zu gewinnen, erklärte Israel zunächst allen vormaligen jordanischen Staatsbesitz zu israelischem Eigentum und bediente sich dann hauptsächlich des sogenannten Gesetzes über Abwesende, das den entschädigungslosen Übergang von ehemaligem Flüchtlingsbesitz in israelischen Staatsbesitz ermöglichte. Stand dieses Mittel nicht zur Verfügung, wurde benötigtes Land enteignet. Im ersten Jahrzehnt der Besatzung gelangten so etwa 160 000 Hektar Land in israelischen Besitz, etwa ein Drittel der Gesamtfläche der Westbank. Darauf wurden 95 Siedlungen mit ca. 10 000 Bewohnern errichtet. Noch hartnäckiger sollte der Siedlungsplan ab 1977 unter der neuen Likudregierung umgesetzt werden.

d) Die Wirtschaft in den besetzten Gebieten

Eines der wichtigsten Mittel zur Kontrolle und Befriedung der besetzten Gebiete durch die israelische Regierung war die Wirtschaftspolitik. Generell verfolgte Israel zwei auf den ersten Blick widersprüchliche Ziele. Einerseits sollte die Entstehung oder Weiterentwicklung einer unabhängigen Wirtschaft in den besetzten Gebieten verhindert werden, um die Gründung eines souveränen Palästinenserstaats zu erschweren. Andererseits sollten die Lebensbedingungen der Bevölkerung möglichst verbessert werden, um durch ein *economic appeasement* den Widerstand gegen die Besatzung zu verringern. Was sich in der Theorie zu widersprechen schien, ergänzte sich in der praktischen Politik problemlos: Beide Ziele konnten erreicht werden, indem die ökonomische Entwicklung in den besetzten Gebieten selbst gehemmt, eine ökonomische Integration in die israelische Volkswirtschaft aber zugelassen wurde.

Bereits zum Zeitpunkt der Besetzung durch Israel 1967 befanden sich die Westbank und der Gazastreifen in einer schlechten wirtschaftlichen Lage. Dabei war die Ausgangslage der Westbank wieder deutlich besser als die des Gazastreifens. In der Westbank hatte es während der jordanischen Herrschaft zwar kaum Investitionen in Industrie und Infrastruktur gegeben, doch bestand die Bevölkerung mehrheitlich aus alteingesessenen Familien, die traditionell von der Landwirtschaft lebten. Die Existenzgrundlage eines Großteils der Bevölkerung war daher gesichert, und auf dieser Basis konnten auch die Flüchtlinge relativ gut aufgenommen werden.

Dagegen mangelte es im Gazastreifen unter ägyptischer Herrschaft nicht nur an Investitionen und Entwicklungsmaßnahmen, die Bevölkerung konnte auch ihre traditionelle Lebens- und Wirtschaftsform nicht bewahren. Bereits im Krieg von 1948 waren viele Familien von ihrem Grundbesitz getrennt worden, dazu bestand die Bevölkerung mehrheitlich aus mittellosen Flüchtlingen, die ohne die Hilfe des *UNRWA* nicht überlebensfähig gewesen wären.

Die israelische Regierung entwickelte in dieser Situation kein aktives Unterstützungs- und Förderungsprogramm. Im Gegenteil: Sie verabschiedete eine Reihe von Regelungen, die mögliche Entwicklungen erschwerten. Vor 1967 waren die arabischen Länder, besonders Ägypten und Jordanien, natürliche Abnehmer für palästinensische Produkte gewesen. Nun aber trennten internationale Grenzen, die von der israelischen Regierung kontrolliert wurden, die besetzten Gebiete von ihren vormaligen wirtschaftlichen Partnern. So wurde die Westbank weitgehend aus dem jordanischen Markt ausgegliedert, in den sie integriert gewesen war. Der Gazastreifen verlor mit der Schließung seines Hafens die wichtigste Verbindung zur Außenwelt.

Nachdem der Warenaustausch mit Drittstaaten immer durch Israel fließen mußte und die Regierung den Handel weitgehend beschränkte, blieb den Unternehmen und landwirtschaftlichen

Produzenten in den besetzten Gebieten allein der Handel mit Israel. Bei der Regulierung des Handels bevorzugte die israelische Regierung einseitig israelische Produzenten. Vor allem für den Import, aber auch für den Export wurden die besetzten Gebiete einseitig von Israel abhängig. Bereits 1968 kamen 77% der Importe aus und gingen 44% der Exporte nach Israel. Ein Jahrzehnt später waren es 91% bzw. 61%, wobei das palästinensische Handelsbilanzdefizit kontinuierlich wuchs.

Ein weiteres Problem für palästinensische Unternehmen lag in der Finanzierung. Einer der ersten Schritte der israelischen Regierung nach der Besetzung war die Schließung sämtlicher palästinensischer und arabischer Finanzinstitutionen in den besetzten Gebieten gewesen. Finanzielle Transaktionen konnten jetzt ausschließlich über israelische Banken abgewickelt werden, die sich besonders bei Kapitalaufnahmen und Kleinkrediten weitaus weniger entgegenkommend zeigten als ihre arabischen Vorgänger. Gerade kleine und mittlere Unternehmen, die von günstigen Krediten abhingen, konnten sich deshalb nur schwer weiterentwickeln und waren oft in ihrem Bestand bedroht. Neugründungen von Unternehmen wurden durch die Finanzpolitik erschwert, durch die restriktive Handhabung der Lizenzvergabe oft sogar unmöglich gemacht.

Die wirtschaftliche Situation verschlechterte sich außerdem durch die Einschränkung der traditionellen Landwirtschaft. Große Landstriche wurden im Zuge der israelischen Siedlungspolitik enteignet; Anfang der 90er Jahre befand sich über die Hälfte des Territoriums der Westbank und knapp ein Drittel des Gazastreifens in israelischem Privatbesitz oder unter Kontrolle der öffentlichen Hand. Die knappen Wasserreserven wurden zudem zugunsten der Siedler umverteilt. Beschäftigungsmöglichkeiten in der Landwirtschaft gingen daher zurück, die Arbeitslosigkeit wuchs.

Die Arbeitssuchenden wurden vor allem in Jordanien und in den Golfländern aufgenommen, aber auch von der israelischen Wirtschaft. So nahm der individuelle Wohlstand zu, während gleichzeitig die gesamtwirtschaftliche Entwicklung in den besetzten Gebieten stagnierte oder zurückging. Wegen des ständigen Bedarfs an Arbeitskräften in der bis in die frühen 80er Jahre expandierenden israelischen Wirtschaft war es für Palästinenser relativ leicht, Beschäftigung zu finden. 1970 waren etwa 13% der arbeitenden Bevölkerung aus den besetzten Gebieten offiziell in Israel beschäftigt, 1988 war der Anteil auf 38% gestiegen. Arbeit in Israel verbesserte somit den Lebensstandard vieler Familien, brachte sie aber gleichzeitig in ein Verhältnis der Abhängigkeit. Zudem waren die Palästinenser meist in weniger qualifizierten Berufen in der Bauindustrie und der Textilproduktion beschäftigt. Darunter litt die Aus- und Weiterbildung der Palästinenser; es wurde keine Basis für eine spätere eigenständige wirtschaftliche Entwicklung geschaffen.

Ein ähnliches Muster wird in der Investitionspolitik der israelischen Regierung in den besetzten Gebieten deutlich. So stellte die israelische Verwaltung zwar eine Reihe von Dienstleistungen bereit und verbesserte Teile der Infrastruktur. Doch diese Maßnahmen erhöhten die Abhängigkeit der Palästinenser. Ein Beispiel ist die Elektrizitäts- und Wasserversorgung. Das System wurde unter israelischer Verwaltung ausgebaut und erreichte weitaus mehr Personen als zuvor. Die Strukturen wurden jedoch in die israelischen integriert, und damit wurde eine spätere Abkopplung so gut wie unmöglich gemacht.

Vom Beginn der Besatzung 1967 bis zum Ausbruch der Intifada 1987 lassen sich drei Phasen der Wirtschaftsentwicklung unterscheiden. Während der ersten Phase von 1967 bis zur Mitte der 70er Jahre steigerte sich der Lebensstandard der Bevölkerung deutlich durch die wirtschaftliche Integration mit Israel und die günstigen Arbeitsmöglichkeiten in den Golfstaaten. In der zweiten Phase, von Mitte der 70er bis Anfang der 80er Jahre, verlangsamte sich das Wachstum der israelischen Wirtschaft, der Lebensstandard in den besetzten Gebieten stieg aber weiter leicht an, da viele Palästinenser von ihren im Ausland arbeitenden Verwandten unterstützt wurden und die arabischen Länder verstärkt finanzielle Hilfe leisteten. Im Laufe der 80er Jahre schließlich gingen die Chancen für Palästinenser auf dem Arbeitsmarkt wegen eines Abflauens des Ölbooms und einer anhaltenden wirtschaftlichen Stagnation in Israel merklich zurück.

Am Ende der Entwicklung standen eine beinahe völlig auf Israel ausgerichtete Wirtschaft, eine extreme Abhängigkeit von externen finanziellen Hilfen und Einkünften, die nicht in den besetzten Gebieten erwirtschaftet wurden, und eine sehr schwache eigene ökonomische Struktur. Gleichzeitig wuchs die Arbeitslosigkeit, und der Lebensstandard der Bevölkerung ging zurück. Das Konzept des *economic appeasement* war damit gescheitert, wie der Ausbruch der *Intifada* 1987 eindrucksvoll zeigte.

8. Intifada – der palästinensische Aufstand

Ein Autounfall im Gazastreifen am 8. Dezember 1987 löste eine mehrjährige Auseinandersetzung aus, die die Rahmenbedingungen der palästinensischen Politik grundlegend ändern sollte: die *Intifada* (arabisch für Aufstand). Die verärgerten palästinensischen Massen sahen in dem Unfall einen absichtlichen Anschlag und reagierten am Tag darauf mit ausgedehnten Demonstrationen, die schnell außer Kontrolle gerieten und sich bald auch auf die Westbank ausdehnten.

Weder die israelische Regierung noch die palästinensische politische Führung in der Diaspora rechneten ursprünglich damit, daß der Aufstand lange dauern oder wichtige Konsequenzen haben würde. Bereits in den Monaten zuvor war es mehrfach zu Zusammenstößen zwischen Palästinensern und Israelis gekommen, die aber immer wieder schnell abflauten. Auch die *PLO*-Führung war daher von den Ausmaßen und der Dauerhaftigkeit des Aufstandes zunächst überrascht, sie versuchte dann aber schnell, ihre eigene Führungs- und Vertretungsrolle wieder auszufüllen und übernahm die Leitung und Planung des Aufstandes.

a) Ursachen

Die Ursachen und Voraussetzungen für den Ausbruch der *Intifada* waren vielschichtig. Wirtschaftliche und politische Umstände begünstigten ein Gefühl der Frustration und Ausweglosigkeit in der Bevölkerung, das den Nährboden für Auflehnung und gewaltsame Auseinandersetzung bildete. Gleichzeitig standen eine neue Schicht politischer Aktivisten und eine Infrastruktur sozialer Organisationen bereit, die in der Lage waren, einen Aufstand dieser Größenordnung zu koordinieren und ihn auch über eine längere Zeitspanne hinweg durchzusetzen.

Hauptursache der Unzufriedenheit war die schwierige wirtschaftliche Lage der Bevölkerung. Der Rückgang des Ölbooms in

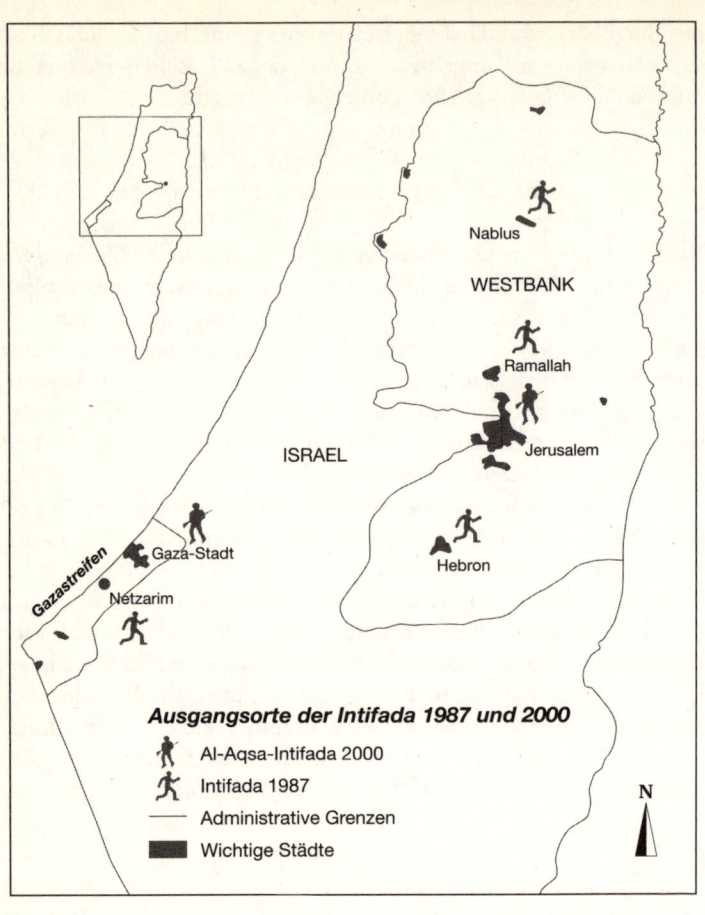

Ausgangsorte der Intifada 1987 und 2000

🏃 Al-Aqsa-Intifada 2000

🏃 Intifada 1987

— Administrative Grenzen

■ Wichtige Städte

Labels on map: Nablus, WESTBANK, Ramallah, Jerusalem, ISRAEL, Hebron, Gaza-Stadt, Gazastreifen, Netzarim

N

den 80er Jahren ließ weniger Palästinenser Arbeit in den Golfstaaten finden und daher auch die finanzielle Unterstützung für Familien in den besetzten Gebieten schrumpfen. Zusätzlich befand sich die israelische Wirtschaft in einer Phase der Stagnation und konnte daher die wachsende Zahl der palästinensischen Arbeitskräfte ebenfalls nicht absorbieren. Für die große Zahl der jungen Palästinenser – in den späten 80er Jahren war etwa die Hälfte der Bevölkerung unter 15 Jahre alt, gut 70% waren unter 30 Jahre – gab es zwar zunehmend Ausbildungsmöglichkeiten, doch anschließend keine adäquaten Arbeitsplätze.

Die Frustration, die durch den ständigen Vergleich mit dem wirtschaftlich erfolgreichen Israel an Brisanz gewann, übersetzte sich bald in Gewaltbereitschaft, da politische Kanäle zur Artikulation dieser Probleme fehlten. Das Fehlen offiziell geduldeter politischer Parteien und von Möglichkeiten der politischen Mitwirkung an der Politikgestaltung veranlaßte die Palästinenser, sich entweder „unpolitischen" sozialen Organisationen oder Untergrundorganisationen anzuschließen.

Zu wirtschaftlichen Problemen und politischer Rechtlosigkeit kam schließlich noch die israelische Enteignungs- und Siedlungspolitik hinzu, die den Lebensraum und die Wirtschaftsgrundlage der Palästinenser immer mehr einengte. Ende der 80er Jahre lebten in der Westbank und dem Gazastreifen (ohne Ostjerusalem) knapp 70000 Siedler, die unter anderem einen Großteil der Wasserreserven für sich beanspruchten. Die Zahl der Siedlungen und Siedler stieg kontinuierlich weiter an. Der Kontrast zwischen dem Wohlstand und der Sicherheit der Siedlungen und den oft nahegelegenen arabischen Dörfern mit mangelhafter Wasserversorgung, abgeschnitten von der Infrastruktur und ohne Zugang zum israelischen politischen und rechtlichen System, verschärfte den Unmut noch.

Im Laufe der 80er Jahre kam es daher immer wieder zu spontanen Gewaltausbrüchen. Die israelische Regierung reagierte auf die wachsende Unruhe in den besetzten Gebieten mit einer „Politik der eisernen Faust", die 1985 von dem damaligen Verteidigungsminister Yitzhak Rabin eingeführt wurde. Zu den Maßnahmen, die sich zum Teil auf Notstandsgesetze aus der britischen Mandatszeit stützten, gehörten das Verbot *PLO*-naher Organisationen und die Absperrung von Städten und Dörfern. Aktivisten drohte

Die Beerdigung eines palästinensischen Jungen im Flüchtlingslager in Balata, der unmittelbar nach dem Ausbruch der Intifada von einem israelischen Soldaten erschossen wurde, gerät zu einer politischen Demonstration. Foto: André Brutmann, 17.12.1987

neben der Entlassung aus ihrem Arbeitsverhältnis die Verwaltungshaft. Das Mittel der Verwaltungshaft, also einer Verhaftung ohne Gerichtsverfahren, im Normalfall von eher kurzer Dauer, wurde so extensiv angewendet, daß bereits 1985 etwa 40% aller männlichen erwachsenen Palästinenser mindestens eine Nacht im Gefängnis verbracht hatten. Die Massenverhaftungen schufen einen gemeinsamen Erfahrungshintergrund für die palästinensischen Aufrührer, und die Gefängnisaufenthalte gaben ihnen Gelegenheit, Kontakte zu knüpfen, Erfahrungen weiterzugeben und neue Pläne zu schmieden. Später sollte sich herausstellen, daß fast alle führenden *Intifada*-Aktivisten durch die „Kaderschmiede" der israelischen Gefängnisse gegangen waren.

Neben den israelischen Gefängnissen dienten palästinensische Universitäten und die neu entstandenen sozialen, kulturellen und politischen Organisationen der Ausbildung und Organisation der neuen politischen Führung in den besetzten Gebieten. Durch die zahlreichen Komitees, Stiftungen und Institutionen, die sich im Laufe der 70er und vor allem der 80er Jahre herausgebildet hatten, stand bei Ausbruch der *Intifada* ein weitreichendes Netz an Aktivisten mit dezentraler Entscheidungsstruktur und breiter Mitgliedschaft bereit. Der Kontakt zwischen verschiedenen Bevölkerungsschichten in diesen Organisationen – der ländlichen Bevölkerung, Flüchtlingen sowie der städtischen Mittelschicht – schuf das nötige Zusammengehörigkeits- und Solidaritätsgefühl, auf dessen Grundlage die *Intifada* stand.

b) Organisation

Arafat, der sich zu diesem Zeitpunkt in Kuwait aufhielt, war von dem Beginn der *Intifada* ebenso überrascht wie Israel, die internationale Gemeinschaft und der Rest der *PLO*. Doch die *PLO*, die sich im April 1987 in der „Vereinigungssitzung" des palästinensischen Nationalrats intern wieder konsolidiert hatte, beeilte sich, die Führung des Aufstandes zu übernehmen und so ihre Isolation und Bedeutungslosigkeit zu überwinden. Arafat wandte sich bereits am 10. Dezember 1987, einen Tag nach Beginn der Unruhen, in einer Rede an die Palästinenser in den besetzten Gebieten. Darin forderte er eine Führungsrolle für die *PLO* und definierte die Einrichtung eines palästinensischen Staates in der Westbank und dem Gazastreifen mit Jerusalem als Hauptstadt als Ziel des Aufstandes.

Im Januar 1988, als sich die Bedeutung des Aufstandes langsam abzeichnete, bildete sich zu dessen Leitung die Vereinigte Nationale Führung (*Al-Qiyada al-Wataniyya al-Muwahhada li-l-Intifada*). Diese Organisation bemühte sich darum, die Bevölkerung weiter zu mobilisieren, Aktionen der lokalen Verbände zu koordinieren und Hilfsmaßnahmen zu organisieren. Der Vereinigten Nationalen Führung gehörten sowohl die verschiedenen *PLO*-Fraktionen, also *Fatah*, *PFLP*, *DFLP* und die Palästinensische Kommunistische Partei, als auch verschiedene nationale Komitees und national-religiöse Kräfte an. In Flugblättern (*bayanat*), die alle zwei bis drei Wochen erschienen, rief dieses Führungsgremium zu Aktionen wie Streiks, Boykotten, Hupkonzerten, Demonstrationen und ähnlichem auf. Gewaltsame Aktionen wurden nur in einigen wenigen Ausnahmefällen von der Vereinigten Nationalen Führung vorgeschlagen. Die Vorschläge der palästinensischen Führung, die auch durch Telefonketten, Mund-zu-Mund-Propaganda und Graffitis verbreitet wurden, wurden meist befolgt – wo die Solidarität zu wünschen übrig ließ, halfen sogenannte „Streiktruppen" notfalls mit Gewalt nach.

Streiks, Boykottaktionen und ziviler Ungehorsam hatten die Abkopplung der besetzten Gebiete von den israelischen Strukturen und die Aufhebung der einseitigen Abhängigkeit zum Ziel. So sollten Palästinenser keine Steuern mehr an den israelischen Staat zahlen und nicht mehr in Israel arbeiten. Polizisten und Angestellte kündigten massenweise ihr Arbeitsverhältnis, palästinensische Arbeiter in Israel streikten, Anweisungen der Ordnungskräfte wurden nicht befolgt und israelische Dienstleistungen nicht mehr in Anspruch genommen.

In einer Situation der einseitigen wirtschaftlichen Abhängigkeit stellte der Versuch der Dissoziation die Bevölkerung automatisch vor große ökonomische Probleme: Ohne Löhne und Produkte aus Israel war das Wirtschaftsleben in den besetzten Gebieten so gut wie lahmgelegt und massive Unterbeschäftigung war die Folge. Zusätzlich reagierte die israelische Regierung harsch auf die Unruhen. Palästinensischen Unternehmen wurden keine Lizenzen gewährt, ihre Versorgung mit Rohstoffen und anderen Produktionsfaktoren aus Israel wurde gestoppt, Läden wurden geschlossen und Arbeitern wurde die Einreise nach Israel verweigert. Am härtesten aber wurde die Bevölkerung von den immer wieder verhängten Ausgangssperren getroffen. Ausgangssperren wurden über Dörfer, Städte oder ganze Gegenden verhängt und schnitten viele Menschen von der Grundversorgung ab. Das Erziehungssystem und die medizinische Versorgung litten ebenso wie die Nahrungsmittelverteilung und -produktion (viele Bauern konnten wegen der Ausgangssperren ihre Felder nicht bestellen).

Doch die erschwerten Lebensbedingungen hatten zunächst nicht den Rückgang der Proteste, sondern eine ungeheure nationale Solidarisierungswelle zur Folge. Zur Bewältigung der zahlreichen Probleme im Alltagsleben bildeten sich auf lokaler Ebene sogenannte „Volkskomitees". Sie kümmerten sich um die Lebensmittelversorgung, organisierten Nachbarschaftshilfe, hielten Unterricht für die Kinder ab, richteten Gesundheitsstationen und Krankenhäuser ein und bildeten Wirtschafts- und Landwirtschaftskooperativen. Bereits im Mai 1988 wurde die Anzahl solcher Komitees und Hilfsprogramme auf 45 000 geschätzt. Finanziell wurden sie durch die *PLO*, die arabischen Länder und von Palästinensern in der Diaspora unterstützt.

Die Arbeit der Volkskomitees erwies sich als relativ erfolgreich. Auch wenn der Lebensstandard der Palästinenser deutlich sank, gelang es den Komitees, die Grundversorgung sicherzustellen. Die meisten Menschen engagierten sich aktiv in Hilfsinstitutionen und sammelten neue Erfahrungen in der wirtschaftlichen Selbstversorgung. So unterstützten die Landwirtschaftskomitees beispielsweise die Eigenproduktion von Lebensmitteln, und bald besaß fast jede Familie einen kleinen Gemüsegarten, einige Hühner und vielleicht eine Kuh. Die psychologische Wirkung war enorm: Das Gefühl der Machtlosigkeit gegenüber und der Abhängigkeit von Israel, das Gefühl der zunehmenden Bedrängung durch Landenteignungen und Siedler wich einer Umbruchstimmung voller Aktionismus, Identitätsbejahung und Freiheitswillen.

Den israelischen Sicherheitskräften gelang es trotz erheblicher Übermacht und harscher Maßnahmen nicht, die Unruhen zu verhindern. Im Gegenteil: Die Ermordung des *PLO*-Führers in den besetzten Gebieten, Khalil al-Wazir (Abu Jihad), im April 1988 in Tunis sowie die Konfrontation zwischen steinewerfenden Jugendlichen und gut ausgerüsteten israelischen Soldaten schürten den Zorn und die Widerstandsbereitschaft der Palästinenser.

c) Folgen

Für Yassir Arafat und die palästinensische Führung in Tunis bedeutete die *Intifada* ein politisches Wiedererstarken. Nach Jahren der Abwesenheit und politischen Marginalisierung übernahm die *PLO* die Führung des Aufstands. So konnte die palästinensische Befreiungsorganisation von dem erstarkten Nationalbewußtsein profitieren und wurde wieder zu einem Faktor, mit dem die Politik im Nahen Osten rechnen mußte.

Wichtig für die Stellung der Palästinenser und der *PLO* war auch der Wandel der internationalen Wahrnehmung des Konflikts durch die *Intifada*. Hatte in den vorangegangenen Jahren der iranisch-irakische Krieg die internationale Aufmerksamkeit fast ausschließlich auf sich gezogen, konzentrierten sich die Medien jetzt wieder auf Palästina/Israel. Steinewerfende palästinensische Jugendliche in der *kefiyya*, dem traditionellen schwarz-weiß karierten Kopftuch, das bereits während des ersten palästinensischen Aufstands 1936 bis 1939 eine Rolle als Symbol palästinensischer Identität gespielt hatte und das Arafat nie abzulegen scheint, wurden zum Symbol für die Auflehnung der Palästinenser gegen die israelische Herrschaft. Hatte bislang das Bild des Kampfes zwischen dem israelischen David gegen den arabischen Goliath die internationale Wahrnehmung dominiert, drehte sich dieses Verhältnis nun um: Die Israelis wurden von Bedrohten zu Bedrohern, die Palästinenser von Terroristen zur unterdrückten Volksgruppe. Sympathiebekundungen für Palästinenser auch in vielen westlichen Staaten waren Ausdruck für die Veränderung der internationalen Stimmung zugunsten der Aufständischen.

Dem Stimmungsumschwung folgten konkrete Veränderungen. Für den jordanischen König Hussein zeigten die *Intifada* und der neue Einfluß Arafats, daß er seinen eigenen Anspruch auf die Westbank nicht mehr aufrechterhalten konnte, wenn er nicht Unruhen im eigenen Land riskieren wollte. Am 31. Juli 1988 zog er die Konsequenzen und erklärte alle rechtlichen und administrativen Verbindungen zwischen Jordanien und den besetzten Gebieten sowie den jordanischen Anspruch auf Vertretung der Palästinenser für beendet. Praktisch hatte dies zur Folge, daß die jordanischen Gehaltszahlungen an frühere Angestellte im öffentlichen Dienst eingestellt wurden; die *PLO* übernahm im August die Zahlungen an die etwa 24000 Betroffenen. Gleichzeitig verloren die Palästinenser in der Westbank ihre jordanische Staatsbürgerschaft.

Mit Widerstand gegen die Gründung eines unabhängigen palästinensischen Staats in den besetzten Gebieten – erklärtes Ziel der *Intifada* – mußte von Seiten Jordaniens also nicht mehr gerechnet werden. Daher verabschiedete die 19. Sitzung des Palästinensischen Nationalrats, die vom 12. bis 15. November 1988 in Algier tagte, eine Unabhängigkeitserklärung. Am 15. November rief Arafat den palästinensischen Staat aus und bekannte sich dabei zu den UNO-Resolutionen 181, 242 und 338. Mithin erkannte er das Existenzrecht des Staats Israel an. Arafat wurde zum „Präsidenten" des ausgerufenen Staates.

International wurde dieser Schritt mit einer Einladung Arafats zu einer Rede vor der Generalversammlung der Vereinten Nationen beantwortet. Doch die USA, die diesen Schritt als Schutzmacht Israels abgelehnt hatten, verweigerten Arafat schlicht das nötige Visum für eine Reise nach New York. Die Generalversammlung verbat sich die Ausübung eines solchermaßen „faktischen" Vetos und verlegte ihren Tagungsort nach Genf, wo der Palästinenserführer schließlich am 13. Dezember 1988 seine Rede hielt. In dieser Rede erteilte Arafat dem Terrorismus eine klare Absage, wobei er allerdings betonte, daß der bewaffnete Kampf gegen die Besatzung weiterhin legitim sei. 84 Staaten zeigten ihre Unterstützung für diese Haltung, indem sie den ausgerufenen Staat anerkannten. Drei Tage später begannen auch die USA den – von Arafat lange gewünschten – offiziellen Dialog mit der *PLO* (die USA hatten direkte Gespräche seit einem Versprechen von Außenminister Kissinger gegenüber Israel 1975 immer von einer Anerkennung der Resolution 242 und des Existenzrechts Israels abhängig gemacht).

Doch nach den Anfangserfolgen zeigten sich bald die ersten Probleme der *Intifada*. Zum einen tauchten Spannungen zwischen den palästinensischen Gruppierungen auf. Der Einfluß unterschiedlicher familiärer, regionaler und politischer Loyalitäten konnte nur zu Beginn des Aufstands von der nationalen Euphorie verdeckt werden. Die Kooperation wurde zwar im Rahmen der Vereinigten Nationalen Führung aufrecht erhalten, doch konkurrierten die verschiedenen Gruppen beispielsweise bei den Volkskomitees um Einfluß. Jede Fraktion, viele Clans und Regionalgruppen schufen Parallelinstitutionen für die zahlreichen Tätigkeitsgebiete. Ressourcen konnten daher nicht optimal eingesetzt werden, Arbeit wurde unnötig verdoppelt, und oft entschied nicht der Bedarf, sondern die politische Wirkung über das Engagement der verschiedenen Hilfsorganisationen.

Die Alltagshilfe der Volkskomitees wurde zusätzlich erschwert, als die israelische Regierung diese Organisationsform im Sommer 1988 für illegal erklärte und den Aktivisten mit Bestrafung drohte. Auch die Zentralisierung der internationalen Hilfsgelder in den Händen der *Fatah* – die Arafat den Ausbau seines Patronagesystems erlaubte – schränkte die Handlungsmöglichkeiten vieler Organisationen ein, so daß die offiziellen Darstellungen der Erfolge der *Intifada* sich von der Wirklichkeit des palästinensischen Alltags immer weiter entfernten. Die Bevölkerung zeigte daher mehr und mehr Ermüdungserscheinungen. Vor allem die unkontrollierbaren Aktionen verschiedener Gruppen, die „Kollaborateure" bestraften, „Steuern" erhoben und vielerorts die Bevölkerung drangsalierten, schwächten die Unterstützung für die Aktivisten.

Auch der Preis, den die israelische Regierung den Aktivisten abverlangte, stieg ständig. Verteidigungsminister Yitzhak Rabin hatte den israelischen Streitkräften ein hartes Vorgehen gegen die palästinensischen Demonstranten befohlen. Die sogenannte „Politik der gebrochenen Knochen" sollte maximale Wirkung in der Bevölkerung, gleichzeitig aber minimalen internationalen Protest hervorrufen. Die Armee benutzte Gummimantelgeschosse, die im Normalfall keine tödlichen Wunden verursachen, aber den meist jugendlichen Aufständischen oft buchstäblich die Knochen brachen: Allein im Gazastreifen zählte man knapp zwei Jahre nach Beginn des Aufstandes zwar „nur" rund 200 Tote, aber fast 30 000 Verletzte. Aktivisten drohte zudem die Zerstörung ihrer Häuser und die Inhaftierung in eigens eingerichteten Gefangenenlagern, z. B. den berüchtigten Lagern Ansar II und III im Gazastreifen bzw. der Negevwüste, in denen Palästinenser nicht immer gemäß der internationalen Standards für Inhaftierte behandelt wurden. Diese Politik Israels rief zwar in der internationalen Gemeinschaft und zunehmend auch innerhalb der israelischen Gesellschaft Proteste hervor, hatte allerdings auch eine erhebliche demoralisierende Wirkung auf die palästinensische Bevölkerung.

Gleichzeitig mit dem Auftreten von Ermüdungserscheinungen in der Bevölkerung und Uneinigkeiten in der palästinensischen Führung verschlechterte sich auch die Position der Palästinenser im internationalen Rahmen. Mit dem Zusammenbruch der Sowjetunion verlor die *PLO* einen wichtigen diplomatischen Verbündeten und militärischen Unterstützer. Im Nahen Osten hatte die Sowjetunion zumindest teilweise ein Gegengewicht zum Einfluß der USA gebildet – nun sollten Verhandlungen unter alleiniger Vermittlung der verbliebenen und seit langem pro-israelischen Supermacht stattfinden, die noch dazu im Juni 1990 ihren offiziellen Dialog mit der *PLO* wegen vermehrter Terroranschläge suspendierte. Auch indirekt stützte der Zusammenbruch der Sowjetunion die Verhandlungsposition der Israelis: Sowjetischen Juden wurde ab Beginn der 90er Jahre die Ausreise gestattet, und der Zuzug von etwa einer Million neuer Siedler nach Israel verringerte nicht nur die Chancen für Palästinenser auf einen Arbeitsplatz in Israel, er unterstrich auch den israelischen Anspruch auf Land.

Sehr viel weiterreichende Folgen als der Zusammenbruch der Sowjetunion sollte für die Palästinenser allerdings ein anderes internationales Ereignis haben: der (zweite) Golfkrieg von 1990 bis 1991. Als Saddam Hussein am 2. August 1990 seine Truppen in Kuwait einmarschieren ließ, benutzte er den Panarabismus und die Palästinafrage als Propagandamittel. Offiziell knüpfte er den eigenen Abzug aus Kuwait an den Abzug Israels aus der Westbank und dem Gazastreifen. In der palästinensischen Bevölkerung traf diese Haltung auf große Sympathie. Laut einer Umfrage sahen 1990 etwa 84% der Palästinenser in dem irakischen Staatspräsidenten einen palästinensischen Nationalhelden.

Deswegen – und um die substantiellen finanziellen Hilfen aus dem Irak nicht zu verlieren – nahm die *PLO*-Führung keine antiirakische Position ein. Wahrgenommen wurde diese fehlende Verurteilung der irakischen Aggression als klare pro-irakische Haltung. Fernsehbilder, die Palästinenser beim Verbrennen der amerikanischen Flagge und mit Saddam-Bildern zeigten, waren für das internationale Ansehen der Palästinenser fatal. Im Westen brachen Sympathie und Vertrauen ein; die arabischen Golfländer, die auf der Seite Kuwaits standen, suspendierten ihre bis dahin großzügige Unterstützung der *PLO*. Außerdem mußten viele der in Kuwait beschäftigten Palästinenser fliehen oder wurden ausgewiesen. 350 000 bis 400 000 palästinensische Arbeiter verloren so Wohnort, Arbeitsplatz und Einkommen; dementsprechend viele Familien in den besetzten Gebieten die notwendige Unterstützung durch die Verwandten in der Diaspora. Der finanzielle Verlust für die besetzten Gebiete wird für den Zeitraum zwischen August 1990 und August 1991 auf etwa 400 Millionen US$ geschätzt.

Immer klarer zeichneten sich daher eine Finanzkrise in der *PLO* und eine Wirtschaftskrise in den besetzten Gebieten ab. Die Arbeitslosenquote wurde bereits 1990 mit 50% angegeben, und das Budget der Palästinensischen Befreiungsorganisation schrumpfte auf etwa ein Drittel. Die Hilfeleistungen an Volkskomitees, *PLO*-Personal und Familien von gefaßten Aktivisten oder sonstigen „Märtyrern" der *Intifada* mußten zum großen Teil eingestellt werden. Unter diesen schwierigen wirtschaftlichen Umständen konnte die *Intifada* nicht sehr viel länger durchgehalten werden.

d) Friedensverhandlungen

Durch die *Intifada* waren Friedensverhandlungen zwischen Palästinensern und Israelis erstmals nach dem Scheitern der Autonomiegespräche von 1982 wieder aktuell geworden. Für die israelische Regierung war inzwischen deutlich geworden, daß eine andauernde Herrschaft über die besetzten Gebiete mit sehr hohen Kosten verbunden wäre und die Sicherheit israelischer Staatsbürger nicht garantieren könnte. Daher hatte der damalige Premierminister Yitzhak Shamir am 14. Mai 1989 eine Initiative lanciert, die auf Vorschlägen des ersten Camp-David-Abkommens basierte, die Israel zunächst vehement abgelehnt hatte. Danach sollten nach Beendigung der Auseinandersetzungen in den besetzten Gebieten Wahlen abgehalten werden, um palästinensische Vertreter für die Verhandlungen zu bestimmen. Für die *PLO*, die sich selbst als rechtmäßige und alleinige Vertreterin der Palästinenser sah, war dieser Vorschlag nicht akzeptabel.

Kurz darauf hatten weltpolitische Ereignisse wie der Zusammenbruch der Sowjetunion und der Golfkrieg das Palästinaproblem vorerst wieder von der internationalen Tagesordnung verdrängt. Erst nach dem Ende des Golfkriegs 1991 unternahm der amerikanische Präsident George Bush einen neuen Anlauf zur Lösung des Konflikts. Er schlug die Einberufung einer regionalen Friedenskonferenz vor, auf der die Palästinenser durch eine gemeinsame jordanisch-palästinensische Delegation vertreten werden sollten. Israel verlangte zusätzlich, daß die palästinensischen Delegationsmitglieder aus den besetzten Gebieten stammten und nicht der *PLO* angehörten. Diese Bedingungen stellten einen Affront für die palästinensische Führung dar; angesichts ihres finanziellen Bankrotts, ihres Prestigeverlustes im Gefolge des Golfkrieges und der langsam an Wirkung verlierenden *Intifada* stimmte sie dem Vorschlag dennoch zu.

Die Friedenskonferenz wurde am 30. Oktober 1991 in Madrid eröffnet. Faisal Husseini, Mitglied einer der führenden Notabelnfamilien, vertrat die Palästinenser innerhalb der jordanischen Delegation. Doch schon bald stockten die Gespräche: Israel hatte gehofft, schnell zu bilateralen Verhandlungen übergehen zu können, um separate Friedensabkommen mit den einzelnen arabischen Staaten zu schließen. Doch sowohl Syrien als auch Jordanien machten eine Lösung des Konflikts mit den Palästinensern zur Vorbedingung für die eigenen Friedensgespräche – eine andere Haltung hätte vor allem im haschemitischen Königreich zu ernsthaften Unruhen führen können. Doch gerade auf dieser Ebene kamen die Verhandlungen nicht voran. Faisal Husseini fehlte das Mandat, Zugeständnisse in irgendeiner Form zu machen. Jeder noch so kleine Teilaspekt mußte immer zuerst mit der Exilführung in Tunis geklärt werden. *De facto* und über das Faxgerät verbunden saß immer auch Arafat am Verhandlungstisch und zögerte die Verhandlungen nach Belieben hinaus.

Arafat suchte nach alternativen Verhandlungswegen, die der *PLO* ein direktes Mitspracherecht gewährten. Die israelische Regierung lernte aus den Verhandlungserfahrungen in Madrid, daß ein Abkommen ohne die *PLO* nicht möglich war und daß nur ein Verhandlungserfolg die gemäßigten palästinensischen Kräfte stärken und einen weiteren Aufstieg der sich immer mehr radikalisierenden islamischen Kräfte aufhalten konnte. Auch war eine Einigung mit den Palästinensern Vorbedingung für die Normalisierung der gesamten politischen Situation im Nahen Osten.

Beide Seiten hatten daher ein Interesse, auch andere Wege für ihre Verhandlungen zu nutzen. Diese alternative Kommunikation lief über Norwegen und wurde am 10. Januar 1993 zwischen zwei israelischen Akademikern (Yair Hirschfeld und Ron Pundak) und drei engen Vertrauten Arafats (Ahmed Qurei, besser bekannt als Abu Ala, Hassan Asfour und Maher al-Kurd) eröffnet. Nach ersten Erfolgen wertete Israel im Mai diese informellen und hoch geheimen Gespräche auf, indem es Uri Savir, den Staatssekretär des Außenministeriums entsandte.

Es war die besondere Art dieser Gespräche, die es beiden Parteien erlaubte, Tabus zu brechen und zu einem Übereinkommen zu finden. Direkte Gespräche zwischen der *PLO* und der israelischen Regierung waren bislang immer daran gescheitert, daß ein offizieller Kontakt für beide Seiten eine Anerkennung des Gegners bedeutet hätte, diese Anerkennung aber immer erst Ergebnis, nicht Ausgangspunkt der Verhandlungen sein sollte. Dieses Dilemma wurde nun umgangen, indem die Gespräche unter voll-

Ein israelischer Soldat zielt in Gaza-Stadt auf palästinensische Steinewerfer, während eine palästinensische Frau mit ihrem Kind in den Armen vorbeigeht. Foto: AP-Foto/Laurent Rebours, 21.12.1993

ständiger Geheimhaltung stattfanden – ohne offizielle Kontakte auch keine implizite Anerkennung. Die Arbeit in der Abgeschiedenheit verhinderte auch eine Beeinflussung der Gespräche durch Presseberichte und emotionale öffentliche Debatten, die bei der Brisanz des Themas sicher nicht zu vermeiden gewesen wären. Unter diesen Umständen konnte sich unter den Verhandlungspartnern ein gewisses Maß an Vertrauen herausbilden, dem letztlich der Erfolg der Verhandlungen zu verdanken ist.

Im September 1993 gab es erste wichtige Ergebnisse. Am 10. September wurden Briefe ausgetauscht, in denen sich Israel und die *PLO* (als rechtmäßige Vertreterin des palästinensischen Volkes, nicht als Regierung des ausgerufenen palästinensischen Staats) gegenseitig anerkannten. Drei Tage später wurde die *Declaration of Principles on Interim Self-Government Arrangements* unterzeichnet; es kam zum berühmt gewordenen Bild der Begegnung zwischen Yitzhak Rabin und Yassir Arafat im Garten des Weißen Hauses in Washington.

III. Der Friedensprozeß

> „Ich dachte mir, daß es schon recht seltsam ist, daß wir
> Israelis den Palästinensern jetzt zugestehen, was uns
> die Briten vor über siebzig Jahren zugestanden haben,
> eine – mit den Worten der Balfour Declaration von
> November 1917 – ‚Heimat in Palästina'."
>
> Shimon Peres (Battling for Peace. A Memoir)

Die Osloer Prinzipienerklärung vom 13. September 1993 und der Handschlag zwischen Rabin und Arafat in Washington wurden von der Welt und von der großen Mehrheit der Palästinenser und Israelis als Durchbruch gefeiert. Und tatsächlich veränderte das Abkommen die Rahmenbedingungen für das Verhältnis zwischen Israelis und Palästinensern grundlegend: Mit der Prinzipienerklärung von Oslo einigten sich die gegnerischen Parteien darauf, den Konflikt nicht mit Gewalt, sondern durch Verhandlungen zu lösen.

1993 wurden daher aus Feinden in einem blutigen Konflikt Parteien in einer Verhandlung; an die Stelle des Kampfes um Sein oder Nichtsein traten Diskussionen über die konkrete Verteilung von Autorität und Regierungsgewalt. Trotz vieler Probleme und Rückschläge erschien der Konflikt erstmals lösbar. Rabin, Arafat und Peres wurden für ihren Einsatz bei dieser Transformation des politisch-militärischen Konfliktes in einen „Verhandlungskonflikt" am 10. Dezember 1994 mit dem Friedensnobelpreis ausgezeichnet. Der erneute Ausbruch der Gewalt im Herbst 2000 ist nicht zuletzt deshalb so tragisch, weil dadurch die in Oslo erreichte Definition des Konflikts als durch Verhandlungen lösbar erneut in Frage gestellt ist.

1. Oslo: Frieden als Prozeß

Konkret initiierte die Osloer Prinzipienerklärung einen zweistufigen Prozeß, der mit einer Übergangs- oder Interimsphase beginnen und in ein permanentes Friedensabkommen münden sollte.

Während der Interimsphase sollte den Palästinensern in den besetzten Gebieten schrittweise Autonomie zugestanden werden. Die schwierigen und besonders kontroversen Themen sollten – ganz im Sinne der neuen pragmatischen Herangehensweise an die Lösung des Konflikts – erst später in den Verhandlungen über eine permanente Lösung diskutiert und gelöst werden. Grundgedanke dieses Konstrukts war, zunächst die *Intifada* zu beenden und „Normalität" in den Lebensalltag von Palästinensern und Israelis einkehren zu lassen. Dies sollte zu einer Beruhigung der Situation, einem Abflauen der Emotionen und zur Bildung einer Vertrauensgrundlage führen. Eine erfolgreiche Lösung der wirklich schwierigen Themen könnte – so die Hoffnung – auf einer solchen Basis leichter stattfinden.

Die *Declaration of Principles on Interim Self-Government Arrangements* legte lediglich die allgemeinen Prinzipien für die Interimsphase fest. Die Details der Umsetzung und Ausführung der Grundsätze wurden in zahlreichen späteren Verträgen, Abkommen und Vereinbarungen festgelegt.

Als Grundlage für eine Lösung des Konflikts wurden die Resolutionen 242 und 338 des Sicherheitsrats der Vereinten Nationen akzeptiert. Diese Resolutionen wurden nach den Kriegen von 1967 bzw. 1973 verabschiedet und beinhalten das Prinzip „Land für Frieden": Im Austausch für Israels Rückzug aus den besetzten Gebieten sollten die Araber den Staat Israel und das Prinzip der friedlichen Koexistenz anerkennen. Das Problem an der Formel und die Ursache für viele spätere Schwierigkeiten bei der Umsetzung ist die bereits erwähnte unterschiedliche Interpretation der Resolutionen: Sind alle besetzten Gebiete gemeint (wie die französische Version des UNO-Dokuments vermuten läßt), oder würde auch ein Teilrückzug die Forderungen erfüllen (eine Interpretation, die vor allem die englische Textversion zuläßt)?

Die Prinzipienerklärung legte fest, daß der israelische Rückzug Stück für Stück erfolgen sollte. Ebenso schrittweise sollten palästinensische Institutionen gebildet und ihnen Selbstverwaltungskompetenzen übertragen werden. Dieser Prozeß sollte von verschiedenen vertrauensbildenden Maßnahmen begleitet werden: von der Freilassung politischer Gefangener auf israelischer Seite, der Streichung anti-israelischer Passagen aus der *PLO*-Charta und einer Kooperation in Sicherheitsfragen zwischen Palästinensern und Israelis. Die Verhandlungen und Abkommen drehten sich daher immer wieder um ähnliche Fragen: Wann ziehen israelische Truppen aus welchen Gebieten ab? Welche palästinensischen Behörden werden wann, von wem und wie eingerichtet? Welche Kompetenzen werden an die Selbstverwaltungsinstitutionen übertragen und wann? Welche vertrauensbildenden Maßnahmen werden ergriffen? Wie und inwieweit können die einzelnen Selbstverwaltungsgebiete miteinander und mit der Außenwelt verbunden werden?

Die konkrete Umsetzung der Interimsphase sollte dabei die Antworten auf die den Endstatus betreffenden Fragen in keiner Weise präjudizieren. Zu den Themen für die Endstatusverhandlungen gehörten laut Artikel V der Prinzipienerklärung: Jerusalem, Flüchtlinge, Siedlungen, Sicherheitsabkommen, Grenzen und Außenbeziehungen. Getrennte Verhandlungen über diese Themen sollten spätestens zwei Jahre nach Anfang der Interimsphase beginnen und nach weiteren drei Jahren abgeschlossen sein. Die Interimsphase sollte also auf keinen Fall länger als fünf Jahre dauern, und mit ihrem Ablauf sollten auch alle Vereinbarungen für diese Phase – also auch die vorläufigen Selbstverwaltungseinrichtungen der Palästinenser – hinfällig werden.

2. Friedensbefürworter und Friedensgegner

Die Verhandlungen in Oslo fanden im geheimen statt, so daß die Weltöffentlichkeit, die palästinensische und die israelische Bevölkerung ebenso wie die meisten Mitglieder der israelischen Regierung und der palästinensischen Exilführung von der Unterzeichnung des Vertrags völlig überrascht wurden.

Euphorie war die spontane Reaktion der meisten Menschen. Die Israelis feierten auf den Straßen, weil sie den Frieden mit den Palästinensern schon für gekommen hielten. Nach ihrer Lesart der Prinzipienerklärung würde sich die israelische Armee aus den Unruheherden der palästinensischen Bevölkerungszentren zurückziehen, die unangenehme Aufgabe der Wahrung der öffentlichen Ordnung dort würde palästinensischen Kräften übertragen werden, Israel jedoch die Gesamtverantwortung für Sicherheit behalten. Im Gegenzug für ihre Autonomie würden die Palästinenser –

und andere arabische Länder – das Existenzrecht Israels anerkennen und von da an die Sicherheit des israelischen Volkes nicht mehr bedrohen. Von der neuen Ära versprach man sich ein Ende der Gewalt und der Terroranschläge ebenso wie den baldigen Abschluß von Friedensverträgen mit den übrigen arabischen Nachbarn, so daß endlich Frieden und Sicherheit in der Region herrschen würden. Dies sollte nicht zuletzt der wirtschaftlichen Entwicklung aller Beteiligten zugute kommen.

Die Palästinenser jubelten, weil sie hofften, endlich die Früchte ihres mit vielen Opfern verbundenen Aufstandes ernten zu können. Die Zeit der Streiks, Demonstrationen, der gewaltsamen Zusammenstöße, der wirtschaftlichen Entbehrungen und der Nothilfen war vorüber, und, so schien es ihnen, die *Intifada* hatte sich gelohnt. Die Palästinenser hatten bewiesen, daß sie sich nicht mit ihrer Opferrolle abfinden würden und daß sie aus eigener Kraft fähig waren, ihre Situation zu ändern. In der Prinzipienerklärung lasen sie das israelische Versprechen, sich vollständig aus den besetzten Gebieten zurückzuziehen, und die Einwilligung in einen Prozeß, der in der Gründung eines unabhängigen palästinensischen Staates im Gazastreifen und der Westbank mit Ostjerusalem als Hauptstadt münden würde. Das Ende der *Intifada* und der Beginn der friedlichen Koexistenz mit Israel würden außerdem – so hoffte man – der wirtschaftlichen Not der Palästinenser in den besetzten Gebieten ein Ende setzen.

Die beiden unterschiedlichen Interpretationen der Prinzipienerklärung, vor allem die Frage nach der Finalität des Prozesses, mußten unweigerlich zu Frustrationen auf beiden Seiten führen, sobald es an die konkrete Umsetzung der Prinzipien ging. Auf israelischer Seite zerstörten zahlreiche blutige Anschläge auf Busse, Marktplätze und andere zivile Ziele in Israel bald die Hoffnung, daß der Friedensprozeß Sicherheit bedeute. Auch die Hoffnung auf eine Normalisierung der Verhältnisse mit den übrigen arabischen Nachbarstaaten erfüllte sich nur teilweise: Lediglich mit Jordanien wurde am 25. Juli 1994 offiziell der Kriegszustand beendet, Einigungen mit Syrien und dem Libanon stehen immer noch aus.

Die Palästinenser ihrerseits erkannten bald, daß Israel nicht bereit war, die besetzten Gebiete komplett an die Palästinensische Autonomiebehörde zu übertragen, und daß auch die Errichtung eines palästinensischen Staats keinesfalls beschlossene Sache war. Die Fortsetzung der israelischen Landenteignungs- und Siedlungspolitik sowie die Einschränkung der palästinensischen Bewegungsfreiheit durch israelische Absperrungen in Reaktion auf Anschläge führten zur Ernüchterung. Auch die Palästinensische Autonomiebehörde erfüllte nicht die in sie gesetzten Erwartungen: Lokale Strukturen aus der *Intifada* wurden meist ignoriert oder bewußt übergangen, und die zurückgekehrte Exilführung zeigte sich oft mit den Verwaltungsaufgaben überfordert. Israelische Absperrungen, palästinensische Mißwirtschaft und internationale Hilfeleistungen, die geringer ausfielen als erwartet, trugen dazu bei, daß in den Jahren nach Oslo der erhoffte Aufschwung der palästinensischen Wirtschaft ausblieb. Im Gegenteil: Der Lebensstandard verschlechterte sich.

Die Enttäuschung ließ auf beiden Seiten die Teile der Bevölkerung anwachsen, die dem Friedensprozeß skeptisch gegenüberstanden und sich nun den Gruppen anschlossen, die den Oslo-Prozeß von vornherein abgelehnt hatten. Dabei war dieser Trend in der palästinensischen Bevölkerung stärker als in der israelischen – vielleicht ein Zeichen dafür, daß die Palästinenser als schwächere Partei mehr Kompromisse eingehen mußten als die Israelis.

In Israel lehnen vor allem religiöse und nationale Extremisten sowie viele Siedler den Friedensprozeß ab. Säkulare Nationalisten erklären dabei die Besetzung des Gazastreifens und der Westbank für rechtmäßig: Schließlich habe Israel die Gebiete in Kriegen gewonnen, die als Verteidigung gegen arabische Angriffe gerechtfertigt gewesen seien. Eine Aufgabe der Kontrolle über diese Gebiete sei aus strategischen Gründen nicht vertretbar, die Sicherheit Israels würde durch das Autonomieabkommen gefährdet. Dieser Auffassung schlossen sich nach wiederholten Anschlägen palästinensischer (vor allem islamischer) Extremisten viele vorher gemäßigte Israelis an. Für die säkularen Gegner des Friedensprozesses ist eine Einigung mit den Palästinensern nur dann möglich, wenn tatsächlich alle Sicherheitsbedenken und strategischen Interessen Israels berücksichtigt werden.

Im Gegensatz dazu lehnen religiös motivierte Gegner des Friedensprozesses eine Einigung prinzipiell ab. Für sie stellt die Aufgabe heiligen Landes eine Verletzung göttlichen Willens dar und muß daher mit allen Mittel verhindert werden. Die Fanatiker unter ihnen schrecken selbst vor Gewalt und Mord nicht zurück. Im Februar 1994 erschoß der Siedler Baruch Goldstein 29 betende Palästinenser vor der Abrahamsmoschee in Hebron; er selbst wurde von Palästinensern erschlagen. Die blutigen Auseinandersetzungen, die auf das Massaker folgten, gefährdeten den Friedensprozeß ernsthaft. Aus einem ähnlichen Milieu religiöser Militanz wie Goldstein stammte Yigal Amir, der am 4. November 1995 Premierminister Yitzhak Rabin ermordete. Der Attentäter hatte sich gestärkt gefühlt durch radikale Rabbiner, die im Juli 1995 den militärischen Abzug aus der Westbank als Verstoß gegen göttliches Recht gebrandmarkt hatten. Die Teilnahme zahlreicher führender arabischer Persönlichkeiten an Rabins Begräbnis, die glaubwürdigen Trauerbekundungen Arafats und das Mitgefühl der palästinensischen Bevölkerung deuteten aber auch an, daß eine gemäßigte arabisch-israelische Koalition gegen den gewalttätigen Extremismus entstehen könnte.

Das palästinensische Lager der Friedensgegner ähnelt in vieler Weise dem israelischen. Säkular-nationalistische Kräfte wie die *DFLP, S'aiqa, PFLP*, die arabische Befreiungsfront und die *Fatah*-Dissidenten lehnen weniger eine Einigung an sich als die Details der Abmachungen ab und beschränken sich daher meist auf politischen Protest. Extreme Nationalisten wie die Terrorgruppe *Abu Nidal* und die *PFLP-GC* unter Ahmed Jibril dagegen verfolgen ebenso wie die *Izz-al-Din-al-Qassam-Brigade* (der militärische Arm der moslemischen Organisation *Hamas*) und die radikal-islamische Organisation *Islamischer Djihad* eine Strategie des Terrors, um den Friedensprozeß insgesamt zum Scheitern zu bringen. Ziel dieser Extremisten ist nach wie vor die „Befreiung ganz Palästinas".

Tatsächlich gelang es palästinensischen (zumeist islamischen) Terrorgruppen, mit Selbstmordkommandos und Bombenanschlägen, insbesondere auf öffentliche Busse und Marktplätze, die Friedensgespräche immer wieder zu unterbrechen und die Umsetzung der Abkommen zu verzögern. Die Anschläge wirkten sich auch auf die politische Orientierung der israelischen Gesellschaft aus. Eine Serie von Bombenanschlägen auf Busse in Jerusalem, Ashkelon und Tel Aviv kurz vor den israelischen Wahlen im Frühjahr 1996, bei denen mehr als fünfzig Menschen starben und mehrere hundert verletzt wurden, verhalf Benjamin Netanjahu und seiner Likud-Partei am 29. Mai 1996 zu einem knappen Wahlsieg (50,4% der Stimmen) gegen Shimon Peres, den amtierenden Premierminister und Architekten des Friedensprozesses. Damit wurde ein offener Kritiker der Oslo-Vereinbarungen Regierungschef in Israel.

Doch die Reaktionen auf palästinensische Terroranschläge enthielten auch positive Anzeichen für den Friedensprozeß: Die blutigen Bilder und der Tod vieler Frauen und Kinder riefen in der großen Mehrheit der palästinensischen Bevölkerung Ablehnung hervor. Arafat und die gemäßigte *PLO*-Spitze verurteilten die Anschläge regelmäßig scharf und unternahmen offenbar ihr Möglichstes, um die von den militanten Gegnern des Friedensprozesses ausgehende Gefahr einzuschränken. Diese Koalition mit Israel in der Bekämpfung extremistischer Gruppen setzte sich auch auf regionaler Ebene fort.

Nach der Attentatserie Anfang 1996 beispielsweise fand ein arabisch-israelischer Anti-Terrorismus-Gipfel in Sharm el-Sheikh statt – ein Ereignis, das noch wenige Jahre zuvor völlig undenkbar gewesen wäre.

Die Aktionen der Terrorgruppen gefährdeten den Fortgang des Friedensprozesses, konnten diesen aber wegen des Zusammenschlusses der gemäßigten Kräfte nicht zum vollständigen Scheitern bringen. Weniger grausam und erschreckend als der Terror, aber dennoch brisanter waren die palästinensischen Massenproteste, zu denen es während der Amtszeit Netanjahus (1996 bis Sommer 1999) vermehrt kam. Ursache für die Demonstrationen und Ausschreitungen waren die enttäuschten Hoffnungen und schlechten Lebensbedingungen der palästinensischen Bevölkerung. Die Frustration vieler Menschen bedurfte meist nur eines geringen, aber oft symbolträchtigen Anlasses, um in Unruhen und blutige Auseinandersetzungen zwischen Palästinensern und israelischen (und teilweise palästinensischen) Sicherheitskräften zu münden. Problematisch waren dabei nicht nur die Breite der Protestbewegung, sondern die immer häufiger auftretende Weigerung der palästinensischen Polizei und teilweise auch der palästinensischen Führung, die Unruhen einzudämmen.

Ein symbolträchtiger Anlaß war die Aufnahme von Bauarbeiten zur Öffnung eines aus hasmonäischer Zeit stammenden Tunnels unter dem Tempelberg durch israelische Behörden im September

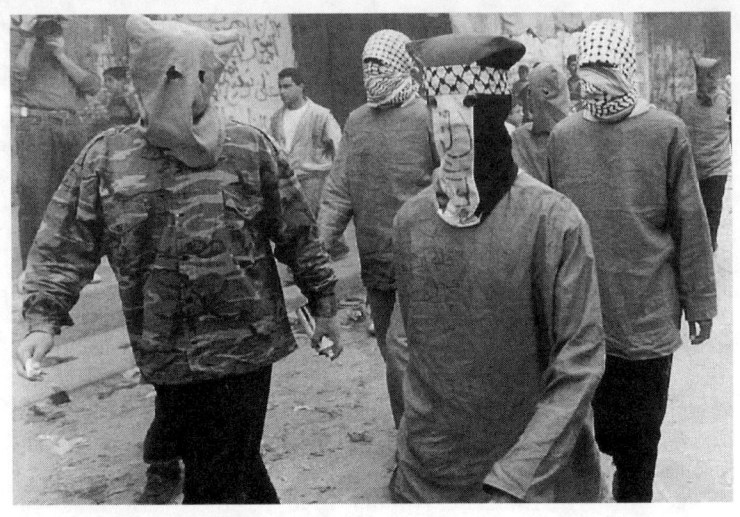

Maskierte Angehörige der Fatah-Organisation marschieren am 29. März 1994 in Gaza-Stadt während einer Totenwache für sechs Fatah-Aktivisten, die am Tag zuvor von einer verdeckten Armee-Patrouille im Flüchtlingslager Jebaliya im Gazastreifen getötet worden sind. Foto: Michael Euler, SV-Bilderdienst

1996. Einige palästinensische Gruppen argumentierten, die Grabungen zielten darauf ab, den darüberliegenden Felsendom und die Al-Aqsa-Moschee, nach Mekka und Medina die wichtigsten muslimischen Heiligtümer, zum Einsturz zu bringen und so Platz für den Bau eines neuen jüdischen Tempels zu schaffen. Diese übertriebenen Befürchtungen reichten aus, um Tausende von Palästinensern zu Protesten auf die Straßen Ostjerusalems und anderer Städte zu treiben und einen Generalstreik zu provozieren.

Ein anderer Streitpunkt und immer wieder Ursache für Krawalle war die Siedlungspolitik der Regierung Netanjahu. Der Ausbau der jüdischen Siedlungen im Gazastreifen und der Westbank und die damit verbundene Enteignung von palästinensischem Land waren zwar auch unter Rabin und Peres weiter fortgeschritten, doch hatte man beispielsweise durch die Verhängung eines offiziellen Stopps für den Bau neuer Siedlungen zumindest auf der symbolischen Ebene den Forderungen der Palästinenser nachgegeben. Netanjahu dagegen erhob den Siedlungsausbau zum

*Siedler von Kfar Daromare bauen in Kissufim im Gazastreifen eine
neue Siedlung an dem Ort, an dem bei einem Angriff auf einen Bus zwei
Kinder getötet und 14 schwer verwundet worden sind. Foto: André
Brutmann, 20. 11. 2000*

Regierungsziel, hob sämtliche Baurestriktionen wieder auf und
unterstützte einige besonders umstrittene Projekte. Vor allem die
Billigung einer neuen Siedlung namens Har Homa auf einem
Hügel außerhalb Ostjerusalems – der für die Palästinenser Jebel
Abu Ghneim heißt – am 19. Februar 1997 führte zu Unruhen, die
in diesem Fall auch internationale Proteste gegen die Siedlungs-
politik und den Abbruch der Verhandlungen seitens der *PLO* zur
Folge hatten.

Mit dem Regierungsantritt von Ehud Barak, einem ehemaligen
Generalstabschef und pragmatischen Befürworter einer Einigung
mit den Palästinensern, im Sommer 1999 und einigen wichtigen
Fortschritten in der Umsetzung der Interimsabkommen flauten
die palästinensischen Proteste vorübergehend ab. Im Herbst 2000
löste jedoch der Besuch des israelischen Oppositionsführers Ariel
Scharon am Tempelberg die sogenannte *Al-Aqsa-Intifada* aus,
und die Ausschreitungen und Anschläge nahmen ihre schlimmste

Form seit dem Ende der *Intifada* an. Bis zum Frühjahr 2001 waren mehr als 400 Palästinenser getötet worden, darunter zahlreiche Jugendliche und Kinder. Auch viele Israelis verloren ihr Leben, darunter zwei israelische Soldaten, die von einem palästinensischen Mob auf grausame Weise gelyncht wurden. Obwohl sich beide Seiten um Deeskalation bemühten, gelang eine Eindämmung der Unruhen nicht. Ehud Barak verlor das Vertrauen einer Mehrheit der Bevölkerung und unterlag am 6. Februar 2001 in vorgezogenen Wahlen seinem Herausforderer Ariel Scharon mit deutlichem Abstand (62,6% zu 37,2%).

3. Die Interimsphase

Seit 1993 wurden die Details der Umsetzung der Prinzipienerklärung für die Interimsphase in zahllosen öffentlichen und geheimen Runden verhandelt, die Gespräche wurden des öfteren abgebrochen und die vereinbarten Zeitpläne fast nie eingehalten. Dennoch gab es immer wieder Verhandlungserfolge und Vereinbarungen, die die Situation in den besetzten Gebieten Stück für Stück veränderten.

Der erste Meilenstein auf dem Weg der Implementierung der Prinzipienerklärung war das sogenannte Gaza-Jericho-Abkommen vom 4. Mai 1994, auch als „Oslo I" oder, nach seinem Unterzeichnungsort, als Abkommen von Kairo bekannt. Mit ihm begann die Interimsphase offiziell, die ersten israelischen Truppenrückzüge fanden statt, die palästinensische Führung kehrte in die besetzten Gebiete zurück und übernahm begrenzte Selbstverwaltungskompetenzen. Der nächste wichtige Schritt war der Abschluß von „Oslo II", des sogenannten Interimsabkommens, am 28. September 1995. In ihm wurden grundlegende Regelungen für den weiteren Abzug bzw. die Umgruppierung der israelischen Truppen getroffen. Die Westbank wurde zu diesem Zweck in drei Zonen (A, B und C) mit unterschiedlichen Kompetenzregelungen unterteilt. Nachdem der Friedensprozeß unter der Regierung Netanjahu ab 1996 zunächst ins Stocken geraten war, wurde im Januar 1997 wieder ein kleiner Fortschritt erzielt: Im sogenannten Hebron-Protokoll einigten sich die Parteien auf die Modalitäten für den israelischen Abzug aus Hebron und den Schutz für die in

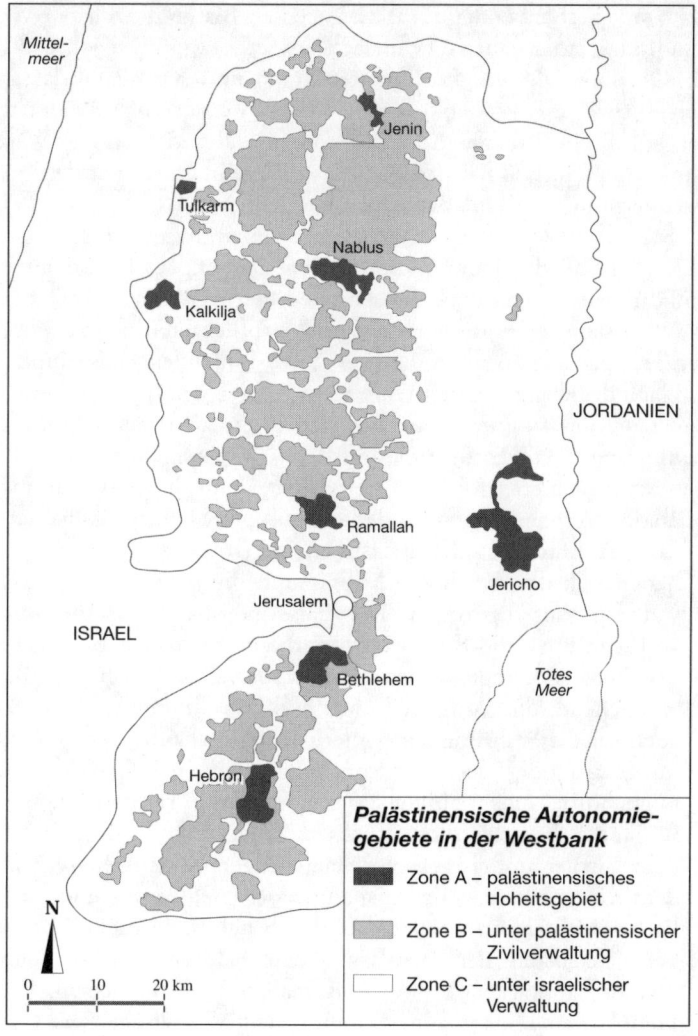

Palästinensische Autonomiegebiete in der Westbank

█ Zone A – palästinensisches
Hoheitsgebiet

▓ Zone B – unter palästinensischer
Zivilverwaltung

□ Zone C – unter israelischer
Verwaltung

Mittel-
meer

Jenin

Tulkarm

Nablus

Kalkilja

JORDANIEN

Ramallah

Jericho

Jerusalem

ISRAEL

Bethlehem

Totes
Meer

Hebron

N

0   10   20 km

der Stadt verbleibenden jüdischen Siedler. Bis zum nächsten Verhandlungserfolg dauerte es danach erneut knapp zwei Jahre: Am 23. Oktober 1998 unterzeichneten Arafat und Netanjahu das sogenannte Wye-River-Abkommen, in dem sie sich auf einen weiteren israelischen Truppenrückzug von 13% des Gebiets der Westbank einigten. Die nächste wichtigste Vereinbarung wurde unter Premierminister Ehud Barak geschlossen: Am 4. September 1999 wurde das nach dem ägyptischen Verhandlungsort benannte Sharm-el-Sheikh-Memorandum unterzeichnet. In diesem Übereinkommen legten die beiden Parteien den weiteren Fahrplan für die Endstatusverhandlungen fest und verpflichteten sich zu weiteren Truppenrückzügen und zu vertrauensbildenden Maßnahmen.

Nach der weitgehenden Umsetzung dieser wohl letzten Vereinbarungen der Interimsphase bot sich in etwa folgendes Bild der Aufteilung des Territoriums und der Kompetenzen in den 1967 besetzten Gebieten (ohne Ostjerusalem, denn die Jerusalemfrage blieb den Verhandlungen für den endgültigen Status vorbehalten):

– Zone A unterliegt der palästinensischen Verwaltung; aus ihr haben sich das israelische Militär und die israelische Zivilverwaltung zurückgezogen. Die palästinensischen Institutionen verfügen über alle Kompetenzen, die ihnen in den verschiedenen Verträgen zugestanden worden sind. Das bedeutet, daß sie weitgehend die Aufgaben der Zivilverwaltung erfüllen und auch für die Wahrung der Sicherheit und der öffentlichen Ordnung zuständig sind. Die von der Palästinensischen Autonomiebehörde eingerichtete Polizei und die rechtsprechenden Organe haben allerdings auch in Zone A keine Jurisdiktion über Siedler und israelische Staatsbürger. Zone A besteht aus dem Gazastreifen (mit Ausnahme der Siedlungen und israelischer Militäreinrichtungen) und den palästinensischen Bevölkerungszentren der Westbank, den Städten Jericho, Jenin, Nablus, Tulkarem, Kalkilya, Ramallah und Bethlehem. (Für Hebron mit seinem schwierigen Verhältnis zwischen der palästinensischen Bevölkerung und den jüdischen Siedlern wurden im Hebron-Protokoll besondere Vereinbarungen getroffen, so daß hier die israelischen Sicherheitskräfte nach wie vor für die Sicherheit der etwa 500 Siedler zuständig sind und zu diesem Zweck in der Stadt stationiert bleiben.) Nachdem israelische Truppen dem Sharm-el-Sheikh-Memorandum entsprechend umgruppiert worden sind, gehören 11,1% der Westbank zur Zone A.

– In Zone B teilen sich Palästinenser und Israel die Verantwortung für die Sicherheit, während die zivilen Verwaltungskompetenzen der Palästinensischen Autonomiebehörde zukommen. Die palästinensische Polizei, die in Gebieten der Zone B stationiert ist, sorgt hier im Normalfall für die Wahrung der öffentlichen Ordnung und übt die Alltagsfunktionen der Polizei aus. Die israelischen Sicherheitskräfte sind zwar abgezogen, sie behalten aber gleichzeitig die Gesamtverantwortung, d.h. sie können jederzeit eingreifen, wenn sie die Sicherheit der israelischen Staatsbürger und Siedler bedroht sehen. Zone B besteht aus den nicht zu Zone A gehörenden Städten und Dörfern sowie aus landwirtschaftlichen Nutzflächen und macht etwa 29% der Fläche der Westbank aus, auf der allerdings 68% der palästinensischen Bevölkerung leben.

– Zone C schließlich umfaßt unbewohnte Regionen sowie jüdische Siedlungen und Gebiete, die für Israel aus strategischen Gründen besonders wichtig sind, wie z.B. Straßen und Verbindungswege. Hier wurden keine Verantwortung in Sicherheitsfragen und nur sehr begrenzt Kompetenzen im zivilen Bereich abgegeben. Dieses Gebiet, über das Israel bis auf einige eher symbolische Ausnahmen während der Interimsphase volle Kontrolle behält, macht etwa 60% der Fläche der Westbank und 20% des Gazastreifens aus. Auch wenn hier nur wenige Palästinenser leben, hat die israelische Hoheit über das Gebiet weitreichende Auswirkungen auf die palästinensische Bevölkerung: Wasserreservoirs, Infrastruktur jeder Art und die Bewegungsfreiheit zwischen den einzelnen A- und B-Gebieten unterliegen der israelischen Entscheidungsmacht.

Zur Ausübung der Selbstverwaltungskompetenzen in den Autonomiegebieten wurde nach Abschluß des Gaza-Jericho-Abkommens im Mai 1994 die Palästinensische Autonomiebehörde gegründet; bereits Ende Juni wurde die erste Kabinettssitzung in Gaza abgehalten. Im Abkommen über die vorläufige Übertragung von Kompetenzen an die Autonomiebehörde vom 29. August 1994 wurden ihr die Bereiche Erziehung und Kultur, Gesundheits- und Sozialwesen, Tourismus, direkte Besteuerung sowie innere Ordnung und Sicherheit für die palästinensischen Bewohner der Autonomiegebiete übertragen; ein Jahr später kamen die Bereiche Arbeitsverwaltung, Gas und Öl, Handel, Industrie und Landwirtschaft, Lokalverwaltung, Versicherungs- und Postwesen und statistische Datenerfassung dazu.

Zur Durchsetzung ihrer Verantwortung für die innere Sicherheit wurde der Autonomiebehörde eine starke Polizeimacht zugeordnet. Die ersten der heute insgesamt 30000 Angehörigen der verschiedenen palästinensischen Sicherheitsdienste, die sich hauptsächlich aus ehemaligen Mitgliedern der paramilitärischen Organisationen der *PLO* rekrutieren, trafen wenige Tage nach Unterzeichnung des Gaza-Jericho-Abkommens und noch vor der Einrichtung der Autonomiebehörde in den besetzten Gebieten ein. Vor allem in der Bekämpfung des Terrorismus arbeitete die palästinensische Polizei eng mit ihrem israelischen Gegenüber zusammen. Bei größeren öffentlichen Protesten wie den Tunnelunruhen im Herbst 1996 und vor allem der *Al-Aqsa-Intifada* seit Herbst 2000 kam es aber auch vor, daß sich palästinensische Polizeieinheiten mit der Bevölkerung gegen die israelischen Sicherheitsdienste solidarisierten.

Neben der Palästinensischen Autonomiebehörde und der Polizei existiert seit Anfang 1996 der Palästinensische Legislativrat, ein direkt von der palästinensischen Bevölkerung im Gazastreifen, der Westbank und Ostjerusalem gewähltes „Parlament". (Das Wahlverfahren in Ostjerusalem weist allerdings einige Besonderheiten auf, da Israel keine Zugehörigkeit des Stadtteils zu den Autonomiegebieten implizieren wollte.) Mit der Wahl des Legislativrats – bei der gleichzeitig Arafat als Vorsitzender der Autonomiebehörde bestätigt wurde – wurde die israelische Zivilverwaltung für die besetzten Gebiete aufgelöst.

Besonderes Anliegen der Palästinenser während der Interimsphase war es, Verbindungen zwischen den einzelnen Autonomiegebieten und unabhängige internationale Kommunikationswege zu erhalten.

Da sich Israel die alleinige Verantwortung für die äußere Sicherheit und die Außenpolitik vorbehalten hatte und zudem in der Eröffnung einer Transitpassage zwischen dem Gazastreifen und der Westbank eine Gefahr für die israelische Sicherheit sah, wurden in diesen Bereichen wenig Fortschritte erzielt. Für die Grenzübergänge nach Ägypten (Rafah) und Jordanien (Allenby Brücke)

Eine palästinensische Frau in Hebron versucht trotz des von der israelischen Armee verhängten Ausgehverbots zu ihrem Haus zu gelangen. Foto: André Brutmann, 1. 5. 1997

wurde eine eher kosmetische Kompromißlösung gefunden, die ein- und ausreisenden Palästinensern das Gefühl geben sollte, nicht von israelischen Beamten schikaniert zu werden: Israel behielt sich zwar die letzte Entscheidung über Sicherheit und Einreisende vor, Bewohner der Autonomiegebiete wurden aber im normalen Grenzverkehr von palästinensischen Beamten kontrolliert. Nach langen Verhandlungen wurde Ende 1998 ein internationaler Flughafen im Gazastreifen eröffnet, wobei auch dieser letztlich der Kontrolle Israels untersteht. Verhandlungen über die Eröffnung eines Hafens im Gazastreifen und über die Eröffnung eines sicheren Transitwegs führten dagegen zu keinem Ergebnis.

Neben der Einrichtung einer territorial, personal und funktional begrenzten Selbstverwaltung sollte die Interimsphase der Vertrauensbildung zwischen den beiden Seiten dienen. Zu diesem Zweck verpflichtete sich Israel in fast jedem Abkommen dazu, palästinensische Gefangene freizulassen oder sie in palästinensische Strafanstalten zu verlegen. Einige dieser Versprechungen wurden auch in die Tat umgesetzt, allerdings bei weitem nicht in vollem Umfang, so daß die Freilassung von Gefangenen noch heute auf der politischen Tagesordnung steht.

Von den Palästinensern wurde vor allem die Zusammenarbeit in der Bekämpfung extremistischer Gruppen und die Änderung der *PLO*-Charta erwartet. Bei der Bekämpfung terroristischer Gruppen, vor allem des *Islamischen Djihad* und des militärischen Arms der *Hamas*, gab sich die Autonomiebehörde – vor dem Ausbruch der al-Aqsa-Intifada – größte Mühe, israelische und internationale Erwartungen zu erfüllen. Nach Anschlägen auf israelische Einrichtungen wurden daher regelmäßig Hunderte von Anhängern dieser Gruppen festgenommen und von eigens eingerichteten – von Menschenrechtsorganisationen immer wieder angeprangerten – palästinensischen Militärgerichten verurteilt. Trotzdem gelang es weder den palästinensischen noch den israelischen Sicherheitskräften, alle Anschläge zu verhindern.

Auch die Frage der Artikel in der *PLO*-Charta, die zur Vernichtung Israels aufrufen, blieb lange ungeklärt. Zwar erklärte Arafat diese Passagen für ungültig, und der Palästinensische Nationalrat bestätigte diese Änderung während einer Sitzung im April 1996. Eine schriftliche Änderung der Charta wurde aber erst Ende des Jahres 1998 formell verabschiedet.

4. Verhandlungen über den endgültigen Status

Unabhängig von den Arrangements, die für die Interimsphase getroffen wurden, hatte die Prinzipienerklärung von 1993 vorgesehen, Verhandlungen für einen permanenten Friedensvertrag zu führen; ein Ziel, das auch in allen Folgeabkommen betont wurde. Verhandlungspartner für Israel war die *PLO*, nicht die Palästinensische Autonomiebehörde, da diese Institution keine Kompetenzen für internationale Verhandlungen besaß und außerdem als Bestandteil der Interimsphase eingerichtet worden war, die Interimsphase aber keinerlei Implikationen für die Endstatusverhandlungen haben sollte.

Offiziell wurden die Gespräche – termingemäß spätestens zwei Jahre nach Beginn der Interimsphase – am 5. Mai 1996 in Taba noch unter dem israelischen Ministerpräsidenten Peres eröffnet. Doch zu tatsächlichen Verhandlungen kam es – auch infolge des

Regierungswechsels in Israel, der Benjamin Netanjahu an die Macht brachte – zunächst nicht. Ein erstes offizielles Treffen zwischen Arafat und Netanjahu fand erst Anfang September 1996 statt, doch ihre Bemühungen um die Wiederaufnahme der Verhandlungen wurden durch die Tunnelaffäre und die darauf folgenden öffentlichen Unruhen schnell wieder zum Scheitern gebracht. In einer dem Hebron-Protokoll vom Januar 1997 angehängten *US Note for the Record* einigten sich die Parteien auf den Beginn der Verhandlungen im März desselben Jahres. Doch im März lehnte die Autonomiebehörde einige israelische Vorschläge als unzumutbar ab, und Terroranschläge palästinensischer Extremisten führten abermals zum Abbruch der Kontakte. Auch die Bemühungen der Europäischen Union und der USA konnten in den folgenden Monaten die Parteien nicht zur Wiederaufnahme der Endstatusgespräche bewegen. Erst das Wye-River-Abkommen vom Oktober 1998 enthielt die Zusage, unverzüglich mit den Verhandlungen über den endgültigen Status fortzufahren. Doch auch dieser Zusage folgte nicht mehr als ein Treffen zwischen dem israelischen Außenminister Ariel Sharon und dem Chefunterhändler der *PLO*, Mahmoud Abbas (Abu Mazen).

Neue Verhandlungen gab es erst nach einem erneuten Regierungswechsel in Israel unter Premierminister Ehud Barak. Das Sharm-el-Sheikh-Memorandum (4. September 1999) legte den Beginn der Endstatusverhandlungen auf den 13. September 1999 fest und setzte den Parteien den Abschluß eines umfassenden Vertrags innerhalb eines Jahres zum Ziel. Pünktlich am 13. September eröffneten der israelische Außenminister David Levy und Abu Mazen die Verhandlungen; diese fuhren sich jedoch schnell in einem Streit über die Tagesordnung fest. Erst zwei Monate später, am 15. November 1999, konnte dieses Hindernis aus dem Weg geräumt werden. Die Parteien einigten sich auf eine Tagesordnung, die elf Punkte umfaßte: Grenzen; Jerusalem; Siedlungen; Sicherheitsarrangements; Militärstützpunkte; Israelis, die unter palästinensischer Hoheit leben; palästinensische Außenbeziehungen; Flüchtlinge; archäologische Funde; Wasserrechte; Eigentumsrechte an Wasser- und Entsorgungsnetzwerken. Auf dieser Basis konnte am 21. März 2000 eine erste Verhandlungsrunde auf einem amerikanischen Luftwaffenstützpunkt in der Nähe von Washington begonnen werden.

Die nachfolgenden Verhandlungen, die unter Ausschluß der Öffentlichkeit in Camp David stattfanden, führten im Sommer 2000 zu Kompromißvorschlägen in einigen wichtigen Bereichen. Erstmals war Israel auch zu Konzessionen in der Frage des Status von Jerusalem bereit. Letztlich scheiterten die Verhandlungen jedoch an den Fragen der Souveränität über Jerusalem und des Rückkehrrechts der palästinensischen Flüchtlinge.

Die Chancen für einen baldigen Verhandlungserfolg sanken im Herbst 2000 noch einmal drastisch: Ein Besuch Ariel Scharons auf dem Tempelberg provozierte die Palästinenser und führte zu den blutigsten Unruhen seit Ende der *Intifada*. Israel beantwortete die gewalttätigen Proteste und Angriffe auf israelische Soldaten und Siedler mit harschen Gegenmaßnahmen. Premierminister Barak verlor dennoch die Unterstützung des israelischen Parlaments und trat zurück. Neuwahlen wurden für Februar 2001 angesetzt. Ariel Scharon wurde zum neuen Premierminister gewählt. Umfragen deuten aber an, daß die Mehrheit der Israelis trotz allem eine Fortsetzung des Friedensprozesses wünscht.

a) Jerusalem

Jerusalem (arabisch: *Al-Quds*) spielt als religiöses Zentrum des Judentums, des Christentums und des Islams seit jeher eine besondere Rolle, nicht nur für die beiden Konfliktparteien, die die Stadt als Hauptstadt reklamieren, sondern auch für die gesamte internationale Gemeinschaft. Als die Vereinten Nationen 1947 die sogenannte Teilungsresolution verabschiedeten, war daher geplant, Jerusalem als *corpus separatum* einen besonderen völkerrechtlichen Status zuzuerkennen und die Stadt unter internationale Kontrolle zu stellen. Diese Position wird bis heute von einem Großteil der internationalen Gemeinschaft vertreten und wurde beispielsweise erst Ende 1999 durch die Europäische Union erneut zum Ausdruck gebracht.

Bereits der erste arabisch-israelische Krieg 1948/49 schuf jedoch andere Fakten: Der Westteil der Stadt wurde von israelischen Truppen besetzt, im Februar 1949 von der israelischen Regierung annektiert und im Dezember zur Hauptstadt erklärt; der Ostteil, zu dem die Altstadt mit sämtlichen Heiligtümern gehört, wurde von Jordanien besetzt und ebenfalls annektiert. Diese von der

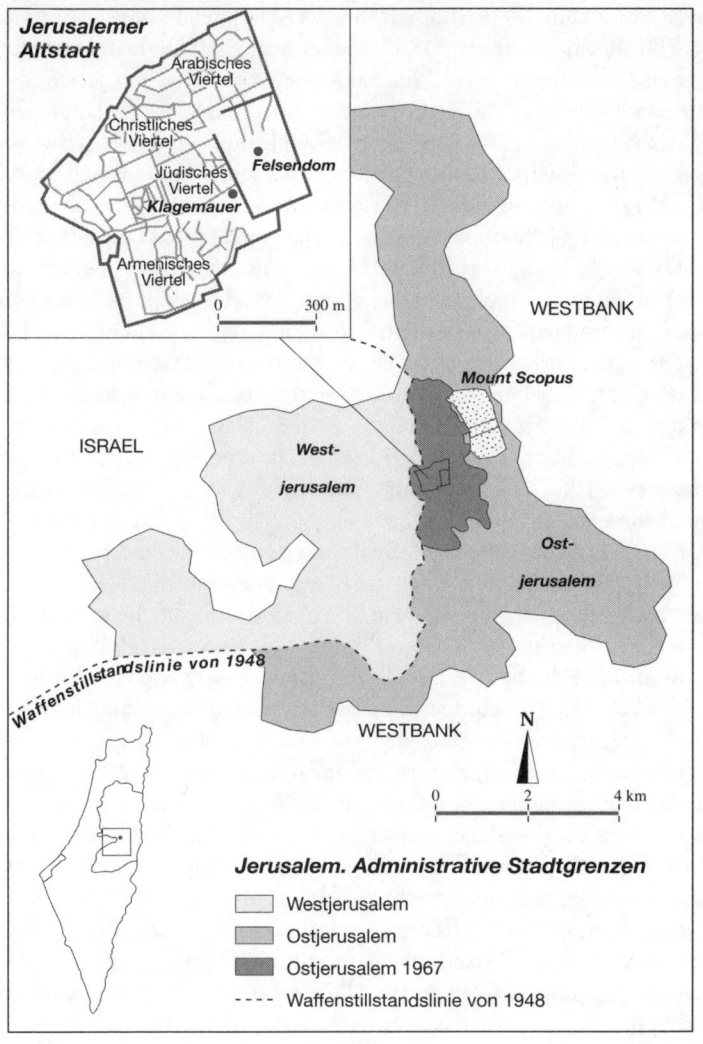

Jerusalemer Altstadt

Arabisches Viertel

Christliches Viertel

Jüdisches Viertel

Klagemauer

Armenisches Viertel

Felsendom

0   300 m

WESTBANK

ISRAEL

West-jerusalem

Mount Scopus

Ost-jerusalem

Waffenstillstandslinie von 1948

WESTBANK

N

0   2   4 km

Jerusalem. Administrative Stadtgrenzen

Westjerusalem

Ostjerusalem

Ostjerusalem 1967

- - - - Waffenstillstandslinie von 1948

internationalen Gemeinschaft nie akzeptierte Teilung der Stadt wurde durch den Krieg 1967 wieder aufgehoben: Israel besetzte neben Gazastreifen und Westbank auch Ostjerusalem, erweiterte die Stadtgrenzen erheblich und annektierte den Ostteil zunächst faktisch (durch die Ausdehnung des Geltungsbereichs israelischen Rechts und israelischer Jurisdiktion 1967), schließlich formell (durch die Verabschiedung des „Jerusalem-Gesetzes" 1981). Seitdem betrachtet Israel Jerusalem als seine „ewige, ungeteilte Hauptstadt".

Dieser Anspruch kollidiert frontal mit dem palästinensischen Ziel, einen unabhängigen Staat zu gründen, der ebenfalls Jerusalem oder zumindest Ostjerusalem zur Hauptstadt erhalten soll. Die Palästinenser können sich zwar auf zahlreiche Entschlüsse der Vereinten Nationen berufen, die allesamt unilaterale Veränderungen im Status von Jerusalem verurteilen. Dennoch ist ihre Verhandlungsposition in dieser Frage relativ schwach, da die israelische Regierung seit 1967 entscheidende Tatsachen wie die Bevölkerungsstruktur Ostjerusalems und die Siedlungsmuster durch eine Vielzahl von administrativen Maßnahmen bewußt verändert hat.

Wies Ostjerusalem Anfang der 70er Jahre noch eine klare palästinensische Bevölkerungsmehrheit von fast 10:1 auf, bewirkten die israelische Siedlungspolitik und Baurestriktionen für Palästinenser, daß um 1993 die beiden Bevölkerungsteile etwa gleich groß waren. Die israelischen Siedlungen sind zudem strategisch so angelegt, daß sie Ringe um den Ostteil bilden, die mittels eigener Straßensysteme direkt an die Stadt angeschlossen sind, die palästinensischen Gebiete der Westbank aber von ihr trennen. Während der Interimsphase bemühte sich die Palästinensische Autonomiebehörde um einen Stopp der Siedlungsaktivitäten in diesem Raum, allerdings mit wenig Erfolg, wie die Errichtung der neuen Siedlung Har Homa zeigt, die einen der Siedlungsgürtel um die Stadt schließt. Da diese Bemühungen scheiterten, versuchte die Autonomiebehörde ihrerseits, den palästinensischen Bevölkerungsanteil zu erhöhen, indem sie nicht genehmigte palästinensische Bauvorhaben unterstützte.

Die Jerusalemfrage ist eines der symbol- und konfliktträchtigsten Themen der Endstatusverhandlungen, von deren Lösung die Durchsetzbarkeit eines permanenten Friedensvertrags zwischen Israelis und Palästinensern abhängen wird. Da es sich um eine größtenteils symbolische Frage handelt, ist zu hoffen, daß auch symbolische Lösungen gefunden werden können.

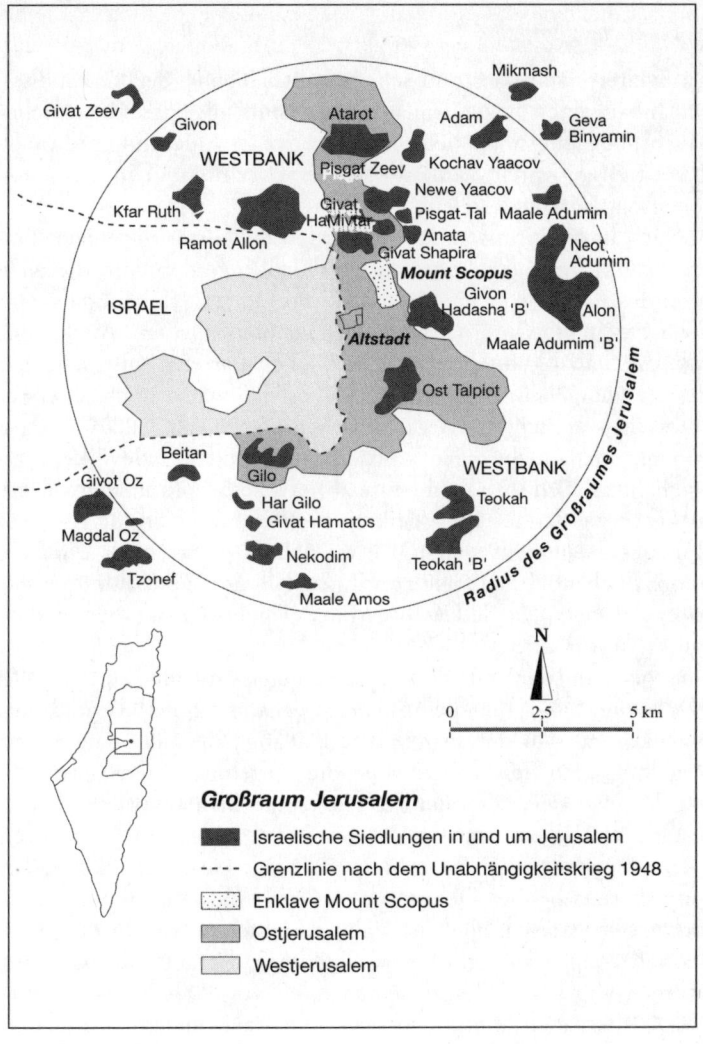

Mikmash

Givat Zeev

Givon

Atarot

Adam

Geva
Binyamin

WESTBANK

Pisgat Zeev

Kochav Yaacov

Kfar Ruth

Givat
HaMivtar

Newe Yaacov

Ramot Allon

Pisgat-Tal

Maale Adumim

Anata

Neot
Adumim

Givat Shapira

Mount Scopus

ISRAEL

Givon
Hadasha 'B'

Alon

Altstadt

Maale Adumim 'B'

Ost Talpiot

Beitan

WESTBANK

Givot Oz

Gilo

Har Gilo

Teokah

Magdal Oz

Givat Hamatos

Nekodim

Teokah 'B'

Tzonef

Maale Amos

Radius des Großraumes Jerusalem

N

0   2,5   5 km

Großraum Jerusalem

███ Israelische Siedlungen in und um Jerusalem

---- Grenzlinie nach dem Unabhängigkeitskrieg 1948

▒ Enklave Mount Scopus

▓ Ostjerusalem

░ Westjerusalem

b) Flüchtlinge

Ein weiteres zentrales und sehr brisantes Thema der Verhandlungen über einen endgültigen Status sind die palästinensischen Flüchtlinge, die noch heute in zahlreichen Flüchtlingscamps im Gazastreifen, in der Westbank, in Israel selbst und in den arabischen Nachbarländern leben.

Nach internationalem Recht werden dabei nur diejenigen Personen und ihre Nachkommen als Flüchtlinge definiert, die während des Kriegs von 1948/49 aus ihren Dörfern flohen, da sie bei ihrer Flucht eine internationale Grenze überschritten. Auch wenn sich die Statistiken der unterschiedlichen Parteien unterscheiden, besteht weitgehender Konsens darüber, daß während dieses ersten arabisch-israëlischen Kriegs zwischen 750000 und 800000 Palästinenser zu Flüchtlingen wurden. Aufgrund des Bevölkerungswachstums wird ihre Zahl heute auf etwa 3,5 Millionen geschätzt. Dagegen werden die Personen, die während der Kämpfe von 1967 flohen – es handelt sich um etwa 350000 – meist als *displaced persons* behandelt, da viele von ihnen von der Westbank über den Jordan flohen – beide Ufer des Flusses gehörten zu diesem Zeitpunkt zu Jordanien.

Gegenstand der Endstatusverhandlungen sind nur die „1948/49er Flüchtlinge", da für die *displaced persons* von 1967 und ihre Nachkommen in der Prinzipienerklärung von 1993 eine andere Regelung getroffen wurde. Für die Regelung ihrer Ansprüche wurde ein Vierparteienkomitee eingesetzt, dem ägyptische, jordanische, israelische und palästinensische Delegierte angehören. Dieses Komitee begann im März 1995 mit Gesprächen, die allerdings bereits bei der Definition von rückkehrberechtigten *displaced persons* stecken blieben: Während Israel nur für die direkt vor Kampfhandlungen geflohenen Personen Verantwortung übernehmen will und daher auf einen Kreis von 200000 bis maximal 250000 Personen kommt, schließen die Palästinenser alle diejenigen ein, die zum fraglichen Zeitpunkt ihre Heimat verließen, ebenso wie deren Kinder und Ehegatten, und kommen so auf eine Zahl von etwa 700000.

Auch die palästinensischen Flüchtlinge von 1948/49, die in der Westbank oder dem Gazastreifen leben – ca. 1,2 Millionen Personen, von denen im Gazastreifen über die Hälfte, in der Westbank

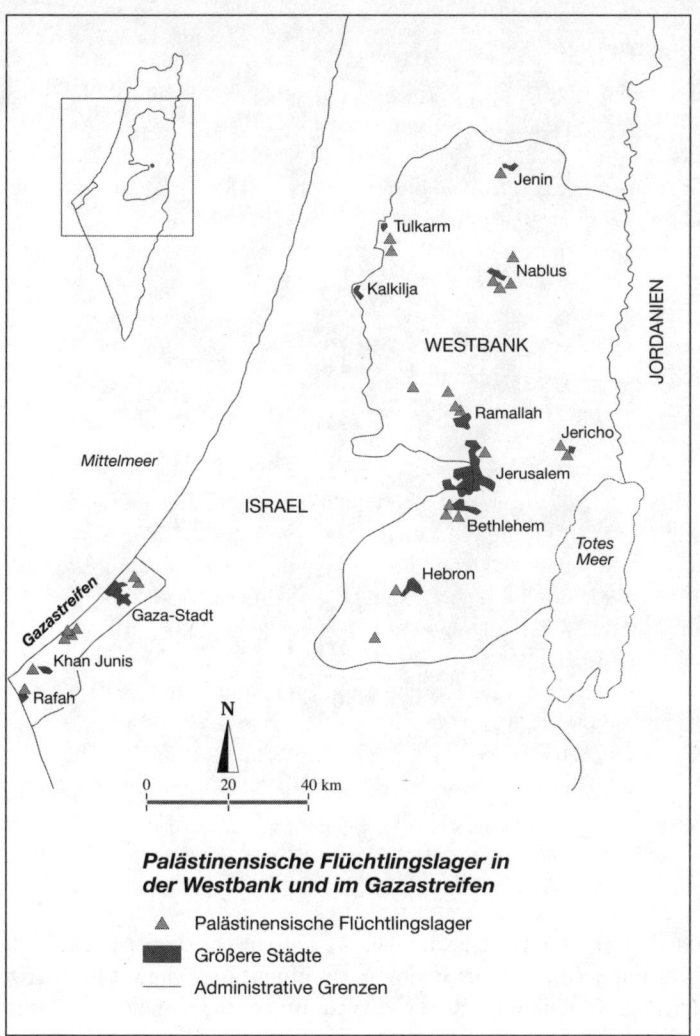

Palästinensische Flüchtlingslager in der Westbank und im Gazastreifen

▲ Palästinensische Flüchtlingslager

■ Größere Städte

— Administrative Grenzen

*Kinder spielen in den Gassen von Jaballiyah,
einem Flüchtlingslager im Gazastreifen. Foto: Rainer Unkel,
SV-Bilderdienst, 1. 1. 1999*

ein Viertel noch in Lagern leben –, werden seit dem Abschluß der Prinzipienerklärung nicht mehr als Flüchtlinge definiert. Worum sich die Parteien in den Verhandlungen für einen endgültigen Status also streiten, sind die Rechte der verbliebenen palästinensischen Flüchtlinge in den arabischen Nachbarländern. Diese leben vor allem in Jordanien (etwa 1,8 Millionen, nach einer US-amerikanischen Datenerhebung von 1996), im Libanon (knapp 400 000) und in Syrien (ca. 350 000).

Zur Debatte steht, wer die Verantwortung für die Flüchtlinge trägt und ob und inwiefern sie ein Recht auf Entschädigung und/

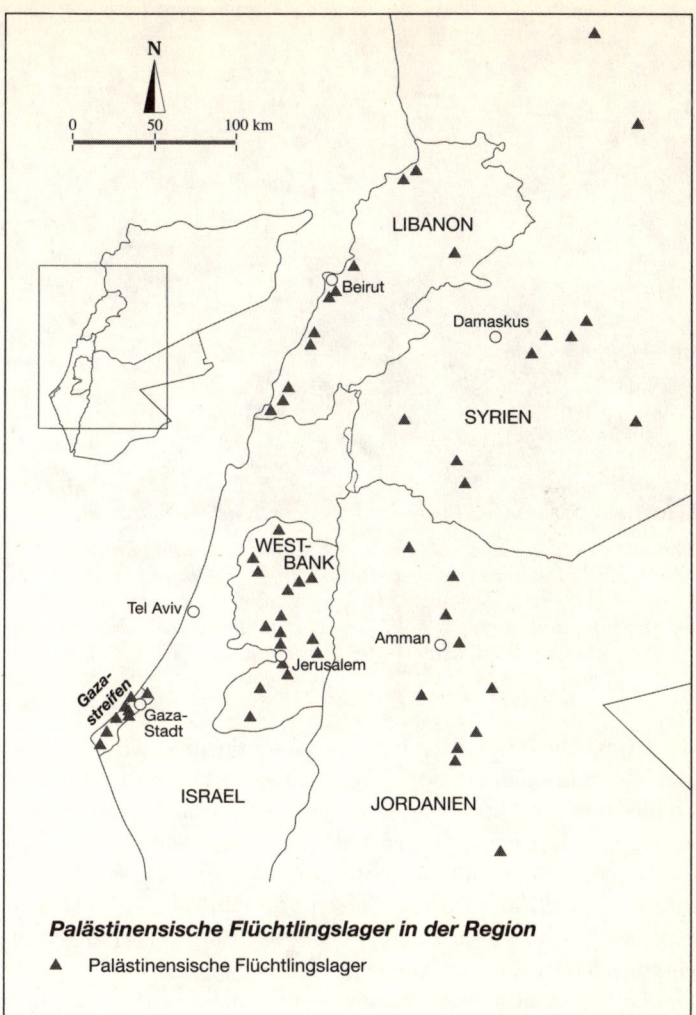

Palästinensische Flüchtlingslager in der Region

▲   Palästinensische Flüchtlingslager

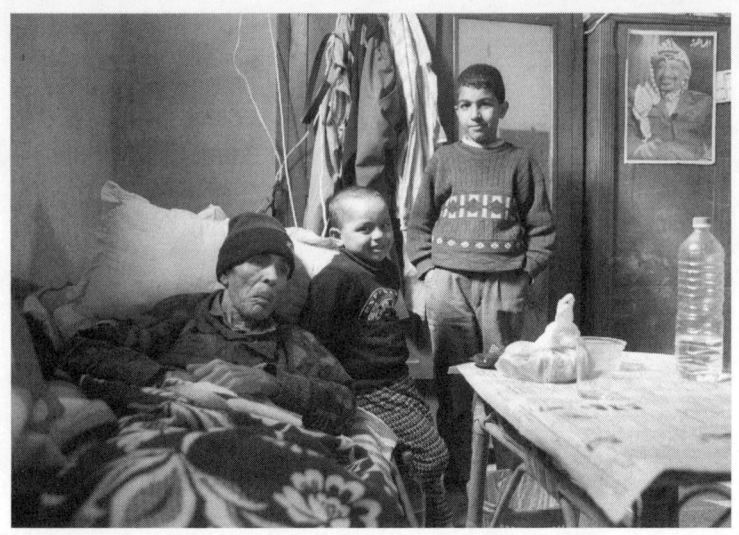

Der an Asthma leidende Mohamed Al Natoor mit seinen Enkelkindern Sa'ed und Mohamed in seiner Unterkunft im Flüchtlingslager Rafah im Gazastreifen. Mohamed Al Natoor bedarf stationärer ärztlicher Versorgung und wartet darauf, daß ein Platz im Krankenhaus für ihn frei wird. Foto: André Brutmann, 24. 2. 2000

oder Rückkehr in die Heimat haben. Die Position der internationalen Gemeinschaft ist eindeutig: Bereits im Dezember 1948 verabschiedeten die Vereinten Nationen die Resolution 194 (III), die das Recht auf Rückkehr der Flüchtlinge anerkannte und daher eine Repatriierung und Entschädigung der Betroffenen forderte. An dieser Position wird theoretisch von den meisten Staaten bis heute festgehalten, wenn auch viele in der Praxis die Notwendigkeit eines Kompromisses akzeptiert haben.

Die Palästinenser berufen sich naturgemäß auf die Resolution 194 zur Unterstützung ihres Arguments, Israel sei für die Flüchtlinge voll verantwortlich. Palästinensische Historiker und Politiker heben hervor, daß Israel viele der arabischen Einwohner bewußt vertrieben habe und zitieren dabei als Beweis Greueltaten der israelischen Armee wie etwa das Massaker von Deir Jasin vom 9. April 1948, bei dem 245 Zivilisten ermordet wurden. Folglich, so das Argument, habe Israel die volle moralische und rechtliche Verantwortung zu tragen, müsse die Flüchtlinge entschädigen und ihnen eine Rückkehr in die Heimat erlauben.

Die israelische Regierung dagegen lehnt jede Verantwortung für die Flüchtlinge ab mit der Begründung, daß die Flucht Begleitumstand eines Krieges gewesen sei, der von der arabischen Seite mit einer Invasion begonnen wurde und für den Israel folglich nicht zur Rechenschaft gezogen werden könne. Die israelische Geschichtsschreibung hat lange Zeit hervorgehoben, daß die Massenflucht nicht absichtlich herbeigeführt worden sei und daß zudem die arabische Führung den Exodus durch Aufrufe unterstützt habe. Erst in einem aufwühlenden Historikerstreit in den 90er Jahren erkannten einige jüngere Historiker ein Element israelischer Intentionalität an. Mittlerweile ist diese Position von der israelischen Historiographie weitgehend akzeptiert.

Hinter der Ablehnung der politisch-rechtlichen Verantwortung steht natürlich das finanzielle Problem, vor das Israel durch Entschädigungsforderungen gestellt würde; Schätzungen über Entschädigungskosten reichen von 10 bis 147 Milliarden US$. Wichtiger allerdings erscheint die Sorge, daß eine Rückkehr der Palästinenser in ihre Heimatdörfer das demographische Gleichgewicht Israels durcheinanderbringen und den jüdischen Charakter des Staates gefährden könnte. Einige Palästinenser fordern daher nicht mehr ein Rückkehrrecht in israelisches Territorium, sondern in die Autonomiegebiete – eine Position, die auch für viele Israelis akzeptabel sein könnte.

c) Siedlungen, Grenzen und Wasser

Ein weiterer zentraler Punkt in den Verhandlungen für einen endgültigen Status sind die israelischen Siedlungen, die sich im Gazastreifen, der Westbank und in Ostjerusalem befinden. Die israelische Regierung hatte nach der Besetzung dieser Gebiete im Krieg von 1967 begonnen, die Ansiedlung von Israelis in den besetzten Gebieten gezielt zu unterstützen. Dabei lassen sich drei Phasen der Siedlungspolitik unterscheiden.

In den Jahren nach dem Krieg überwogen strategische Interessen beim Bau der Siedlungen: Israel rechnete mit einem erneuten Angriff durch die arabischen Nachbarstaaten und befürchtete, allein durch seine mangelnde Größe in kürzester Zeit von fremden Armeen überrannt werden zu können. Siedlungen entlang des Jordan, also an der Grenze zu Jordanien, und im Süden des Gazastreifens, an der Grenze zu Ägypten, sollten dem Land die nötige „strategische Tiefe" verleihen, d.h. diese wehrhaften Siedlungen sollten in der Lage sein, die arabischen Armeen aufzuhalten, um Israel die Zeit für eine Mobilisierung zu geben. Diese Ideen wurden vom damaligen Verteidigungsminister Yigal Allon im sogenannten Allon-Plan zusammengefaßt, der zwar nie offiziell angenommen wurde, aber dennoch als Richtlinie für die Politik galt.

Die zweite Phase der Siedlungspolitik begann mit dem Regierungswechsel 1977, der den Likud (eine konservative Sammlungspartei) an die Macht brachte. Der Likud übernahm viele Ideen der radikal-religiösen Siedlerbewegung *Gush Emunim* und formalisierte sie in dem nach seinem Autor benannten Drobles-Plan: Siedlungen sollten im ganzen Land entstehen, durch eigene Verbindungsstraßen, die von arabischen Orten aus nicht zugänglich waren, miteinander zu Blöcken verbunden werden und so die palästinensischen Bevölkerungszentren voneinander trennen. Vor allem Mitte der 80er Jahre stieg die Zahl radikaler, meist religiös motivierter Siedler, die sich im Gegensatz zu den früheren strategischen Siedlern auch in der Nähe palästinensischer Dörfer und Städte niederließen, mitunter sogar inmitten der Bevölkerungszentren, wie im Falle Hebrons. Diese Siedler sorgten wegen ihrer kompromißlosen Haltung zwar oft für Unruhen und erzielten große politische Wirkung, zahlenmäßig konnten sie aber die Erwartungen der Likud-Regierung nicht erfüllen.

Daher begann bereits während der Regierungszeit des Likud (bis 1984) eine dritte Phase der Siedlungsbewegung, bei der demographische Überlegungen im Vordergrund standen. Vor allem die Siedlungen, die in der Nähe Jerusalems gebaut wurden und mit deren Hilfe die israelische Regierung das demographische Gleichgewicht in Ostjerusalem zu ihren Gunsten verändern wollte, sollten Israelis anziehen, die sich weder als heroische Vorkämpfer des israelischen Militärs sahen noch religiösen Eifer besaßen, sondern für die Preis- und Komfortkriterien Priorität hatten. Günstige Kredite und Steuererleichterungen sowie der Bau von Schnellstraßen, die die Siedlungen direkt mit der Metropole verbanden, zogen Tausende von gemäßigten Israelis in die arabischen Gebiete und das annektierte und erweiterte Ostjerusalem.

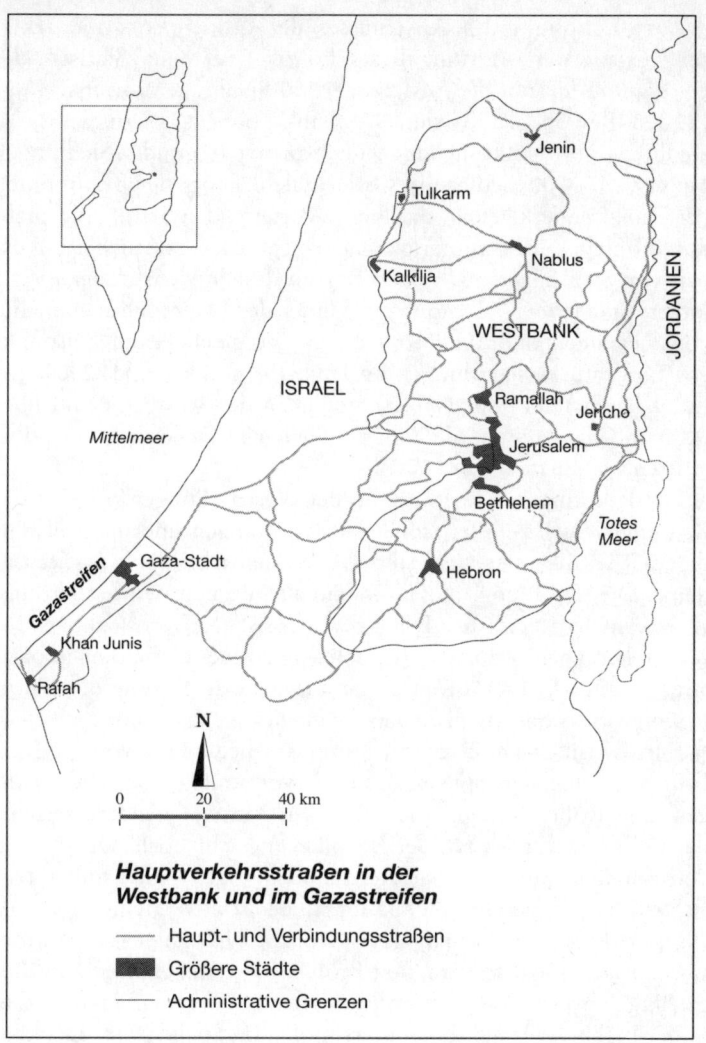

**Hauptverkehrsstraßen in der
Westbank und im Gazastreifen**

— Haupt- und Verbindungsstraßen

▬ Größere Städte

— Administrative Grenzen

Zum Zeitpunkt des Abschlusses der Osloer Prinzipienerklärung existierten aufgrund dieser Politik (laut einer Statistik der *Foundation for Middle East Peace*) 150 Siedlungen mit insgesamt 120 000 Bewohnern in der Westbank (ohne Ostjerusalem), 16 Siedlungen mit 4500 Personen im Gazastreifen und 9 Siedlungen mit etwa 160 000 Siedlern in Ostjerusalem. Trotz der Bestimmung der Prinzipienerklärung, daß beide Parteien den Status quo nicht durch unilaterale Aktionen verändern sollten, setzte sich der Ausbau von Siedlungen auch nach Beginn des Friedensprozesses fast unvermindert fort – demonstrativ unter der Regierung Netanjahu, etwas versteckter unter Rabin, Peres und Barak. Zum Zeitpunkt der Endstatusverhandlungen im Frühjahr und Sommer 2000 lebten daher bereits über 170 000 Siedler in der Westbank und über 6000 im Gazastreifen; die Zahl der Siedler in Ostjerusalem ist umstritten, sie dürfte bei 180 000 liegen.

Die Palästinenser verfolgen in den Verhandlungen offiziell das Ziel einer Aufgabe aller israelischer Siedlungen und der vollständigen Rückgabe der besetzten Gebiete einschließlich Ostjerusalems. Die Erfüllung dieser Maximalforderung wird allerdings nicht ernsthaft erwartet. Die palästinensischen Verhandlungsführer streben aber zumindest die Schaffung eines einheitlichen palästinensischen Gebiets an, was vor allem die Auflösung der *Gush-Emunim*-Siedlungen voraussetzen würde.

Für die israelische Regierung sind die Siedlungen von größtem Interesse. Einerseits spielen nach wie vor strategische Überlegungen eine Rolle (weniger die religiösen Motive). Andererseits ist der politische Druck aus der Bevölkerung sehr hoch. Gerade von den religiös motivierten Siedlern sind heftige – auch militante – Proteste zu erwarten. Während diese relativ kleine, radikale Gruppe in der Gesellschaft wenig Rückhalt hat und es daher unter Umständen möglich wäre, den Protest zu ersticken, kann die Regierung schwerlich die vielen hunderttausend gemäßigten Siedler in der Nähe der israelischen Metropolen im Stich lassen. Denkbar erscheint daher ein Kompromiß, der die Annexion der großen Siedlungsgebiete nahe der Grenze und die Aufgabe der kleineren, verstreuten und radikaleren Siedlungen beinhalten würde.

Von der Lösung des Siedlungsproblems hängt das grundsätzlichere Problem der Grenzziehung ab. Erklärtes Ziel der Palästinenser ist die Gründung eines souveränen palästinensischen Staates – ein

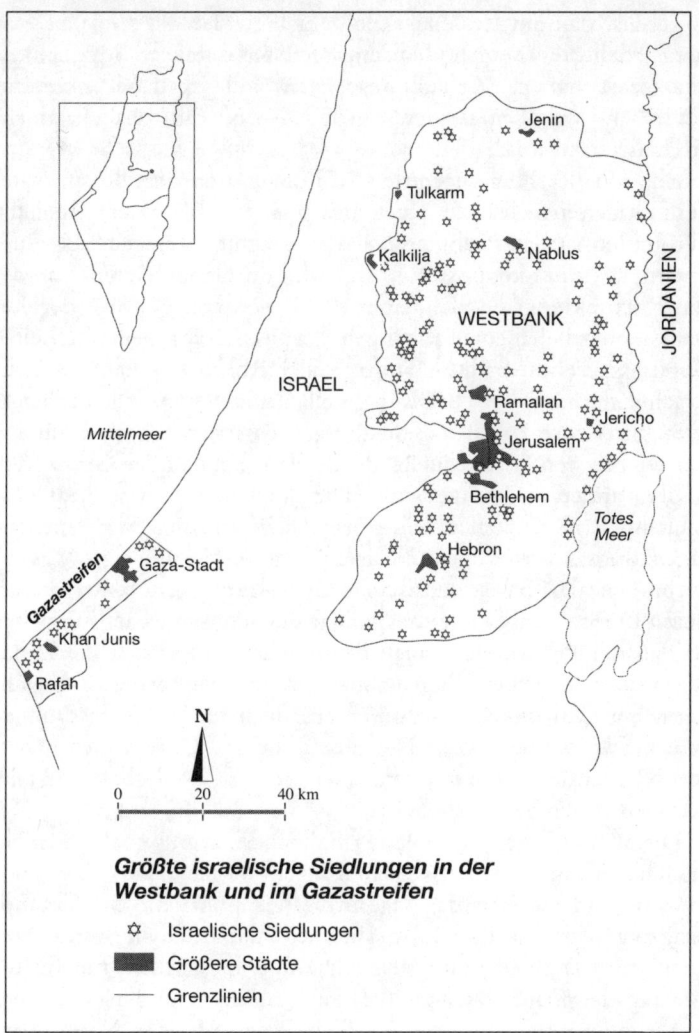

Größte israelische Siedlungen in der Westbank und im Gazastreifen

✡ Israelische Siedlungen

▬ Größere Städte

— Grenzlinien

Ergebnis, das mittlerweile viele gemäßigte Israelis und anscheinend auch der ehemalige Premierminister Barak als Möglichkeit akzeptiert haben. Verhandlungsgegenstand ist daher eher das „Wie" und vor allem das „Wie groß" als das „Ob" des palästinensischen Staatsgebildes.

Eng mit der Frage nach den Siedlungen und dem Ausmaß des endgültigen israelischen Rückzugs aus den besetzten Gebieten verbunden ist das Problem der Wasserrechte. Wasser ist eine der wichtigsten und knappsten Ressourcen im Nahen Osten, von der die Entwicklungsmöglichkeiten der Bevölkerung sowie der Lebensstandard elementar abhängen. Da Wasser von der israelischen Regierung schon früh als strategischer Rohstoff erkannt wurde, brachte sie nach 1967 bewußt Quellen und Verteilungsmechanismen unter ihre Kontrolle; Siedlungen entstanden gezielt entlang der wichtigsten Wasserquelle, des Jordan, um den See Genezareth und in anderen Quellgebieten. Die Wasserversorgung liegt ausschließlich in der Hand einer israelischen Firma. Während der Besatzungszeit schränkte die israelische Regierung den Wasserverbrauch der palästinensischen Bevölkerung ein bzw. behielt deren Quoten ungeachtet des hohen Bevölkerungswachstums bei, so daß der Prokopfverbrauch deutlich sank und auch die Landwirtschaft mit erheblichen Problemen konfrontiert war. Gleichzeitig wurden die Wasserquoten für die israelischen Siedlungen sehr großzügig berechnet. Der offensichtliche Unterschied nährte viele Ressentiments in der palästinensischen Gesellschaft und trug zum Ausbruch der *Intifada* bei.

Die Wasserfrage, die in der Prinzipienerklärung noch gar nicht als Thema der Endstatusverhandlungen definiert war, aber Ende 1999 mit auf die Liste der Tagesordnungspunkte für die Verhandlungen gesetzt wurde, gehört sicherlich zu den schwierigsten Aufgaben für die Verhandlungspartner. Dabei ist sie nicht nur für die Lösung des Konflikts zwischen Palästinensern und Israelis zentral, sondern auch für eine friedliche Beilegung des Nahostkonflikts insgesamt. So sind beispielsweise die Golanhöhen, um deren Rückgabe es bei den Verhandlungen mit Syrien geht, nicht nur strategisch interessant, sondern vor allem deshalb, weil auf dem Golan die Quellflüsse des Jordan entspringen und weil eine vollständige Rückgabe der Anhöhen für die Syrer einen direkten Zugang zum See Genezareth bedeuten würde.

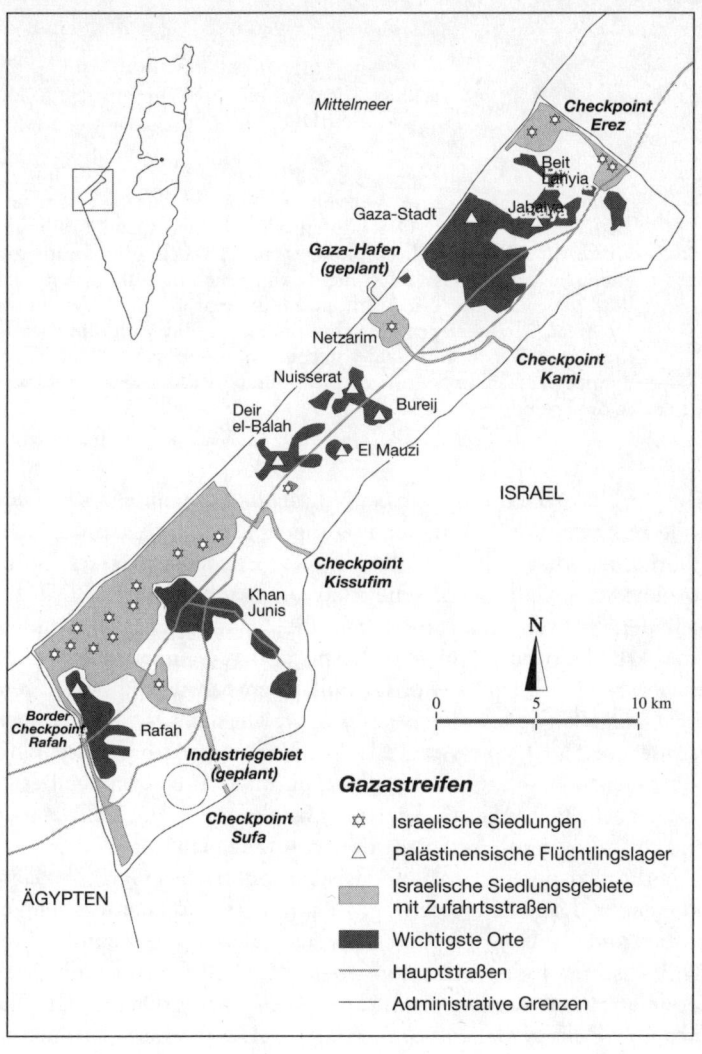

Mittelmeer

Checkpoint Erez

Beit Lahyia

Gaza-Stadt

Jabalya

Gaza-Hafen (geplant)

Netzarim

Checkpoint Kami

Nuisserat

Bureij

Deir el-Balah

El Maazi

ISRAEL

Checkpoint Kissufim

Khan Junis

N

0   5   10 km

Border Checkpoint Rafah

Rafah

Industriegebiet (geplant)

Checkpoint Sufa

ÄGYPTEN

Gazastreifen

✡ Israelische Siedlungen

△ Palästinensische Flüchtlingslager

▨ Israelische Siedlungsgebiete mit Zufahrtsstraßen

▩ Wichtigste Orte

— Hauptstraßen

— Administrative Grenzen

IV. Politik

„Alle zur Leitung einer Verwaltungsbehörde Ausersehenen sind
anzuweisen, mit den Geschöpfen des erhabenen und mächtigen
Gottes gütig zu verfahren, außer den gesetzmäßig zu beanspru-
chenden Vermögenswerten nichts wegzunehmen; sie sollen auch
diese Abgaben nur mit Milde und Güte einfordern. ... Wenn ein
Untertan wirtschaftlich zurückgeblieben ist und Vieh und Saatgut
braucht, soll man ihm Geld vorschießen und ihn unbelastet lassen,
damit er auf seiner Scholle bleibe und nicht aus seiner Heimat weg
in die Fremde wandere."

Nizāmulmulk (Das Buch der Staatskunst Siyāsatnamā)

Mit der Unterzeichnung des Gaza-Jericho-Abkommens 1994 veränderten sich die Rahmenbedingungen für die palästinensische
Politik grundlegend: Vor Beginn des Friedensprozesses beanspruchte die Palästinensische Befreiungsorganisation *PLO* für
sich den Vertretungsanspruch für die Palästinenser und bildete
eine Art „Regierung" in der Diaspora, deren Führungsanspruch
einer formellen Legitimationsgrundlage entbehrte und bei weitem
nicht von allen Seiten akzeptiert wurde. Mit den Osloer Verträgen
wurde die *PLO* von Israel als Verhandlungspartner akzeptiert,
kehrte in die besetzten Gebiete zurück und wurde von der Besatzungsmacht autorisiert, Regierungsfunktionen zu übernehmen
und regierungsähnliche Institutionen aufzubauen.

Seither existiert ein palästinensisches politisches Gemeinwesen,
das von Widersprüchen geprägt ist und dessen Wesen nur schwer
zu bestimmen ist. Dazu trägt bei, daß neben der neu eingerichteten Palästinensischen Autonomiebehörde auch die *PLO* mit ihren
Gremien weiter existiert und Funktionen ausübt. Da zudem viele
führende Politiker, allen voran Arafat, verschiedene Positionen in
Personalunion übernommen haben, ist eine klare Abgrenzung der
Institutionen und Kompetenzen nicht immer möglich. Hinzu
kommt, daß im Mai 1999 die Interimsphase offiziell auslief (sie
war in den Verträgen strikt auf fünf Jahre begrenzt gewesen), ohne
daß eine Einigung über den endgültigen Status getroffen oder die
Interimsphase offiziell verlängert worden wäre. Die palästinensi-

schen Autonomiebehörden arbeiten daher seit dem Frühjahr 1999 ohne rechtliche Grundlage.

Ein weiterer unklarer Aspekt ist die Frage, ob „Palästina" als Staat existiert oder nicht. Bereits 1988 hatte der Palästinensische Nationalrat, das „Exilparlament" der *PLO*, die Ausrufung eines palästinensischen Staates beschlossen, und Arafat als Vorsitzender der *PLO* hatte diesen Beschluß in die Tat umgesetzt. Tatsächlich wurde der „Staat" von über 120 Staaten anerkannt und verfügt heute neben den symbolischen Attributen der Fahne, einer Hymne, der palästinensischen Briefmarken, Nummernschilder und Reisepässe auch über mehr funktionierende Institutionen als manch anderes als Staat geltendes Gebilde. Dennoch scheint die palästinensische Führung selbst sich nicht als Regierung eines Staates zu begreifen: Zumindest hatte Arafat lange Zeit die (erneute) Ausrufung eines palästinensischen Staates bei Ablauf der Interimsphase angekündigt, von diesem Vorhaben aus politischen Gründen aber dann doch Abstand genommen.

1. Yassir Arafat, der *Ra'ees*

Yassir Arafat, der Mann mit dem „nom de guerre" Abu Ammar, spielt die zentrale Rolle im palästinensischen politischen System – so zentral, daß bereits der Ausspruch die Runde machte *L'Etat, c'est Arafat.* Offiziell trägt Arafat den Titel *Ra'ees.* Dieser Titel bezeichnet Arafats Führungsposition in der Autonomiebehörde und wurde während der Friedensverhandlungen als Kompromißlösung gewählt, da der arabische Begriff sich gleichzeitig als „Vorsitzender" und als „Präsident" übersetzen läßt. Der *Ra'ees* konzentriert so viel Macht in seinen Händen, daß – den existierenden demokratischen Strukturen zum Trotz – das politische System eher als ein „patrimoniales" oder „neopatrimoniales" denn als ein wirklich demokratisches bezeichnet werden kann.

Seine Macht und seinen Einfluß stützt Arafat dabei einerseits auf sein persönliches Charisma und seine historische Führungsrolle im palästinensischen Befreiungskampf, andererseits auf seine Stellung innerhalb des komplexen palästinensischen Institutionensystems: Er vereint etwa 30 Führungsrollen in verschiedenen Organisationen und Komitees auf sich.

Arafat wurde 1929 vermutlich in Kairo geboren. 1953 schloß er sich der Palästinensischen Studentenorganisation an der Universität Kairo an; bald darauf übernahm er deren Führung. In den 50er Jahren gründete er mit einigen weiteren palästinensischen Studenten *Fatah*, deren offizieller Sprecher er 1968 wurde. Als *Fatah* zur dominanten Kraft innerhalb der 1964 gegründeten *PLO* aufstieg, wurde Arafat 1969 auch zum Vorsitzenden des Exekutivkomitees der Befreiungsorganisation gewählt und in dieser Position immer wieder bestätigt. Seit 1973 ist er außerdem Oberkommandierender der palästinensischen Streitkräfte. 1989, knapp ein Jahr nach der Ausrufung des palästinensischen Staats, wurde er vom Zentralkomitee des Nationalrats zum Präsidenten Palästinas gewählt. Auch wenn die Regierung nie formell konstituiert wurde, trägt Arafat den Titel bis heute.

Seit Beginn des Friedensprozesses kamen zu diesen Positionen weitere hinzu. So fungiert Arafat seit Einrichtung der Autonomiebehörde als deren Vorsitzender und wurde in diesem Amt durch die Wahlen in den besetzten Gebieten 1996 demokratisch legitimiert. In dieser Funktion leitet er die wichtigen *leadership meetings* und sitzt noch einigen anderen einflußreichen Gremien vor. Wichtig für seine Machtstellung ist auch die Tatsache, daß die Leiter aller Sicherheitsdienste ihm persönlich verantwortlich sind. Ein ausgedehntes System der politischen Patronage, für das politische Posten sowie Stellungen innerhalb der Sicherheitskräfte verwendet werden, festigt seine Stellung.

Einer der Gründe, warum Arafat seine Machtstellung so weit ausbauen konnte, ist die Existenz vieler Institutionen, deren Aufgaben und Kompetenzen nicht klar voneinander abgegrenzt sind. Ohne klares Mandat können diese Institutionen keine unabhängige Legitimität erlangen und müssen immer wieder auf Arafat als übergeordnete Instanz zur Beilegung ihrer Kompetenzstreitigkeiten zurückgreifen. Dieser Zustand ist kein Zufall, schließlich existiert seit Jahren der Entwurf eines verfassungsähnlichen Dokuments, das den verschiedenen Organisationen klare Aufgaben zuweisen und eine Gewaltenteilung durchsetzen würde. Die Inkraftsetzung des Dokuments würde die palästinensischen Institutionen entscheidend stärken und wegen der Bestätigung demokratischer Grundsätze und der Garantie von Bürgerrechten den internationalen Status des palästinensischen Gemeinwesens aufwerten. Verfassungsvorschriften und die Stärkung unabhängiger Institutionen würden allerdings Arafats Handlungsfreiheit einschränken. Der Entwurf wurde vom Legislativrat bereits gebilligt; er bedarf nur noch der Zustimmung des Vorsitzenden der Autonomiebehörde, Yassir Arafat.

Abseits aller internationalen Kritik und der internen Unzufriedenheit, die Machtkonzentration, mangelnde Transparenz, Nepotismus und Mißmanagement des „Systems Arafat" nach sich ziehen, stellt sich angesichts des Alters und der angeschlagenen Gesundheit Arafats die Frage der Nachfolge des *Ra'ees*. Die wichtigsten Posten, die im Falle eines Ausscheidens Arafats aus dem politischen Leben neu zu besetzen sind, sind der Vorsitz des *PLO*-Exekutivkomitees, die Führung von *Fatah* (auch wenn die Partei offiziell von einem Gremium, nicht einer Einzelperson geleitet wird) und der Vorsitz der Autonomiebehörde. Arafats Rolle als „Präsident" des „Staates Palästina" scheint dagegen eher symbolischen Wert zu haben.

Problematisch ist die Nachfolgefrage deshalb, weil das palästinensische politische System nicht eindeutig nach demokratischen Grundsätzen organisiert ist und weil Macht und Kompetenzen der einzelnen Organisationen oft nicht klar definiert sind. Ohne eine integrierende Führungspersönlichkeit vom Format Arafats könnten daher sehr leicht Machtkämpfe zwischen den Institutionen ausbrechen. Ein geeigneter Nachfolger aber fehlt den Palästinensern – eine der Folgen von Arafats jahrelanger Strategie, potentielle Konkurrenten bewußt gegeneinander auszuspielen und deren Machtbasis zu unterminieren.

2. Institutionen der Autonomiegebiete und der *PLO*

Während der Interimsphase koexistieren die politischen Institutionen der Palästinensischen Befreiungsorganisation *PLO* mit denen der Palästinensischen Autonomiebehörde *PA*. Der Autonomiebehörde wurden in den verschiedenen Umsetzungsabkommen zur Osloer Prinzipienerklärung einige Selbstverwaltungskompetenzen in den Bereichen der zivilen Verwaltung sowie der inneren Ordnung und Sicherheit übertragen. Explizit ausgenommen von den Zuständigkeiten der *PA* sind dagegen weitgehend alle Außenbeziehungen und internationalen Kontakte. Für diese Bereiche, zu denen auch die weiteren Verhandlungen mit Israel im Rahmen des Friedensprozesses gehören, bleibt daher weiterhin die *PLO* zuständig. Auch im Vertretungsanspruch unterscheiden sich die beiden Einrichtungen: Während die Autonomiebehörde lediglich die Palästinenser vertritt, die in den besetzten Gebieten leben, versteht sich die *PLO* nach wie vor als einzig legitime Vertreterin aller Palästinenser weltweit.

Im Falle der *PLO* legt das sogenannte Grundgesetz der Palästinensischen Befreiungsorganisation, ein Annex der Nationalcharta, die institutionelle Struktur der Organisation und die Funktionen und Kompetenzen der einzelnen Organe fest. Das „Parlament" der *PLO* ist der Palästinensische Nationalrat (*Palestinian National Council, PNC*). Seine etwa 600 Mitglieder vertreten nach einem bestimmten Schlüssel alle politischen Fraktionen und Organisationen der *PLO*. Das Gremium trifft grundlegende Entscheidungen wie z.B. die Verabschiedung der palästinensischen Unabhängigkeitserklärung 1988 oder Änderungen der Charta der *PLO*.

Der Nationalrat wählt die Exekutive der *PLO*, das sogenannte Exekutivkomitee, das 18 Mitglieder hat und alle politischen Tagesentscheidungen trifft. Ähnlich wie eine Regierung über Ministerien verfügt das Exekutivkomitee über eine Reihe von Abteilungen – für Erziehung, Gesundheit, Information, Militär etc. –, die sich in ihrer Arbeit auf bestimmte Sachbereiche konzentrieren. Dem Exekutivkomitee ist als beratendes Organ seit 1973 das Zentralkomitee beigeordnet, das den Nationalrat vertritt, wenn dieser nicht tagt. Der Vorsitzende des Exekutivkomitees hat eine besonders wichtige Position innerhalb der Befreiungsorganisation inne. Seit 1969 nimmt Yassir Arafat diese Rolle ein; er wurde zuletzt 1996 in Wahlen bestätigt.

Im Gegensatz zur *PLO* verfügt die Autonomiebehörde noch nicht über eine Verfassung oder ein ähnliches Dokument, in dem Aufgaben und Kompetenzen klar festgeschrieben wären. Grundlage für die Kompetenzaufteilung sind allein die Osloer Verträge, die rechtlich gesehen seit Ablauf der Interimsphase im Mai 1999 keine Gültigkeit mehr haben.

Das Parlament der Autonomiebehörde, der Palästinensische Legislativrat (*Palestinian Legislative Council, PLC*), ist laut Osloer

Verträgen dafür zuständig, Recht zu setzen und die Arbeit der Exekutive zu überprüfen. Anfang 1996 wurden die 88 Mitglieder dieses Gremiums erstmals – und bislang auch zum letzten Mal – direkt von der palästinensischen Bevölkerung des Gazastreifens, der Westbank und Ostjerusalems gewählt. Damit setzt sich der Legislativrat im Gegensatz zum Palästinensischen Nationalrat nicht nach korporatistischen, sondern nach demokratischen Grundsätzen zusammen.

Der Legislativrat, in dem auch viele unabhängige Abgeordnete und Arafat nicht genehme *Fatah*-Mitglieder vertreten sind, war bislang sehr aktiv in dem Bemühen, sein Mandat zu erfüllen. So wurden zahlreiche grundlegende Gesetzentwürfe ebenso wie eine Reihe kritischer Resolutionen über die Arbeit der Exekutive verabschiedet. Allerdings zeigte die Arbeit des Rats so gut wie keine praktische Wirkung, da alle Gesetze der Zustimmung Arafats als Präsident der Autonomiebehörde bedürfen, diese Zustimmung aber bis auf einige wenige Ausnahmen verweigert wurde. Seit Anfang 1997 wurden die Kompetenzen des Parlaments beispielsweise durch ein Mitspracherecht beim Budget zwar etwas erweitert, in den meisten Fällen regiert die Exekutive aber nach wie vor durch den Erlaß präsidentieller Dekrete.

Doch auch die Exekutive, die *Executive Authority*, die vom Präsidenten ernannt wird und vom Vertrauen des Legislativrats abhängt, erfreut sich keiner besonderen, unabhängigen Machtfülle. Neben der formellen Abhängigkeit von der Zustimmung des Präsidenten wird die Arbeitsweise des Kabinetts und der „Ministerien" durch die Einrichtung paralleler Entscheidungsstrukturen behindert. So werden wichtige Entscheidungen beispielsweise nicht in Kabinettssitzungen, sondern in sogenannten *leadership meetings* getroffen, in denen neben den Angehörigen der Exekutive auch Mitglieder des Exekutivkomitees der *PLO*, des Zentralkomitees der *Fatah*-Partei, die Leiter der verschiedenen Sicherheitsapparate, der Vorsitzende des Legislativrats und die palästinensischen Vertreter bei den Friedensverhandlungen anwesend sind.

In der Prinzipienerklärung war neben der Legislative und der politischen Ebene der Exekutive eine „starke Polizeimacht" vorgesehen, die der Herstellung der inneren Ordnung und der Bekämpfung des palästinensischen Terrorismus dienen sollte. In ihrer praktischen Umsetzung lief diese Vereinbarung darauf hinaus, daß neun verschiedene Sicherheits- und Geheimdienste mit einem Personal von insgesamt 30 000 Personen eingerichtet wurden, die allesamt der direkten Kontrolle Arafats unterstehen. Für Arafat stellte die Einrichtung dieser ausgedehnten Sicherheitsdienste eine willkommene Möglichkeit dar, vielen der „verdienten Kämpfer" aus der Diaspora eine Perspektive in den Autonomiegebieten zu bieten und sich so ihrer Loyalität zu versichern. Gleichzeitig schuf er einen Spitzel- und Repressionsapparat, der es ihm erlaubt, mit allen Mitteln gegen Gegner des Friedensprozesses und vor allem gegen islamische Fundamentalisten, aber auch gegen gewöhnliche Oppositionelle, vorzugehen. Da es kaum Kontrollmechanismen für diese vielen, oft konkurrierenden Sicherheitseinrichtungen gibt, kommt es oft zu Menschenrechtsverletzungen, ebenso wie zu Fällen der Bestechung oder der Erpressung. Exzesse der palästinensischen Polizei werden häufig von Menschenrechtsorganisationen, selten aber von der internationalen Gemeinschaft angeprangert, da man vor allem in den USA die Bekämpfung der fundamentalistischen islamischen Opposition für ein überragendes Ziel hält.

3. Das Rechtssystem

Das Recht, das in den palästinensischen Autonomiegebieten zur Anwendung kommt, besteht aus einer verwirrenden Vielzahl von Regelungen unterschiedlicher Herkunft. So bleiben Elemente des osmanischen Rechts, der britischen Mandatsgesetze, der jordanischen Gesetze in der Westbank bzw. der ägyptischen im Gazastreifen sowie die israelischen Militärverordnungen und durch die Autonomiebehörde gesetztes Recht in Anwendung.

Problematisch sind dabei nicht nur die Masse der anwendbaren Vorschriften und die daraus entstehenden Widersprüche, sondern auch die Uneinheitlichkeit des Rechtsraumes. So gelten im Gazastreifen zum Teil andere Regeln als in der Westbank. Versuche des Palästinensischen Legislativrats, eine einheitliche Rechtsordnung zu schaffen, sind bislang gescheitert – zum einen, da die Exekutive die Verabschiedung eines einheitlichen Gesetzkodex verhindert hat, zum anderen, da auch innerhalb der Autonomiegebiete der

Legislativrat beispielsweise für die C-Gebiete nur sehr eingeschränkt Recht setzen kann. Zudem hat Ostjerusalem einen gänzlich anderen Status, da Israel dieses Gebiet formell annektiert und
den Geltungsbereich seines Rechtssystems auf es ausgedehnt hat,
was aber von den Palästinensern offiziell nicht anerkannt wird.
Schließlich leben innerhalb der Autonomiegebiete zahlreiche israelische Siedler, die in den Abkommen explizit von der Jurisdiktion der palästinensischen Institutionen ausgenommen wurden,
für die daher israelisches Recht gilt und israelische Gerichte zuständig sind, auch wenn der Streitfall sich beispielsweise zwischen
einem Siedler und einem Palästinenser abspielt.

Auch das palästinensische Gerichtswesen ist komplex: Israelische Gerichte beanspruchen nach wie vor die Zuständigkeit für
Fälle, in die Siedler involviert sind oder die Fragen der Sicherheit
betreffen, wenn Israel die palästinensischen Maßnahmen für nicht
ausreichend hält. Gleichzeitig bleibt Palästinensern aber der Zugang zu den israelischen Revisionsinstanzen verwehrt. Für familiäre Angelegenheiten der Palästinenser wiederum sind meist religiöse
Gerichte zuständig, die im Falle der muslimischen Einrichtungen in
der Westbank nach wie vor der Oberhoheit Jordaniens unterstehen.
Daneben gibt es ein eigenständiges palästinensisches Gerichts-
system, das von der Autonomiebehörde eingerichtet wurde und
sich aus regulären Gerichten und Militärgerichten zusammensetzt.

Die Militärgerichtsbarkeit wurde für politische Delikte und
sicherheitsgefährdende Verbrechen Anfang 1995 von Arafat per
Dekret eingeführt, nicht zuletzt, um den Forderungen Israels und
der USA nachzukommen, wirkungsvoller gegen Terroristen und
Fundamentalisten vorzugehen. Vor allem *Hamas*-Mitglieder, aber
auch andere politische Gegner, werden vor diesen Gerichten ab-
geurteilt, oft unter Mißachtung grundlegender rechtsstaatlicher
Regeln. Der Ironie der Geschichte ist es zuzuschreiben, daß sich
die Autonomiebehörde für diese Maßnahme auf jene Notstands-
gesetzgebung aus der britischen Mandatszeit beruft, die Israel
während der Besatzung zur Einrichtung seiner Militärgerichte benutzt hatte. Auch die regulären Gerichte verrichten ihre Arbeit
nicht immer in Übereinstimmung mit Rechtsstaatsprinzipien.
Einerseits macht die geringe Bezahlung die Richter für Korrup-
tion empfänglich. Andererseits mißachtet die politische Führung
immer wieder die ergangenen Urteile. Das geschieht, indem sie

eben freigesprochene Angeklagte sofort wieder festnimmt und vor ein Militärgericht stellt, oder wenn Gerichte das Handeln der Institutionen selbst verurteilen, aber diese wiederum Urteile und Entscheidungen nicht beachten.

Die aus diesem System entstehende Rechtsunsicherheit wird von der palästinensischen politischen Führung zum Teil bewußt gefördert und zu ihren Gunsten manipuliert. Gerechtfertigt wird dieser Zustand einerseits mit dem Argument, man befinde sich in einem Übergangsprozeß, bessere und stabilere Regeln könnten erst für den permanenten Status gefunden werden. Andererseits wird argumentiert, daß den militanten Gegnern des Friedensprozesses auf keinen Fall erlaubt werde dürfe, eine friedliche Lösung des Konflikts zu verhindern, und daß daher auch ein mangelhaftes Rechtssystem und die Verletzung von Menschenrechten in Kauf genommen werden müßten.

4. Außenbeziehungen

Die Palästinenser verfügen über ein weitverzweigtes Netz bilateraler Beziehungen zu anderen Staaten und sind Mitglied oder Beobachter bei einer Reihe von internationalen Organisationen. Jedoch bleibt der Status der palästinensischen Vertretungen bis zum Abschluß der Endstatusverhandlungen unklar: Ursprünglich war es die *PLO*, die Vertretungsbüros in der ganzen Welt einrichtete. In vielen arabischen Ländern und den Staaten des ehemaligen Ostblocks wurden diese Büros wie Botschaften behandelt, in europäischen, nordamerikanischen und lateinamerikanischen Ländern dagegen bekam die *PLO* diesen diplomatischen Status nicht zugestanden, und auch bei den Vereinten Nationen wurde die *PLO* nicht als volles Mitglied geführt, sondern als Beobachter.

Diese Verbindungsbüros der *PLO*, etwa 80 an der Zahl, wandelten sich nach der Ausrufung des palästinensischen Staates durch Arafat 1988 in den meisten Fällen zu anerkannten Vertretungen „Palästinas", die in den arabischen und ehemaligen Ostblockstaaten im Normalfall den vollen diplomatischen Status von Botschaften genießen, in Europa, Nord- und Lateinamerika und in Asien dagegen als Ständige Vertretungen oder besondere Delegationen geführt werden. In den Vereinten Nationen wurde 1988 offiziell die Beobachtermission der *PLO* zum Beobachter mit dem Namen „Palästina". In Deutschland erhielt der langjährige Vertreter der *PLO*, Abdallah Frangi, den neu geschaffenen Status eines „Palästinensischen Generaldelegierten". Lediglich die USA und wenige weitere Länder erlauben nach wie vor nur Vertretungen der *PLO*.

Der Status dieser Vertretungen veränderte sich allerdings abermals, als infolge der Osloverträge von 1993 die Palästinensische Autonomiebehörde eingerichtet wurde, die explizit auf äußere Souveränität verzichtete und damit auch die Ausrufung des Staates quasi wieder rückgängig machte. So existieren die verschiedenen Botschaften und ständigen Vertretungen Palästinas zwar fort, es ist aber unklar, wen sie tatsächlich vertreten: Die Autonomiebehörde können sie laut Verträgen nicht repräsentieren, die *PLO* dem Namen nach ebenfalls nicht, und die Existenz eines Staates wird nicht einmal mehr von der palästinensischen Führung selbst angenommen.

Trotz der unklaren völkerrechtlichen Stellung des palästinensischen Gemeinwesens sind die bi- und multilateralen Beziehungen äußerst wichtig, nicht zuletzt wegen der Rolle, die die internationale Gemeinschaft und einzelne Staaten im Friedensprozeß spielen, und wegen der wirtschaftlichen Hilfe, von der die palästinensische Autonomiebehörde wesentlich abhängt.

Eine besondere Rolle im Nahostkonflikt spielen seit jeher die Vereinten Nationen: In zahlreichen Resolutionen der Generalversammlung und des Sicherheitsrates formulierte die internationale Gemeinschaft seit 1948 ihre Positionen und Lösungsvorschläge, die zum Teil bis heute die Grundlage der Friedensverhandlungen darstellen. Zu diesen grundlegenden Dokumenten zählen unter anderem die Resolutionen 191 der Generalversammlung („Teilungsresolution") sowie die Resolutionen 242 und 338 des Sicherheitsrats (Prinzip „Land für Frieden"). Oft genug wurde der Konflikt zwischen Israel und Palästina aber auch zu politischen Zwecken mißbraucht, vor allem in der Generalversammlung, in der die arabischen Länder zusammen mit den Ländern des Ostblocks und der Bewegung der Blockfreien über eine Mehrheit verfügten. Prominentes Beispiel dafür war eine Resolution, die den Zionismus als eine Form von Rassismus verurteilt. Diese und andere ähnlich polemische Entschließungen wurden durch das Veto der

USA im Sicherheitsrat zwar nie zu rechtlich verbindlichen Texten, doch litten durch sie und durch die mangelnde Durchsetzung anderer, sinnvollerer Entscheidungen das Prestige und der Einfluß der Weltorganisation, so daß die Lösung des Konflikts sich zwar auf frühe Resolutionen bezieht, aber zum Großteil auf der Ebene der bilateralen Beziehungen diskutiert wird.

Auf der bilateralen Ebene sind dabei – neben dem Verhältnis zu Israel – besonders die Beziehungen zu den arabischen Ländern, zu den USA als wichtigstem Vermittler im Friedensprozeß und zu den europäischen Staaten als umsichtige Vermittler im Hintergrund und wichtigen Wirtschaftspartnern von zentraler Bedeutung.

Das Verhältnis zu den benachbarten arabischen Ländern wurde und wird dabei in erster Linie durch den arabisch-israelischen Konflikt geprägt. So leben infolge der palästinensischen Fluchtbewegungen während der Kriege von 1948/49 und 1967 viele Palästinenser in Jordanien, Syrien und im Libanon. Auch verpflichtete die Ideologie des Panarabismus die arabischen Länder zur Unterstützung der palästinensischen Sache; eine gute Beziehung zur *PLO* war lange Vorbedingung für eine einflußreiche Stellung in der arabischen Welt. So befand sich die *PLO* bis zum Beginn der 90er Jahre auf der Linie derjenigen Länder, die eine Einigung mit Israel ablehnten und die „Befreiung ganz Palästinas" forderten. Von diesen Staaten, zu denen bis zum Abschluß des Camp-David-Abkommens an vorderster Stelle Ägypten, später eher Syrien und der Iran gehörten, wurde die *PLO* finanziell unterstützt, von ihnen bekam sie Waffen für den Kampf gegen Israel, und in ihren militärischen Trainingslagern wurden palästinensische Kämpfer ausgebildet.

Seit Beginn des palästinensisch-israelischen Friedensprozesses 1993 hingegen zählen sich die Palästinenser zum sogenannten Friedenslager, also zu der politischen Gruppe, die entweder Kontakte mit Israel unterhält oder eine Normalisierung der Verhältnisse zumindest nicht prinzipiell ablehnt. Zu dieser Gruppe zählen die meisten westlich orientierten Staaten des Nahen Ostens und des Maghreb; besonders wichtig für die palästinensische politische Führung um Arafat sind allerdings die guten Kontakte zu Ägypten und zu Jordanien. Beide Staaten übten auch historisch besonders großen Einfluß auf die Palästinenser aus, nicht zuletzt, da beide zwischen 1949 und 1967 je einen Teil Palästinas selbst verwalteten. Ägypten spielte zudem zweimal eine Vorreiterrolle: das erste Mal als Anführer der panarabischen Bewegung und Identifikationspunkt und Hoffnungsträger der palästinensischen Befreiungsbewegung, das zweite Mal nach Abschluß des Camp-David-Abkommens. Mit dem Abkommen übernahm Sadats Ägypten die Führung des Friedenslagers, was es für über ein Jahrzehnt in den Augen der Palästinenser als Verräter der arabischen Solidarität brandmarkte. Erst mit dem Überwechseln der *PLO* ins Friedenslager konnte Ägypten wieder als Vorbild und Verbündeter gelten.

Auch das Verhältnis zum Königreich Jordanien war immer wichtig, selten aber frei von Konflikten. Hauptursache des Zwists war – neben der bedrohlichen Macht des palästinensischen Staates im Staate, die während des „schwarzen Septembers" 1970 gebrochen wurde – über Jahrzehnte die Konkurrenz im Vertretungsanspruch für das palästinensische Volk. Das jordanische Königshaus, das die Westbank auch nach der Besetzung durch Israel 1967 als jordanisches Staatsgebiet betrachtete und das im eigenen Staat einer palästinensischen Bevölkerungsmehrheit Rechnung tragen mußte, sah sich als legitime Vertretung des gesamten palästinensischen Volkes. Die Idee der Einrichtung einer jordanisch-palästinensischen Föderation anstelle eines unabhängigen palästinensischen Staats wurde von vielen Palästinensern, vor allem von traditionellen Notabelnfamilien, unterstützt und auch von den USA lange als mögliche Lösung des Konflikts gefördert. Erst 1988 machte König Hussein den Weg für ein besseres Verhältnis zu Arafat frei, indem er den jordanischen Anspruch auf die Westbank aufgab, alle bis dahin bestehenden administrativen Bindungen zu den Palästinensergebieten aufhob und die Autorität der *PLO* anerkannte.

Zum gemäßigten arabischen Friedenslager gehören eigentlich auch die meisten Golfstaaten. Doch leidet das Verhältnis der palästinensischen Führung zu diesen Staaten bis heute unter der proirakischen Position, die die Palästinenser während des Golfkriegs 1991 eingenommen hatten. Während einige Länder, wie z. B. Bahrain, Qatar und die Vereinigten Arabischen Emirate, mittlerweile über diesen politischen *faux pas* der Palästinenser hinwegsehen, bleiben vor allem Kuwait und Saudi-Arabien der palästinensischen Führung gegenüber skeptisch und verweigern ihr seitdem die einst reichhaltige finanzielle Unterstützung. Unmittelbar nach dem Golfkrieg wurden zudem fast 300 000 palästinensische Arbeiter ausgewiesen, die in Kuwaits Ölindustrie Beschäftigung gefunden hatten. Der Beitrag dieser Arbeiter zum Überleben ihrer Angehörigen in den besetzten Gebieten war beträchtlich gewesen. Sein Ausbleiben sowie der Stopp der direkten Finanzhilfe an die *PLO* trugen daher nicht unwesentlich zur Wirtschaftskrise in den besetzten Gebieten und zur Finanzkrise der Befreiungsorganisation bei und somit letztlich zur Bereitschaft der Palästinenser, einen Verhandlungsfrieden zu schließen.

Während die Golfstaaten lediglich ihre Unterstützung eingestellt haben, lehnt eine Gruppe radikaler Staaten des Nahen Ostens explizit die Autonomiebehörde und die Politik der palästinensischen Führung ab. Diese Gruppe der Gegner des Friedensprozesses umfaßt neben dem Irak, Libyen und dem Sudan auch Syrien (und damit auch den Libanon). Sie verurteilen – bislang – Arafat als Verräter der arabischen Sache und verweigern nicht nur ihm und seinen Institutionen die Unterstützung, sondern fördern zudem extremistische palästinensische Gruppen, deren Ziel es ist, den Friedensprozeß zu sabotieren.

Für den Nahen Osten insgesamt und den palästinensisch-israelischen Konflikt im besonderen nimmt naturgemäß die einzige verbleibende Supermacht der Welt, die USA, eine besonders einflußreiche Stellung ein. Vor dem Zusammenbruch der Sowjetunion Anfang der 90er Jahre war der arabisch-israelische Konflikt (auch) Teil der Konfrontation zwischen den beiden Supermächten, wobei Israel sich meist der amerikanischen, die Palästinenser sich eher der sowjetischen Unterstützung sicher sein konnten. Ausdruck dieser pro-israelischen Haltung der amerikanischen Politik war beispielsweise das Versprechen Kissingers 1975, keinerlei Kontakte mit der *PLO* aufzunehmen, bevor diese nicht das Existenzrecht Israels anerkannt hätte – ein Versprechen, das bis 1988 auch jeden Vermittlungsversuch der USA zwischen Israel und der *PLO* unmöglich machte.

Mit dem Ende des Kalten Kriegs und der Wandlung der politischen Strategie der *PLO* veränderte sich auch die Haltung der USA hin zu einer differenzierteren und Israel gegenüber kritischeren Vermittlungsposition. Dies begann mit der Aufnahme eines politischen Dialogs mit der *PLO*, nachdem diese 1988 mit ihrer Unabhängigkeitserklärung das Prinzip einer Zweistaaten-lösung akzeptiert hatte – zu einem Zeitpunkt also, zu dem Israel ähnliche Kontakte noch vehement ablehnte.

Seit Beginn der 90er Jahre spielen die USA die Rolle des wich-tigsten Vermittlers im Nahen Osten und des Garanten der ge-schlossenen Abkommen. Diese neue Rolle wurde bereits in der machtvollen Symbolik der Unterzeichnungszeremonie der Osloer Verträge deutlich: Obwohl die Prinzipienerklärung ohne Zutun der USA zustande gekommen war, fand die Unterzeichnung des Dokuments auf dem Rasen vor dem Weißen Haus statt, und der berühmte Handschlag zwischen Rabin und Arafat spielte sich gleichsam unter den Augen Bill Clintons ab. Und auch wenn die palästinensische Seite während der 90er Jahre oft gegen die nach wie vor eher pro-israelische Politik der Vereinigten Staaten in der UNO protestierte, zeigen nicht zuletzt die amerikanischen Bemühungen, während der Endstatusverhandlungen Zugeständ-nisse der israelischen Seite zu erreichen, wie unverzichtbar die Partnerschaft mit den USA für die Palästinenser geworden ist.

Neben den Beziehungen zu den arabischen Ländern und zu den USA genießen die Beziehungen zu Europa einen hohen Stellen-wert für die Palästinenser. Zwar ist die Bedeutung der einzelnen europäischen Staaten und der Europäischen Union als ganzer nicht zu vergleichen mit der der Vereinigten Staaten, aber die Kontakte zu Europa sind auf weniger spektakuläre Weise wichtig. Das liegt zunächst daran, daß einige europäische Länder histo-risch eine Vermittler-Rolle einnahmen. Schweden etwa unterhielt schon ab 1974 Beziehungen zur *PLO*, und offizielle Erklärungen einzelner europäischer Regierungen und europäischer Gremien unterstützten immer wieder das palästinensische Recht auf Selbst-bestimmung (ohne dabei die legitimen Rechte Israels einzu-schränken).

Den europäischen Staaten gelang es allerdings lange nicht, eine gemeinsame Haltung zur Nahostpolitik zu finden, zum einen, weil die Außenpolitik der Staaten auf europäischer Ebene lange Zeit kaum koordiniert wurde, zum zweiten, weil Deutschland aus geschichtlichen Gründen eine Sonderrolle spielte und vor jeder Handlung zurückschreckte, die als anti-israelische Politik ausge-legt werden konnte. Beide Voraussetzungen änderten sich mit Beginn der 90er Jahre zumindest graduell: Die Einführung der Gemeinsamen Außen- und Sicherheitspolitik (GASP) durch den Maastrichter Vertrag 1992/93 schuf ein verbessertes Instrumentarium zur Formulierung gemeinsamer außenpolitischer Standpunkte, und Deutschland sah sich angesichts der neuen amerikanischen Position und der mittlerweile bewährten Beziehungen zwischen der Bundesrepublik und Israel eher in der Lage, einer gemäßigten Kritik an Israels Politik zuzustimmen.

Der Vorteil der europäischen Politik im Kontext des Nahostkonfliktes war und ist, nicht als Anwalt einer der beiden Seiten zu gelten und so von beiden Parteien als Gesprächspartner akzeptiert zu werden. Diese Akzeptanz und die Möglichkeit, unter geringer Beachtung der Weltöffentlichkeit ungewöhnliche Wege zu erproben, waren Voraussetzung dafür, daß es der norwegischen Diplomatie gelingen konnte, im entscheidenden Moment einen Dialog zwischen den beiden Konfliktparteien herbeizuführen, der schließlich zum Abschluß der Osloer Prinzipienerklärung führte. So war es gerade der weniger prononcierte Standpunkt in der Weltpolitik, der es einem neutralen europäischen Kleinstaat ermöglichte, Verhandlungserfolge im Nahostkonflikt zu bewirken – für die Einhaltung der jeweiligen Abkommen waren dann jedoch die Garantie und die Unterstützung der USA nötig.

Heute sind die Beziehungen zur Europäischen Union und ihren Mitgliedsstaaten für die Palästinenser weniger wegen der Vermittlungstätigkeit und der diplomatischen Unterstützung von Bedeutung als vielmehr wegen der finanziellen Hilfe und der Handelsbeziehungen. Die EU ist der wichtigste Finanzier der palästinensischen Institutionen: Etwa 45% aller internationalen Hilfe kommt aus Europa. Ein Assoziierungsabkommen, das bereits 1997 abgeschlossen wurde, wertet zudem die diplomatischen und vor allem die Handelsbeziehungen zwischen den Palästinensern und der EU auf. Gerade in den Bereichen der Demokratisierung und des Aufbaus von Institutionen kann die EU den Palästinensern auch in Zukunft sehr nützlich sein.

V. Wirtschaft

„1970 stand hinter der Öffnung des israelischen Ar-
beitsmarktes für die besetzten Gebiete die Absicht,
den Palästinensischen Nationalismus zu schwächen
und die territoriale Abspaltung zu verhindern; in den
90er Jahren wurde das Abdrehen der Arbeitsquelle als
Mittel benutzt, um die Unabhängigkeitsbewegung zu
unterdrücken. Für die Israelis bestand die unmittel-
bare Konsequenz der Trennung der Bevölkerung darin, daß die Palästinenser von ihren Straßen verschwan-
den und dadurch ihre zunehmenden Ängste vor ...
‚herumstreunenden‘ Palästinensern abnahmen.“

Amira Hass (Drinking the Sea at Gaza)

Mit dem Beginn des Friedensprozesses zwischen Palästinensern
und Israelis 1993 erhoffte sich die palästinensische Bevölkerung
vor allem eine rasche Verbesserung der allgemeinen wirtschaftlichen und sozialen Lage. Die *Intifada* hatte infolge der Boykotte
und Gegenboykotte, der Entlassung palästinensischer Arbeiter
aus israelischen Betrieben und durch den finanziellen Bankrott
der *PLO* zu einer unhaltbaren wirtschaftlichen Lage in den besetzten Gebieten geführt. Die Aussicht auf internationale Hilfeleistungen und ein günstigeres Handelsklima stellte daher ein
wesentliches Interesse der Palästinenser am Erfolg eines Ver-
handlungsfriedens dar.

Seit dem Abschluß der Osloer Prinzipienerklärung haben sich
diese Erwartungen der Palästinenser allerdings nicht erfüllt. Im
Gegenteil, der durchschnittliche Lebensstandard in den Autonomiegebieten war bis 1997 weiter rückläufig. Und auch danach erholte er sich nur zögerlich. Die hieraus resultierende Enttäuschung
über die Auswirkungen des Friedensprozesses auf die palästinensische Wirtschaft ist einer der Hauptgründe für die Unzufriedenheit mit dem gesamten Friedensprozeß und Arafats Regime im
besonderen. Die Schlußfolgerung ist einfach: Eine wirkliche
Chance auf dauerhaften Frieden zwischen Israel und den Pa-
nensern kann es nur geben, wenn sich die Lebensumstände

Autonomiegebieten merklich bessern. Dazu muß sich die Aufwärtsentwicklung in der Wirtschaft, die sich für 1998 und 1999 abzeichnete, fortsetzen. Derzeit stehen die Chancen hierfür nicht gut.

1. Die Entwicklung von Wirtschaft, Handel und Finanzen

War die Wirtschaft Palästinas während der britischen Mandatszeit vornehmlich landwirtschaftlich geprägt, durchliefen die israelischen Gebiete nach der Teilung des Landes 1948/49 einen rapiden Prozeß der Industrialisierung und des Wachstums. In den palästinensischen Gebieten, die unter ägyptischer bzw. jordanischer Verwaltung standen, wurde dagegen kaum in die wirtschaftliche oder infrastrukturelle Entwicklung investiert. Der allgemeine Lebensstandard blieb niedrig. Erst nach der Besetzung des Gazastreifens und der Westbank durch Israel 1967 erlebte die Bevölkerung einen erheblichen Anstieg des Lebensstandards – was weniger an israelischen Investitionen in den besetzten Gebieten lag (diese beschränkten sich auf das absolute Minimum), als vielmehr an der Möglichkeit für palästinensische Arbeitnehmer, Beschäftigung vor allem in der israelischen Textilindustrie und im israelischen Bausektor zu finden. Gleichzeitig bot der Ölboom in den arabischen Golfstaaten vielen der relativ gut ausgebildeten palästinensischen Gastarbeiter eine lukrative Einnahmequelle.

In den 80er Jahren wurde diese Periode des Wachstums von Stagnation und sinkenden Lebensstandards abgelöst: Erst konnten die stagnierenden Wirtschaften Israels und der Golfstaaten die rapide wachsende Zahl palästinensischer Arbeitnehmer nicht mehr absorbieren, dann erschwerte die *Intifada* den wirtschaftlichen Prozeß in den besetzten Gebieten und den Zugang palästinensischer Arbeitnehmer zu ihren Arbeitsplätzen in Israel. Schließlich führte die pro-irakische Haltung der Palästinenser während des Golfkriegs 1991 zur Streichung der finanziellen Unterstützung der Golfstaaten für die *PLO* und zur Ausweisung von fast 300000 palästinensischen Arbeitern aus Kuwait, die mit ihrem Einkommen weite Teile der Bevölkerung in den besetzten Gebieten mitversorgt hatten.

Bis 1993 hatte Israel die vollständige Kontrolle über die palästinensische Wirtschaft. Erst mit den Osloer Verträgen wurden den

Palästinensern erstmals Gestaltungsrechte eingeräumt. Zentrales Dokument ist dabei das Pariser Protokoll, das am 29. April 1994 von beiden Parteien unterzeichnet wurde und wenig später als Anhang IV in das Gaza-Jericho-Abkommen aufgenommen wurde. In ihm werden der Palästinensischen Autonomiebehörde einige wichtige Kompetenzen im Wirtschaftsbereich übertragen, in vielen Bereichen behält sich Israel allerdings Rechte vor: Die Kontrolle bedeutender Ressourcen (wie etwa Wasser) und der Außengrenzen untersteht weiterhin Israel.

Die Autonomiebehörde erhielt unter anderem das Recht, innerhalb der Autonomiegebiete selbständig Steuern – vor allem Einkommenssteuern und Mehrwertsteuern – zu erheben. Darüber hinaus wurde ihr der Transfer von 75% der Einkommenssteuern sowie der Sozial- und Krankenversicherungsbeiträge von in Israel beschäftigten palästinensischen Arbeitern zugestanden. Auch ein Teil der Zolleinnahmen fließt jetzt der Autonomiebehörde zu. Auch wenn Israel diese Transferzahlungen, die etwa 60% des Budgets der Autonomiebehörde ausmachen, oft als politisches Druckmittel benutzt und ihre Zuleitung von palästinensischem Wohlverhalten abhängig macht, bilden diese Befugnisse in der Steuer- und Zollpolitik doch die Grundlage einer unabhängigen Finanzierung der palästinensischen Institutionen.

Trotz dieser Einnahmen bleibt die Autonomiebehörde jedoch weiter von internationalen Hilfsprogrammen und Zuwendungen abhängig – während der ersten fünf Jahre nach Oslo flossen etwa 2,3 Milliarden US$ an internationalen Geldern in die Autonomiegebiete, und eine Geberkonferenz beschloß Ende 1998 eine Hilfe von weiteren 3,3 Milliarden US$, die über die nächsten fünf Jahre verteilt werden sollen. (Davon übernahmen die europäischen Länder 2 Milliarden, die USA 900 Millionen, die arabischen Staaten lediglich etwas weniger als 200 Millionen.)

Doch auch mit diesen Zuwendungen, die die übliche wirtschaftlich-finanzielle Hilfe für Entwicklungsländer bei weitem übersteigen, gelingt es der Palästinensischen Autonomiebehörde nicht, ihren Haushalt zu bestreiten. Zur Deckung der Defizite nahm die Autonomiebehörde 1997 Kredite in Höhe von 108 Millionen US$ auf; 1998 waren es bereits 139 Millionen. Grund für die übermäßig hohen Staatsausgaben ist vor allem der aufgeblä.. Verwaltungsapparat. Arafat nutzte die Möglichkeiten der S besetzung, um verdienten *PLO*-Funktionären und anderen in der Diaspora lebenden Palästinensern eine neue Lebensgrundlage innerhalb der Westbank und des Gazastreifens zu garantieren, aber auch, um die allgemeine Arbeitslosigkeit zu mindern. So fanden bereits 1995 etwa 15% aller arbeitenden Palästinenser eine Anstellung im öffentlichen Bereich; 1999 war dieser Anteil auf über 20% oder mehr als 100 000 Beschäftigte gestiegen. Die Gehaltszahlungen machten zu diesem Zeitpunkt mehr als 60% des Haushalts aus. Eine derart hohe Beschäftigungsquote im öffentlichen Sektor hat nicht nur negative Auswirkungen auf das Budget der Autonomiebehörde, sondern hemmt auch die Wachstumschancen im privaten Sektor.

Auch für den Handel setzte das Pariser Protokoll neue Bestimmungen fest: Vor Beginn des Friedensprozesses waren die palästinensischen Gebiete im Hinblick auf den Handel an Israel gebunden: Waren konnten nur durch Israel importiert oder exportiert werden. Mit der Prinzipienerklärung wurden den Palästinensern zunächst Mitspracherechte in Handelsfragen, mit dem Pariser Protokoll sodann einige (beschränkte) Entscheidungsbefugnisse eingeräumt. Die wichtigste Handelsverbindung blieb die zu Israel; hier sollten prinzipiell keine Handelsbarrieren bestehen. Doch schon die konkreten Ausführungen dieses Freihandelsabkommens zeigten das Ungleichgewicht in den Wirtschaftsbeziehungen: Während für israelische Waren keinerlei Beschränkungen gelten, sind einige Agrarprodukte, die zu den wichtigsten Exportwaren der Palästinenser gehören, vom Freihandel ausgeschlossen.

Für den internationalen Handel behielt sich Israel ebenfalls einige wichtige Rechte vor. So gelten prinzipiell auch weiterhin israelische Einfuhrbestimmungen für die Autonomiegebiete; nur die Einfuhr einer Reihe von Produkten, die vor allem in arabischen Ländern produziert werden, kann von den Palästinensern selbst bestimmt werden. Und auch für diese Waren, die in verschiedenen Listen genau benannt werden, gelten quantitative Begrenzungen, die wiederum von einem israelisch-palästinensischen Expertengremium festgelegt werden; *de facto* bedeutet dies ein israelisches Vetorecht.

Die Palästinenser können diese ohnehin sehr beschränkten Befugnisse im internationalen Handel kaum wahrnehmen, da alle Grenzübergänge und damit der Warenverkehr weiterhin von Israel kontrolliert werden. Infolge der zahlreichen Absperrungen der Autonomiegebiete, zu denen es vor allem zwischen 1993 und 1997 sowie 2000/2001 als Reaktion auf palästinensische Unruhen kam, ging der Anteil des Handels am Bruttosozialprodukt deutlich zurück (die Exporte von 11% 1992 auf 6% 1995 und die Importe im gleichen Zeitraum von 46% auf 38%). Die Handels- und Transportprobleme, die sich durch israelische Grenzkontrollen ergeben, sind – neben der Kontrolle über den Personenverkehr – einer der Hauptgründe, warum die Autonomiebehörde auf der Eröffnung eines palästinensischen Flughafens bestand und nach wie vor einen eigenen Seehafen fordert.

Trotz des Abschlusses von Handelsabkommen mit der Europäischen Union, der EFTA und den USA bleibt, gerade auch wegen dieser Export- und Importschwierigkeiten, der Handel nach wie vor weitgehend auf Israel beschränkt: Weniger als 10% der palästinensischen Exporte gehen in Drittländer, und nur etwa 10 bis 15% der Importe werden direkt von dort bezogen. Im Gegensatz hierzu macht für Israel der Handel mit den Autonomiegebieten nur einen geringen Teil des Gesamthandels aus (weniger als 10%).

In Handelsfragen ergibt sich somit eine fast vollständige Abhängigkeit von Israel, die – neben dem politischen Druck, der aufgrund dieser Abhängigkeit ausgeübt werden kann – auch deshalb problematisch ist, weil die Autonomiegebiete unter einem massiven, weiter ansteigenden Handelsbilanzdefizit leiden. Nach Schätzungen der Weltbank betrug das Handelsdefizit mit Israel 1999 etwa 1,3 Milliarden US$, das gesamte Außenhandelsdefizit belief sich auf 45 bis 50% des Bruttoinlandprodukts. Nur die Zahlungen palästinensischer Arbeiter, die im Ausland und vor allem in Israel angestellt sind, tragen zu einem Zufluß von finanziellen Mitteln nach Palästina bei.

Während sich die Handelsdaten (vor allem das Handelsdefizit) seit Beginn des Friedensprozesses kontinuierlich verschlechterten, waren die anderen Wirtschaftsindikatoren Schwankungen unterworfen, wiesen aber insgesamt nach unten: Zwischen 1992 und 1997 sanken das Bruttosozial- und das Bruttoinlandsprodukt, zugleich nahm die Arbeitslosigkeit zu und die Zahl derer, die unterhalb der Armutsgrenze leben, stieg an. (Einschränkend sei hinzugefügt, daß die Datenangaben oft divergieren.) Zu einer Verbesserung der gesamtwirtschaftlichen Lage kam es erst nach 1997. Mit dem erneuten Ausbruch von gewalttätigen Auseinandersetzungen im Herbst 2000 jedoch kehrte sich dieser positive Trend wieder um.

Einer Statistik der Weltbank zufolge nahm das Bruttosozialprodukt (BSP) in den Autonomiegebieten zwischen 1993 und 1997 absolut zwar um ca. 4,7% zu; da die Bevölkerung gleichzeitig aber um gut 27% wuchs, schrumpfte das BSP pro Kopf im gleichen Zeitraum um 17,5% und betrug 1997 noch 1600 US$ pro Jahr. Dann machte sich eine Verbesserung bemerkbar. Im Laufe des Jahres 1998 nahm auch der Prokopfanteil des BSP um 3,1% zu. Laut eines Berichts des Sonderkoordinators der Vereinten Nationen wuchs das absolute BSP 1999 um 6%, pro Kopf lag das Wachstum leicht hinter dem des Vorjahres. (Siehe Kasten)

Die Kosten der Unruhen im Herbst 2000/Frühjahr und Sommer 2001

Die jüngsten gewalttätigen Auseinandersetzungen zwischen Palästinensern und Israelis wirken sich einem Bericht der Vereinten Nationen zufolge äußerst negativ auf die Wirtschaft aus:

Schon zu Beginn der Unruhen, zwischen dem 28. September und dem 26. November 2000, verlor die palästinensische Wirtschaft 388 Millionen US$ durch den Rückgang von Handel und Produktion. Die Einkommensverluste von palästinensischen Arbeitern in Israel beliefen sich auf 117 Millionen US$.

In der Folge stieg die palästinensische Arbeitslosigkeit von 11% (70 000 Personen) im September auf 30% (260 000) im Oktober und November. Die Vorhersagen für das Wachstum des BSP im Jahr 2000 wurden von +4% auf −10% für die Autonomiegebiete und von +5% auf +4% für Israel revidiert.

Dieser Trend spiegelt sich auch in den Arbeitslosenzahlen wider. Lag die Arbeitslosenquote vor Beginn der 90er Jahre meist bei etwa 5%, stieg sie nach Abschluß der Prinzipienerklärung zwischen 1993 und 1994 auf 10 bis 15% und zwischen 1995 und 1997 weiter auf (teilweise weit) über 20%. 1998 fielen die Zahlen wieder auf 16 bis 20% und erreichten Ende 1999 mit 10% ihren tiefsten Stand seit Beginn des Friedensprozesses. Infolge der Abriegelung der Autonomiegebiete und aufgrund des Ausschlusses der meisten Palästinenser vom israelischen Arbeitsmarkt stieg die Arbeitslosenquote im Oktober und November 2000 jedoch sprunghaft auf etwa 30%.

Innerhalb der Autonomiegebiete verteilen sich die Arbeitsplätze im wesentlichen auf vier wichtige Bereiche: Etwa 55% der Arbeitnehmer sind im Dienstleistungsbereich tätig (viele davon im öffentlichen Sektor), ca. 14% in der Landwirtschaft, 17% in der Industrie und 14% im Baugewerbe. Die Zahlen für die einzelnen Wirtschaftssektoren unterscheiden sich leicht für die Westbank und den Gazastreifen: Die Industrie ist stärker in der Westbank vertreten, im Gazastreifen sind noch mehr Personen bei der Autonomiebehörde beschäftigt; letztlich ist die Verteilung aber ähnlich. Der soziale und wirtschaftliche Unterschied zwischen den beiden Gebieten ist daher eher der Arbeitslosenstatistik zu entnehmen: Im Gazastreifen ist die Arbeitslosenquote oft mehr als doppelt so hoch als in der Westbank und erreicht dort in Krisenzeiten bis zu 60%; 1999 lag sie durchschnittlich bei 15,5%, in der Westbank hingegen bei 7,5%. Entsprechend unterschiedlich entwickelte sich auch das Lohnniveau: stieg es in der Westbank 1999 im Vergleich zum Vorjahr um 15% (inflationsbereinigt etwa 7%), waren es im Gazastreifen lediglich 9% (was einem realen Wachstum von 1% entspricht).

Ein letzter wichtiger Maßstab, an dem sich die soziale und wirtschaftliche Entwicklung der palästinensischen Autonomiegebiete ablesen läßt, ist die Anzahl von Personen, die unterhalb der absoluten Armutsgrenze leben. Eine häufig verwendete Definition von Armut berechnet sich nach der Fähigkeit, grundlegende Bedürfnisse der Lebensmittelversorgung, Kleidung und Wohnung zu befriedigen. Nach dieser Definition liegt die Armutsgrenze in den Autonomiegebieten bei jährlich 756 US$ pro Person, oder etwa zwei Dollar pro Tag. Nach Angaben des palästinensischen Amts für Statistik verfügten 1996 16,2% der Bevölkerung in der Westbank und 41,9% im Gazastreifen über weniger als zwei Dollar am Tag – insgesamt 677 200 Personen. Im Folgejahr waren mit 658 000 Menschen fast ebenso viele betroffen, erst 1998 fiel die Zahl auf 611 200; dies entspricht immer noch 14,5% bzw. 33% der Bevölkerung in der Westbank bzw. im Gazastreifen. Infolge der im Herbst 2000 begonnen Unruhen stieg diese Zahl nach Schätzungen der Vereinten Nationen auf knapp die Hälfte der palästinensischen Gesamtbevölkerung.

2. Ursachen und Hintergründe der Wirtschaftsentwicklung

Als die Palästinensische Autonomiebehörde 1994 erste Kompetenzen im Bereich der Wirtschaftspolitik übernahm, stand sie einer schwierigen ökonomischen Ausgangslage gegenüber. Die vielen Jahre der Fremdherrschaft – erst Jordaniens und Ägyptens, dann Israels – hatten zu schlechten Rahmenbedingungen für die Wirtschaftsentwicklung geführt; vor allem in den Bereichen der Infrastruktur und der Industrialisierung waren die fehlenden Investitionen der vergangenen Jahrzehnte deutlich zu spüren. Die israelische Besatzungspolitik hatte ein Wirtschaftssystem hinterlassen, das die besetzten Gebiete in hochgradiger Abhängigkeit von Israel belassen hatte: Ein beträchtlicher Teil der Bevölkerung arbeitete in Israel und den israelischen Siedlungen, Israel war beinahe der einzige Handelspartner, und bezahlt wurde in der Westbank und dem Gazastreifen mit israelischer Währung – schließlich gab es keine eigenständigen palästinensischen Wirtschaftsinstitutionen, insbesondere kein Bankensystem.

Nach Beginn des Friedensprozesses mußte also zunächst damit begonnen werden, eine „palästinensische" Wirtschaft aufzubauen, deren Spielregeln festzulegen und Institutionen zu errichten. All diese Aufgaben, die nicht gerade zum Standardrepertoire einer militanten Befreiungsorganisation gehören, wurden noch dadurch erschwert, daß die Kompetenzen der Autonomiebehörde unvollständig waren. So wurde zwar den Vereinbarungen des Pariser Protokolls entsprechend eine Währungsbehörde eingerichtet, eine unabhängige palästinensische Währung war hingegen nicht vorgesehen. Israelischer Schekel und jordanischer Dinar behielten ihre Bedeutung. Auch in vielen anderen Bereichen, wie dem Außenhandel, erhielt die Autonomiebehörde keine unabhängigen Entscheidungsbefugnisse, und viele wichtige Fragen werden nach wie vor in Verhandlungen mit Israel und nicht durch das palästinensische Wirtschaftsministerium entschieden. Zentrales Beispiel für die Kompetenzen, die bei Israel verblieben und so die wirtschaftliche Handlungsfreiheit der Autonomiebehörde einschränken, ist die Kontrolle über zentrale Ressourcen wie Wasser und Land.

Diese Ausgangsbedingungen, die die Autonomiebehörde bei ihrer Errichtung vorfand, zeigen, daß Israel auch nach 1993/94

noch beträchtlichen Einfluß auf die palästinensische Wirtschaftspolitik ausübt. Dabei wird die Wirtschaftsentwicklung nicht nur
durch politische Verhandlungen, sondern insbesondere durch
konkrete israelische Aktionen beeinflußt: Die israelische Politik
der Abriegelung der palästinensischen Gebiete wirkt sich unmittelbar auf das Leben der palästinensischen Arbeitnehmer in Israel
und den Siedlungen aus.

Die nach 1967 nahezu uneingeschränkte Öffnung der Grenzen
zwischen Israel und den von Israel besetzten Gebieten hatte vielen
palästinensischen Arbeitskräften den Zugang zum israelischen
Arbeitsmarkt ermöglicht. Dieser offene Zugang für Palästinenser
nach Israel (und umgekehrt) wurde erstmals 1991 im Zuge des
Golfkriegs eingeschränkt; von da an benötigten Palästinenser eine
israelische Arbeitserlaubnis. Diese Regelung wurde 1993 ver-
schärft; seither dürfen nur noch Personen mit einer speziellen Er-
laubnis die Grenzen überqueren – auch der Zugang nach Ostjerusalem wird auf diese Weise von Israel reguliert. Wirklich problematisch für die palästinensische Wirtschaft wurde diese neue
Grenzpolitik Israels jedoch erst, als man damit begann, die Autonomiegebiete abzuschließen, um Unruhen oder palästinensische
Terroranschläge zu sanktionieren. Infolge dieser Grenzschließun-
gen dürfen weder Waren die Grenzen passieren, noch können die
palästinensischen Arbeitnehmer (im Herbst 2000 etwa 140 000
bzw. ein Fünftel aller palästinensischen Arbeitnehmer) an ihre
Arbeitsplätze in Israel gelangen. Auch wird die Bewegungsfreiheit
zwischen den einzelnen palästinensischen Gebieten durch die
Schließung der Grenzen drastisch eingeschränkt, da der Verbin-
dungsweg zwischen Gazastreifen und Westbank durch israelisches
Territorium verläuft, Ostjerusalem durch Schließungen abgerie-
gelt und somit der nördliche vom südlichen Teil der Westbank
getrennt wird.

Als 1995/96 und seit Herbst 2000 Anschläge und Unruhen zu-
nahmen, wurden zusätzlich auch noch Ausgangssperren verhängt,
die die bis dahin vorhandene Bewegungsfreiheit innerhalb der
Autonomiegebiete beendeten: Wichtige Verbindungsstraßen, die
nach wie vor unter israelischer Militärkontrolle standen, wurden
tageweise gesperrt; das soziale und wirtschaftliche Leben kam
zum Erliegen. Die Absperrungen und Ausgangssperren verursachen der palästinensischen Wirtschaft enorme Kosten: Nach

Schätzungen der Vereinten Nationen hat ein Absperrungstag Verluste in Höhe von etwa 2,4 Millionen US$ zur Folge. Als die palästinensischen Anschläge 1996 eskalierten, wurden über 130 solcher Absperrungen verhängt. Die Kosten für die ersten beiden Monate der Absperrung im Herbst 2000 werden von den Vereinten Nationen auf 500 Millionen US$ geschätzt. Im Vergleich dazu: Die gesamte internationale Hilfe an palästinensische Einrichtungen während der ersten Hälfte des Jahres 2000 betrug 183 Millionen US$.

Die Qualität der Beziehungen zu Israel ist maßgeblich: Die ökonomische Trendwende von 1997 läßt sich wie der wirtschaftliche Einbruch 2000 nur durch den großen Einfluß Israels auf Produktion und Handel in den palästinensischen Gebieten und die wirtschaftliche Bedeutung der in Israel arbeitenden Palästinenser erklären. Wenn daher die Mitglieder der Palästinensischen Autonomiebehörde für die schlechte Wirtschaftslage in den Autonomiegebieten verantwortlich gemacht werden, lasten sie gerne alle Schwierigkeiten der israelischen politischen Führung an. Dabei sollte man aber die Handlungs- und Einflußmöglichkeiten der palästinensischen Selbstverwaltung nicht unterschätzen, zumal zwischen 1997 und 2000 die Absperrungen der Autonomiegebiete stark zurückgegangen waren und 1999 und im ersten Halbjahr 2000 kaum eine Rolle gespielt hatten.

Unabhängig von den Investitionsdefiziten im Bereich der Infrastruktur und der Industrie, mit denen die Autonomiebehörde nach ihrer Gründung zu kämpfen hatte, gab es eine Reihe von Faktoren, die durchaus für eine positive Entwicklung der palästinensischen Wirtschaft sprachen: Vorerst unbelastet von hohen Staatsschulden, mit der Aussicht auf großzügige internationale Unterstützung und an einer wichtigen Verbindungsstelle zwischen Europa, Nordafrika und Asien gelegen, barg das palästinensische Autonomiegebiet ein beträchtliches Wirtschaftspotential. Hinzu kam, daß die palästinensische Gesellschaft einen für die Region ungewöhnlich hohen Bildungsstandard vorzuweisen hat und daß es eine große Menge privates Kapital gibt, das teilweise von den in den Autonomiegebieten lebenden Palästinensern (die eine sehr hohe Sparrate aufweisen), teilweise auch von den ca. 4,5 Millionen Palästinensern, die in der Diaspora oft zu großem Reichtum gelangt sind, zur Verfügung gestellt werden könnte.

Doch bislang ist dieses Potential nicht oder nur kaum genutzt worden; Investitionen im privaten Sektor sind nach wie vor das „Sorgenkind" der palästinensischen Wirtschaftsentwicklung, wie aus dem jüngsten Bericht des UN-Sonderberichterstatters von Juli 2000 klar hervorgeht. So sanken die Investitionen nach Beginn des Friedensprozesses deutlich (in den ersten drei Jahren um 50%) und konnten sich seither kaum erholen. Bis heute werden fast alle Investitionen von der öffentlichen Hand getätigt, im privaten Bereich verzeichnen lediglich die Investitionen in das Bauwesen (meist nicht-produktive Investitionen) Zuwächse. Der Mangel an Investitionen in die Privatwirtschaft ist einer der Hauptgründe, warum dieser Bereich in absehbarer Zeit kaum zum Anstieg des Bruttosozialprodukts beitragen wird.

Grund für diesen Mißstand ist das mangelnde Vertrauen der Investoren. Dieser Vertrauensmangel wiederum ist in erster Linie auf die unsichere politische Lage zurückzuführen: Der Friedensprozeß gerät immer wieder in die Krise; und angesichts der jüngsten Unruhen, die die Region seit Ende des Jahres 2000 erschüttern, steht in den Sternen, wann es den Parteien gelingen wird, zu einer dauerhaften Lösung zu gelangen. Andererseits werden potentielle Investoren aber auch von Mißmanagement und korrupter Verwaltung abgeschreckt. Dabei ist die mangelnde Effizienz der Autonomiebehörde nicht nur auf gelegentliche Fälle von mangelnder Erfahrung zurückzuführen, vielmehr ist sie das Resultat von Arafats System der politischen Patronage. Um seinen eigenen Machterhalt zu sichern und die verschiedenen gesellschaftlichen Gruppen in das neue politische System zu integrieren, wurden Posten im Verwaltungsapparat häufig nicht nach Maßgabe fachlicher Kompetenz, sondern nach rein politischen Kriterien besetzt. Diese Praxis führte nicht nur zu einem aufgeblähten Staatsapparat, in den letzten Jahren kamen auch zahlreiche Fälle ans Licht, in denen sich hochgestellte Politiker – vor allem durch Nutzung der staatlichen Wirtschaftsmonopole und Lizenzierungsrechte – persönlich bereichert hatten. Der Palästinensische Legislativrat setzte daraufhin Untersuchungskommissionen ein, und Arafat mußte in der Folge einige wichtige Politiker entlassen.

Hinzu tritt ein weiteres zentrales Manko der palästinensischen politischen Ordnung, das dem Investitionsklima erheblich schadet: Weder gibt es einen sicheren und einheitlichen Rechtsrahmen für die Wirtschaftsordnung noch stehen verläßliche Organe zur Lösung von Rechtsstreitigkeiten zur Verfügung. Die Unternehmer bringen den palästinensischen Gerichten kein Vertrauen entgegen, und sie beklagen das Fehlen von eindeutigen Regelungen – etwa für die Firmeneintragung, für Steuern und Investitionen. Für die Regulierung des Kapitalmarkts, das Wettbewerbsrecht und den Versicherungsschutz existieren ebenfalls noch keine einheitlichen Gesetze. Doch gibt es auch gerade auf diesem Gebiet positive Anzeichen: Für fast alle diese Bereiche sind mittlerweile bereits Gesetzesvorhaben auf dem Weg, oder es sind zumindest Vorschläge in Vorbereitung. Sobald diese verschiedenen Gesetzestexte einmal verabschiedet und implementiert sind, verspricht man sich davon eine erhebliche Verbesserung des Investitionsklimas und damit der Aussichten für die Entwicklung der palästinensischen Wirtschaft. Denn daß hier tatsächlich ein beträchtliches Potential schlummert, zeigt schon heute die Erfolgsstory der palästinensischen Börse: Sie nahm Anfang 1997 den Handel auf und verzeichnete im Jahr 1999 die besten Werte in der arabischen Welt – binnen eines Jahre stieg der *Al-Quds-Index* um mehr als 67%.

VI. Gesellschaft und Kultur

1. Palästina:
eine heterogene arabische Gesellschaft

> „Wir haben zuvor erklärt, daß königliche Autorität und die
> Gründung von Dynastien das Ziel des Gruppengefühls sind,
> daß seßhafte Kultur das Ziel des Lebens der Beduinen ist und
> daß jede Zivilisation, sei sie beduinisch oder seßhaft, ob sie
> Herrscher oder Bürger(liche) betrifft, ein physisches Leben
> hat, so wie jedes Individuum ein physisches Leben hat."
>
> Ibn Khaldûn (The Muqaddimah. An Introduction to History)

Wichtigster Baustein der palästinensischen Gesellschaft ist traditionell der Clan, der im Arabischen als *Hamula* bezeichnet wird.
Ein Clan umfaßt jeweils mehrere Kleinfamilien und Haushalte,
deren Anzahl je nach Bedeutung des Clans variiert. Die *Hamula*
spielt auf allen Ebenen der gesellschaftlichen Organisation eine
große Rolle: Innerhalb jeder Großfamilie trifft das Oberhaupt
der *Hamula* alle wichtigen Entscheidungen und verfügt über den
Besitz der Sippe. Innerhalb eines Dorfes oder einer lokalen Gemeinde stellt der wichtigste Clan das Oberhaupt, den Scheich, der
traditionell etwa für die lokale Rechtsprechung zuständig ist. Die
bedeutendsten Clans haben schließlich auch Einfluß auf die landesweite Politik.

Die politische und soziale Bedeutung der Clans wurde von den
verschiedenen Verwaltungsmächten Palästinas aufrechterhalten
und verstärkt. Die führenden Clans, die sogenannten Notabeln,
wurden von der lokalen Bevölkerung als Autorität anerkannt; und
es bot sich somit an, ihnen lokale Verwaltungsaufgaben zu übertragen. So waren beispielsweise die Notabelnfamilien schon im
Osmanischen Reich für die Eintreibung der Steuern und zum Teil
auch für die Rechtsprechung zuständig. Und auch die britische
Regierung bemühte sich während der Mandatszeit um die
Unterstützung einflußreicher Großfamilien und trug damit zum
Erhalt der Sonderstellung dieser Familien bei.

Auch die sozialen Umwälzungen, denen die Palästinenser aufgrund der Teilung des Landes nach dem Zweiten Weltkrieg und der Flucht eines Großteils der Bevölkerung in der Folge der israelisch-arabischen Kriege ausgesetzt waren, sahen Macht und Einfluß der Clans ungebrochen. Im Gegenteil, die Modernisierungsprozesse, die sich innerhalb der palästinensischen Gesellschaft abspielten, wurden durch Flucht und Vertreibung eher gebremst: In dieser Notlage waren Individuen und Kleinfamilien mehr als je zuvor auf die Unterstützung durch andere Clanmitglieder angewiesen. So fanden sich in den Flüchtlingslagern bald *Hamulas* und ganze Dorfgemeinschaften wieder zusammen, und nicht selten übernahm eine der traditionellen Notabelnfamilien die Organisation und politische Leitung des Lagers.

Die führenden Clans der Palästinenser:
die Nashashibis und die Husseinis

In der jüngsten palästinensischen Geschichte konkurrieren zwei Clans um den Rang der mächtigsten Großfamilie im Land: die Husseinis und die Nashashibis. Beide Familien stammen aus Jerusalem und können auf beeindruckende Traditionen verweisen: Seit Jahrhunderten übt meist ein Mitglied der Husseini-Familie das Amt des Muftis von Jerusalem aus, einem Nashashibi kommt meist das Amt eines „Wächters der Beiden Heiligen Moscheen" (der Al-Aqsa und der Ibrahimi Moschee) zu.

Der Machtkampf zwischen den beiden Familien wurde in den 1920er und 30er Jahren so bedeutsam, daß sich fast die gesamte Gesellschaft in *Majlisyoun*, Unterstützer der Husseinis, und *Mu'arada* („Opposition"), die eher säkularen Anhänger der Nashashibis, spaltete. Beide Familien gründeten – geführt von Haj Amin Al-Husseini, dem Großmufti von Jerusalem, auf der einen, und Ragheb Nashashibi, Bürgermeister von Jerusalem, auf der anderen Seite – zu dieser Zeit politische Parteien, die gleichermaßen national-arabische und anti-zionistische Positionen vertraten. Haj Amin, der sich später mit Hitler-Deutschland verbündete und während des Krieges zu Gesprächen in Berlin war, vertrat die Palästinenser auf vielen internationalen Konferenzen und wurde 1948 von der „Regierung ganz Palästinas" zum Präsidenten ernannt.

In jüngerer Zeit sind die einflußreichsten Familienmitglieder Mohammed Zuhdi Nashashibi, der als Finanzminister der Autonomiebehörde fungiert, und bis zu seinem Tod 2001 Faisal Al-Husseini, der in vielen palästinensischen Verhandlungsdelegationen führende Positionen einnahm und als Leiter des Orienthauses *de facto* die palästinensische „Regierung" in Ostjerusalem vertrat.

Aber auch außerhalb der Flüchtlingslager konnten viele Notabeln ihren Einfluß wahren, nicht zuletzt deshalb, weil zunächst Ägypten und Jordanien und dann auch die israelische Verwaltung im Gazastreifen und der Westbank wieder auf das bewährte Mittel zurückgegriffen hatten, ihre jeweilige Verwaltungspolitik von den bedeutenden Clans umsetzen zu lassen. Auch unter der Palästinensischen Autonomiebehörde hat sich an dieser Tatsache grundsätzlich nichts geändert. Aufgrund ihres ungebrochenen Einflusses auf lokale Gemeinden gehören die Notabelnfamilien zu einer der Gruppen, deren Loyalität sich Arafat zu sichern sucht, indem er ihnen Zugang zu politischen Ämtern verschafft. Daher gehören heute viele Bürgermeister, aber auch viele Funktionäre der Autonomiebehörde traditionellen Notabelnfamilien an.

Schließlich ist Arafat auch selbst in eine Großfamilie eingebunden, und einige seiner Verwandten haben hohe Positionen in der palästinensischen Verwaltung inne – so z.B. Musa Arafat, der den militärischen Geheimdienst der Autonomiebehörde leitet. In weiten Teilen der palästinensischen Bevölkerung spielt die *Hamula*, die Großfamilie, nach wie vor eine zentrale Rolle. „Vetternwirtschaft", im Sinne einer Bevorzugung von Familienmitgliedern in politischen und wirtschaftlichen Fragen, wird nicht als anstößig empfunden, sondern gilt als traditioneller Bestandteil des palästinensischen Lebens.

Doch auch wenn diese überlieferte Gesellschaftsstruktur in vielen Bereichen noch immer dominiert, ist die palästinensische Gesellschaft bei weitem nicht einheitlich strukturiert. Neben den gängigen Unterschieden zwischen verschiedenen politischen und religiösen Gruppierungen sowie zwischen städtischer und ländlicher Bevölkerung (sowie der Existenz einer Bevölkerungsgruppe mit eigenen Lebensformen und Traditionen, den Beduinen) gibt es einige soziale Trennlinien, die sich aus der besonderen Situation und Geschichte der Palästinenser ergeben. So gliedert sich die Bevölkerung von insgesamt ca. 7,8 Millionen in Palästinenser, die in der Diaspora leben (über 4 Millionen), Palästinenser mit israelischer Staatsbürgerschaft (1,1 Millionen, oder 18% der israelischen Bevölkerung) sowie Palästinenser in den Autonomiegebieten (etwa 2,25 Millionen) und Ostjerusalem (über 250 000, die bis zum Abschluß der Verhandlungen über den Endstatus einen besonderen Status genießen: Sie sind weder palästinensische noch israelische Staatsbürger, befinden sich aber im Besitz einer israelischen Identitätskarte).

In den palästinensischen Gebieten wiederum verläuft eine gesellschaftliche Trennlinie zwischen Flüchtlingen und Ansässigen. Etwa die Hälfte der palästinensischen Bevölkerung in den Autonomiegebieten – ca. 1,2 Millionen Menschen – sind Flüchtlinge oder Nachkommen von Flüchtlingen aus dem ersten israelisch-arabischen Krieg von 1948/49. Von ihnen lebt die Hälfte (im Falle des Gazastreifens) bzw. ein Viertel (in der Westbank) bis heute in Flüchtlingslagern. Daß über 50 Jahre nach der Flucht noch so viele Menschen in Lagern leben und sich nicht in die lokalen Gesellschaftsstrukturen integriert haben, ist ein Indiz dafür, wie groß die soziale Kluft ist, die die beiden Bevölkerungsgruppen nach wie vor trennt. Das liegt zum einen daran, daß viele der Flüchtlinge bewußt eine Normalisierung ihres Alltags ablehnen, um auf diese Weise ihren Anspruch auf eine Rückkehr in ihre Heimatdörfer, die im heutigen Israel liegen, aufrechtzuerhalten. Zum anderen wurden die Flüchtlinge lange von der ansässigen Bevölkerung gemieden – teils weil die Flüchtlinge oft abseits von Städten und Dörfern in den Lagern lebten, teils aber auch, weil ihr sozialer Status gering war.

Mit Beginn des Friedensprozesses und der Anerkennung eines Existenzrechts für Israel durch die palästinensische Führung haben sich die Voraussetzungen für eine Integration der Flüchtlinge jedoch zum Besseren gewandelt. Zum einen ist nun offiziell besiegelt, was *de facto* auch vorher schon feststand: Eine Rückkehr in die ehemals palästinensischen Dörfer in Israel wird es – zumindest für einen Großteil der Flüchtlinge – nicht geben. Zum anderen waren die Flüchtlinge während der *Intifada* besonders aktiv und haben sich dadurch Respekt im palästinensischen Gemeinwesen erworben.

Im Gegenzug tat sich infolge des Friedensprozesses und der Einrichtung der Autonomiebehörde (abgesehen von der Spaltung der Gesellschaft in Friedensgegner und Friedensbefürworter) eine neue gesellschaftliche Kluft auf: die zwischen den Rückkehrern – also den Palästinensern aus der Diaspora, die nach dem Abschluß der Osloer Verträge in die Autonomiegebiete zurückkamen – und denjenigen, die auch während der Zeit der israelischen Besatzung im Gazastreifen und der Westbank geblieben waren und die für die Aufnahme und Durchführung der *Intifada* verantwortlich zeichneten.

Schon während des palästinensischen Aufstandes war das Verhältnis zwischen der palästinensischen Führung in der Diaspora und den *Intifada*-Aktivisten vor Ort nicht unproblematisch gewesen: Der Ausbruch der Unruhen überraschte die *PLO*-Führung in Tunis nicht weniger als den Rest der Welt. Und die Initiative der Aktivisten in den besetzten Gebieten hätte beinahe dazu geführt, daß die palästinensische Exilführung in der Bedeutungslosigkeit versunken wäre. Doch indem Arafat die Aufständischen von Anfang an unterstützte, gelang es ihm, den politischen Führungsanspruch der *PLO* durchzusetzen und aufrechtzuerhalten.

Innerpalästinensische Konflikte und Ressentiments traten größtenteils erst nach dem Ende der *Intifada* offen zu Tage. Nachdem die erste Euphorie über den Friedensprozeß verflogen war, mußten die Aktivisten feststellen, daß sie zwar die Hauptlast des Aufstandes getragen hatten – sie hatten die israelische Besatzung ertragen, ihnen waren während des Aufstandes die Knochen gebrochen worden und sie hatten oft Jahre in israelischen Gefängnissen verbracht –, doch die erhofften Früchte ihrer Mühen fielen anderen zu. Zur Gründung eines palästinensischen Staates war es noch ein weiter Weg, die Lebensbedingungen verschlechterten sich zunehmend, und die Zukunftsaussichten für die meist jugendlichen Steinewerfer, die infolge der *Intifada* einen Großteil ihrer Ausbildung verpaßt hatten, waren mager.

Diejenigen, die tatsächlich von den Ergebnissen des Aufstandes profitierten, waren vor allem die Palästinenser aus der Diaspora. Sie kehrten in die Autonomiegebiete zurück und nahmen fast alle neu entstandenen Posten in der Autonomiebehörde oder in den Sicherheitskräften in Besitz. Aus Arafats Sicht war das eine notwendige Maßnahme, um altverdiente Kämpfer und treue *PLO*-Genossen zu belohnen; bei vielen „Kindern der *Intifada*" jedoch machte sich Unzufriedenheit breit darüber, daß den Lohn für ihre Mühen andere einstrichen und sie selbst arbeitslos und ohne Zukunftsperspektive blieben. Das oftmals arrogante und anmaßende Auftreten insbesondere der Mitglieder der Sicherheitskräfte trug nicht dazu bei, diesen Konflikt zu entschärfen.

Doch die Entwicklungen der letzten Jahre nahmen dieser gesellschaftlichen Spaltung etwas von ihrer Brisanz: Nach 1997 erholte sich die wirtschaftliche Lage in den Autonomiegebieten; vor allem sanken die Arbeitslosenzahlen deutlich; neue Perspektiven boten sich. Daneben bemühte sich die politische Führung um Arafat, auch den während der Besetzung im Lande Verbliebenen Partizipationsmöglichkeiten in den Institutionen der Autonomiebehörde zu bieten.

Alles in allem ist die palästinensische Gesellschaft arabischen Traditionen verpflichtet, mußte aber auch eine ungewöhnliche Vielzahl von sozialen und politischen Gegensätzen verkraften. Hier liegt auch einer der Gründe für Arafats überragende Stellung in der palästinensischen Politik und Gesellschaft: Er bemüht sich um die Integration aller Gruppen und steht gewissermaßen über den Parteien, die den Rest der Bevölkerung spalten. Damit ist Arafat Symbol der Einheit der Palästinenser und wird als solches von der großen Mehrzahl der Bevölkerung akzeptiert und sogar verehrt. Eine wichtige palästinensische Gruppe, bei der Arafat noch darum ringt, als „Vater der Nation" anerkannt zu werden, sind allerdings die muslimischen Fundamentalisten, die sowohl den Friedensprozeß als auch die Autonomiebehörde ablehnen.

2. Religionen

Auch in religiöser Hinsicht sind die Palästinenser kein homogenes Volk. Neben der sunnitisch-muslimischen Mehrheit gibt es eine kleine Minderheit palästinensischer Juden und Drusen und eine etwas größere Gruppe palästinensischer Christen, die zwischen 5 und 10% der Bevölkerung ausmachen. Diese religiösen Minderheiten sehen sich in den letzten Jahren zwar durch das Anwachsen des islamischen Fundamentalismus zum Teil bedroht, tatsächlich werden sie aber in der freien Ausübung ihres Glaubens kaum eingeschränkt. *De facto* respektiert die Politik die Rechte der religiösen Minderheiten; vor allem christliche Palästinenser, für die auch sechs Sitze im Legislativrat reserviert sind (daneben ist ein Sitz für die Gruppe der Samaritaner bestimmt), halten viele zentrale gesellschaftliche Positionen besetzt. *De iure* allerdings ist die Lage der Minderheiten weiterhin unklar. Denn sowohl die Charta der *PLO* als auch der vorliegende Entwurf einer palästinensischen Verfassung garantieren zwar das Recht auf freie Religionsausübung, doch keines der beiden Dokumente besitzt einen offiziellen Rechtsstatus.

Das Verhältnis zwischen den palästinensischen politischen Institutionen und der vorherrschenden Religion, dem Islam sunnitischer Prägung, ist ambivalent. Offiziell existiert zwar keine Staatsreligion, und traditionell verstehen sich die *PLO* (als Dachorganisation für alle Palästinenser, unabhängig von ihrer Religionszugehörigkeit) und die wichtigste palästinensische politische Gruppierung, *Fatah*, als säkulare Vereinigungen nach dem Muster europäischer Nationalbewegungen. Zugleich aber spielt Jerusalem mit all seiner religiösen Bedeutung für den Islam eine wichtige, wenn nicht die zentrale Rolle für die Identität der Palästinenser; man versteht sich als Teil der arabischen und der muslimischen Nation. Der palästinensische Nationalismus ist daher nicht vollständig von Religion und religiöser Symbolik zu trennen.

Infolgedessen findet man – vor allem in den letzten Jahre – in Arafats Rhetorik und in wichtigen politischen Dokumenten viele religiöse Bezugnahmen. Die Charta der *PLO* enthält zwar noch keinen Hinweis auf eine religiöse Präferenz der Befreiungsbewegung – vielmehr wird lediglich betont, daß freier Zugang aller Religionen zu den heiligen Stätten angestrebt wird. Im Gegensatz hierzu beginnt aber die Unabhängigkeitserklärung von 1988 schon mit der typisch islamischen Formel *Bi-ismi-l-lahi-r-Rahmaani-r-Rahiim* (Im Namen Gottes, des Allerbarmers, des Barmherzigen); auch fast alle anderen wichtigen politischen Dokumente und Reden werden nunmehr so eingeleitet. Darüber hinaus benutzt Arafat den Islam neuerdings auch als politisches Argument: Nach dem Scheitern der Endstatusverhandlungen in Camp David im Juli 2000 begründete er seine harte Verhandlungslinie den Status von Jerusalem betreffend damit, daß ihm „eine Milliarde Muslime" eine Zustimmung zu dem von Präsident Clinton vorgeschlagenen Kompromiß „nie verziehen hätten".

Abgesehen von dem Anklang, den die Verwendung von solchen Formeln in einer gemeinhin religiös geprägten Gesellschaft findet, muß man diese zunehmende – zumindest rhetorische – Orientierung der palästinensischen politischen Führung am Islam auch als Reaktion auf die Herausforderung durch die (radikal-)islamische Opposition verstehen. Dabei muß sorgfältig unterschieden werden zwischen den Einrichtungen des traditionellen islamischen Establishments, vor allem dem sogenannten *Waqf* (eine Stiftung islamischen Rechts), zu dem ein weites Netz von Moscheen,

Koranschulen, Gerichten und anderen religiösen Institutionen gehört, und den radikalen Organisationen *Hamas* und *Islamischer Djihad*.

Der *Waqf* mit seinem großen Besitz unterstand lange Zeit – auch während der israelischen Besatzung und nach der Annexion Ostjerusalems durch Israel – der Kontrolle Jordaniens, das diese Rechte auch heute noch reklamiert. *De facto* aber hat seit 1994 die Palästinensische Autonomiebehörde (zu der auch ein Ministerium für den *Waqf* und religiöse Angelegenheiten gehört) diese Funktion übernommen. Auf diese Weise werden zahlreiche religiöse Einrichtungen von der Autonomiebehörde finanziert; im Gegenzug nimmt diese Einfluß auf die Besetzung religiöser Ämter. Diese Diener des offiziellen Islam stehen daher zumeist der Autonomiebehörde nahe; sie verhalten sich in vielen Fällen unpolitisch oder aber äußern sich im Sinne Arafats. Besonders in Ostjerusalem, wo die Autonomiebehörde während der Interimsphase keine eigenen Einrichtungen unterhalten darf, ist die Existenz einer loyalen religiösen Führung für Arafat von zentraler Bedeutung.

Im Gegensatz zum unpolitischen bzw. gemäßigten *Waqf* stehen die radikalen muslimischen Organisationen. Auch sie verfügen über ein weites Netz sozialer Einrichtungen – von Kindergärten und Schulen bis zu Krankenhäusern. Vor allem *Hamas* unterhält viele solcher Einrichtungen, die meist kostenfrei oder gegen ein geringes Entgelt zugänglich sind und auf deren Angebote vor allem ärmere Familien angewiesen sind. Die sozialen Einrichtungen der radikal-islamischen Organisationen sind wichtig für ihre Stellung innerhalb der Gesellschaft und sichern ihnen die Unterstützung breiter, meist ärmerer Schichten.

Doch steht im Vordergrund der Tätigkeit dieser Organisationen nicht das soziale Engagement, sondern ein radikales politisches Programm, das mit Gewalt und Terror umgesetzt werden soll. Ziel des *Djihad*, des „heiligen Krieges", den sich die fundamentalistischen Bewegungen auf die Fahnen geschrieben haben, ist die Befreiung von ungerechter, nicht-islamischer Herrschaft und die Errichtung eines Staates, in dem die Bevölkerung streng nach islamischen Regeln lebt. Für die Palästinenser hat der *Djihad* daher eine innen- und eine außenpolitische Komponente: Die Juden als Religionsgemeinschaft werden zwar als Feinde betrachtet; zugleich aber erscheint die Niederlage gegen diesen Feind und die

Besetzung „muslimischen Bodens" durch Israel als Zeichen der Schwäche der palästinensischen Gesellschaft, die wiederum einer mangelhaften islamischen Lebensweise anzulasten sei. Lange Zeit lag daher das Hauptaugenmerk des politischen Islam auf der Islamisierung der Gesellschaft. Erst wenn dieses Ziel erreicht wäre, sollte der Kampf gegen Israel aufgenommen werden.

Der politische Islam verstand sich von Anfang an als Alternative zur *PLO*, und in Form des *Islamischen Djihad* und der *Moslembruderschaft* gelang es ihm – vor allem nach der Niederlage der *PLO* im Libanon 1982 –, seinen Einfluß in den besetzten Gebieten erheblich auszuweiten. *Hamas*, eine Art palästinensischer Variante der *Moslembruderschaft*, wurde Anfang 1988 gegründet und entwickelte sich unter ihrem spirituellen Anführer Sheikh Yassin schnell zur einflußreichsten radikalen islamischen Organisation. Der Name „Hamas" ist ein Anagramm, das in umgekehrter Reihenfolge aus den arabischen Anfangsbuchstaben des Wortes „Islamische Befreiungsbewegung" gebildet wurde. Er hat zugleich die Bedeutung „Eifer". Seit ihrer Gründung bis heute, da *Hamas* als größte Bedrohung des palästinensisch-israelischen Friedensprozesses gilt, haben sich einige zentrale Aspekte dieser Organisation verändert. Zunächst sah *Hamas* ihren Hauptgegner in der *PLO*; daher wurde sie von Israel auch nicht in ihrem Aufbau behindert; im Gegenteil, die israelische Regierung unterstützte *Hamas* in der Anfangsphase finanziell, um so die *PLO* zu schwächen. Doch mit Beginn der *Intifada* standen die guten Kontakte zu Israel der Popularität von *Hamas* und ihrem Bestreben, eine Führungsrolle in der Organisation des Aufstandes zu spielen, entgegen. 1989 kam es zu den ersten Angriffen auf israelische Einrichtungen; daraufhin gab die israelische Regierung ihre Unterstützung auf und ging dazu über, *Hamas* und ihre Organisationsstrukturen zu bekämpfen.

Während des palästinensischen Aufstandes hatten sich *PLO* und *Hamas* kurzfristig durch den gemeinsamen Gegner Israel verbunden gefühlt, doch änderte sich diese Beziehung mit dem Abschluß der Osloer Verträge grundlegend. Arafat und die *PLO* machten sich in den Augen der radikalen Islamisten durch den Friedensschluß zu Verrätern an der palästinensischen und der muslimischen Sache. Mit zahlreichen blutigen Terroranschlägen auf israelische Busse, Marktplätze und andere zivile Einrichtungen versuchten sie, den Friedensprozeß zu sabotieren – und erreichten immer wieder die Verzögerung israelischer Truppenrückzüge und den Abbruch der Verhandlungen. Auch wenn Anschläge dieser Art in den letzten zwei bis drei Jahren seltener geworden sind, gefährdeten sie doch lange Arafats Glaubwürdigkeit in den Augen der Israelis und damit den Erfolg des Friedensprozesses.

Arafat reagierte auf diese Herausforderung auf zweierlei Weise: Mit heftiger Repression einerseits und dem Versuch der Kooptierung, Besänftigung und Einbindung andererseits. So verpflichtete sich Arafat in Verhandlungen mit Israel immer wieder zur konsequenten Bekämpfung des Terrorismus. Nach Anschlägen ließ er oft hunderte von militanten *Hamas*-Anhängern verhaften und durch ein eigens eingerichtetes Militärgericht –, unter Mißachtung rechtsstaatlicher Standards – zu oft drakonischen Strafen verurteilen. Allerdings mußten die *Hamas*-Mitglieder ihre Strafen nur selten in vollem Umfang verbüßen: Zeigten sie sich kooperationswillig, konnten sie die Gefängnisse oft bald schon wieder verlassen – eine Tatsache, die von Israel immer wieder heftig kritisiert wurde.

Gleichzeitig bemühte sich Arafat um die politische Einbindung der Organisation – in der Hoffnung, sie so zu einer konstruktiveren und weniger gewalttätigen Art der Opposition zu bewegen. Bestes Beispiel für diese Politik war sein Angebot an *Hamas*, sich 1996 an den Wahlen zum Palästinensischen Legislativrat zu beteiligen und so ihre Unterstützung durch etwa 15% der Bevölkerung in Parlamentssitze umzuwandeln. Dieses Angebot löste heftige Diskussionen innerhalb der radikal-islamischen Bewegung aus, da einerseits die Verweigerung der Teilnahme *Hamas* von einer Einflußnahme auf den politischen Prozeß ausschließen würde, andererseits aber die Partizipation in einem politischen System, das die Organisation eigentlich ablehnt, dieses legitimieren würde. Letztlich entschied sich die Organisation gegen die Teilnahme; dennoch ließen sich einige *Hamas*-Vertreter als unabhängige Kandidaten aufstellen, und vier von ihnen gelang der Einzug ins Parlament.

Arafats Doppelstrategie hatte bislang zumindest teilweise Erfolg: *Hamas* sah sich in den letzten Jahren gezwungen, die Radikalität ihrer Ziele und Methoden teilweise einzuschränken, um ihre Unterstützung in der Bevölkerung und ihre Einflußmöglichkeiten auf die Politik nicht zu verlieren. Denn die Terroranschläge auf israelische Zivilisten führten in der palästinensischen Bevölkerung oft zu spontaner Ablehnung und Entrüstung. Gleichzeitig hatten Anschläge meist die Abriegelung der Autonomiegebiete mit fatalen Konsequenzen für die Wirtschaft und den Lebensstandard der Palästinenser zur Folge. Auch sind sich viele Menschen der Tatsache bewußt, daß *Hamas* durch ihre terroristischen Aktionen das internationale Ansehen der Palästinenser schädigt, was angesichts der zentralen Bedeutung der internationalen Gemeinschaft für die wirtschaftliche Entwicklung und den Fortgang der Verhandlungen mit Israel sehr riskant erscheint. Schließlich konnte der Friedensprozeß selbst lange Zeit auf die Unterstützung der Bevölkerung zählen – Kritik richtete sich meist gegen konkrete Einzelheiten der Abkommen, nicht aber gegen das Prinzip der Verhandlungen und der Einigung als solches. *Hamas* scheint mittlerweile auch auf diese Linie eingeschwenkt zu sein und ist nunmehr bereit, Israel – unter bestimmten Bedingungen (die allerdings selten klar formuliert werden) – ein Existenzrecht zuzugestehen.

Letztlich hat der radikale politische Islam, der in den vergangenen Jahren vielen desillusionierten Palästinensern eine politische Heimat bieten konnte und als größte Gefahr für den Friedensprozeß galt, durch Arafats Vermittlung Einfluß auf die Politik und das öffentliche Leben in den Autonomiegebieten gewinnen können. Im Gegenzug hat er sich teilweise aber auch der öffentlichen Meinung angepaßt und so an Radikalität und Gewalttätigkeit verloren.

3. Bildung

Die palästinensische Gesellschaft erfreut sich trotz der wirtschaftlichen Schwierigkeiten der vergangenen Jahre und der schwierigen politischen Umstände eines – im Vergleich zu anderen Ländern der Region – hohen Bildungsstandards. Das Bildungsniveau stellt die Basis für das erwartete Wachstumspotential der palästinensischen Wirtschaft dar und gibt Beobachtern Hoffnung, daß sich die palästinensische Gesellschaft zu einer aktiven und demokratischen Zivilgesellschaft entwickeln kann. Gerade in einer so jungen Gesellschaft wie der palästinensischen, in der fast die Hälfte aller Menschen jünger als 15 Jahre ist, spielen Bildungschancen eine zentrale Rolle für die weitere Entwicklung.

Als der *PLO* 1994 die Autorität über das Bildungswesen übertragen wurde, fand sie ein Netz aus 2400 öffentlichen und privaten Schulen mit knapp 29000 Lehrern vor, die unter schwierigen Bedingungen (auch während des Aufstandes) die Grundausbildung der palästinensischen Jugendlichen sichergestellt hatten. Dem Engagement der palästinensischen Lehrer ist es zu verdanken, daß trotz der Beeinträchtigungen des Schulbetriebs während der *Intifada* die Palästinenser mit 91% der über 15jährigen eine der höchsten Alphabetisierungsraten des Nahen Ostens besitzen. Im Haushalt der Autonomiebehörde ist der größte Posten der zivilen Ausgaben dem Bildungssystem gewidmet (etwa 19% des Gesamtbudgets). Der Großteil dieser Mittel wird dazu benötigt, die bestehenden Einrichtungen dem ständig wachsenden Bedarf anzupassen, der dadurch zustande kommt, daß die Anzahl der Jugendlichen steigt und dementsprechend der Anteil der Schulbesucher zunimmt. Die Alphabetisierungsrate von 97% bei der jüngeren Generation und eine Reduzierung der Anzahl der Schulabbrecher von 15 bis 18% während der *Intifada* auf gut 2% zeigen den Erfolg dieser Bemühungen.

Dennoch leidet das palästinensische Schulsystem, zu dem neben staatlichen Schulen auch Einrichtungen des UNO-Flüchtlingshilfswerks *UNRWA* und private Schulen gehören, unter Geldmangel. Denn viele der privaten und religiösen Schulen wurden hauptsächlich durch Spenden aus dem Ausland finanziert. Seit 1994 fließt jedoch ein Großteil der Hilfsmittel direkt an die Autonomiebehörde, so daß viele der Nichtregierungsorganisationen ihre Bildungseinrichtungen selbst nicht mehr tragen können. Gleichzeitig wurde das Budget der *UNRWA*, die vor allem die Flüchtlingscamps (also ein Viertel bis ein Drittel der Bevölkerung) mit Bildungseinrichtungen versorgt, in den vergangenen Jahren erheblich gekürzt. Trotz steigender Ausgaben für Schulen kann die Autonomiebehörde die Einschränkungen auf diesen beiden Gebieten kaum ausgleichen. Obwohl daher im Schuljahr 1998/99 zwar insgesamt etwa 840000 Schulkinder unterrichtet wurden, wurde die Qualität des Unterrichts durch mangelhaftes Unterrichtsmaterial und unzulängliche Räumlichkeiten, vor allem aber durch überfüllte Klassen beeinträchtigt.

Immer mehr junge Palästinenser kommen heute auch in den Genuß einer Hochschulausbildung. Palästinensische Universitäten sind eine relativ junge Einrichtung – bis 1972 gab es keine einzige Hochschule in der Westbank und dem Gazastreifen. Vor 1972 hatten ambitionierte Palästinenser lediglich die Möglichkeit, die Universitäten anderer arabischer Länder, vor allem (wie Arafat) in Kairo oder Beirut, zu besuchen. Palästinensische Studentengruppen an diesen Universitäten waren politisch sehr aktiv und bildeten den Kern verschiedener palästinensischer Befreiungsbewegungen wie der *Fatah* oder der Arabischen Nationalbewegung.

Das rasche Wachstum von Hochschulen in der Westbank und im Gazastreifen während der 70er und 80er Jahre ermöglichte auch weniger privilegierten Palästinensern, vor allem Flüchtlingen und der Landbevölkerung, den Zugang zu einer weiterführenden Ausbildung. Hier wuchs eine Generation gut ausgebildeter, politisch hoch mobilisierter Jugendlicher heran, die schließlich bei der Aufnahme und der Durchführung des palästinensischen Aufstandes eine entscheidende Rolle spielten. Während der *Intifada* selbst wurden die meisten der *Colleges* und Universitäten gerade wegen ihrer Funktion als Zentren der politischen Agitation und der Koordination von Aktivisten geschlossen. Der Unterricht wurde in eingeschränkter Form meist heimlich und in Privaträumen weitergeführt.

Heute besuchen etwa 45000 palästinensische Studenten Hochschulen innerhalb der Autonomiegebiete, davon ca. 43% Frauen. Die Bildungseinrichtungen sind nach wie vor auch Zentren der politischen Aktivität und Auseinandersetzung. Der Konflikt zwischen säkular orientierten Nationalisten, die Arafat und der Autonomiebehörde nahestehen, und radikalen Islamisten dominiert dabei so manchen Campus.

4. Frauen

Wie andere arabische Gesellschaften ist die palästinensische in weiten Bereichen traditionell orientiert. Der öffentliche Raum, die Politik und die Wirtschaft, werden grundsätzlich als Männersache angesehen. Besonders die Clan- oder *Hamula*-Struktur, die vor allem in ländlichen Gegenden und in Flüchtlingslagern, aber auch in der Politik der Autonomiebehörde eine entscheidende Rolle spielt, ist patriarchalisch geprägt: Anführer eines Clans ist immer ein Mann, der über den Besitz der Familie verfügt, sie nach außen vertritt, wichtige Entscheidungen trifft und auch dafür zuständig ist, die Ehre der Familie zu verteidigen. Gewalt gegen Frauen wird daher meist als Clan-interne Angelegenheit betrachtet, und dies erschwert die Aufklärung oder Hilfe durch Frauen- oder Menschenrechtsorganisationen. Zudem bestimmt der traditionelle arabische Ehrenkodex, daß vor allem sexuelle „Fehltritte" von Frauen – zu denen auch erlittene Vergewaltigungen zählen – Schande für die gesamte Familie bedeuten. Um die Familienehre wiederherzustellen, werden daher Frauen, denen sexuelle „Vergehen" nachgesagt werden, diskriminiert, oft aus dem Clan ausgestoßen oder gar ermordet.

Gleichzeitig gibt es in der palästinensischen Gesellschaft aber auch eine lange Tradition des öffentlichen und sozialen Engagements von Frauen. Bereits Anfang des 20. Jahrhunderts entstanden verschiedene wohltätige Vereine und Zirkel, die meist von Frauen geleitet und organisiert wurden, die der städtischen Bildungselite angehörten. Ein erster Dachverband für diese verstreuten Organisationen entstand 1921. Die Bedeutung der Frauenverbände in der Gesundheitsfürsorge, der Bildung, aber auch für die öffentliche Sicherheit und die Wirtschaft nahm nach dem Zweiten Weltkrieg und besonders nach 1970 beständig zu. Die Aufnahme der Gesamtvereinigung Palästinensischer Frauen in die *PLO* war schließlich ein Zeichen dafür, daß die Leistungen der Frauen auch von der Gesellschaft anerkannt wurden.

Mit dem Beginn der *Intifada* 1987 änderte sich das Rollenverständnis palästinensischer Frauen grundlegend: Als viele Ehemänner und Söhne nach gewaltsamen Zusammenstößen mit dem israelischen Militär lange Zeit in israelischen Gefängnissen oder Krankenhäusern verbrachten, übernahmen Frauen oft Leitungsfunktionen innerhalb der Familie. Gleichzeitig engagierten sie sich in den zahlreichen Volkskomitees und Nachbarschaftsinitiativen, die unter den erschwerten Bedingungen des Aufstandes die Versorgung der Bevölkerung aufrechterhielten. Besonders die Organisation versteckter Schulen, die Durchführung lokaler Wirtschaftsprojekte und die Einrichtung zahlreicher medizinischer Stationen wäre ohne den Einsatz der palästinensischen Frauen nicht möglich gewesen. Darüber hinaus wagten sich viele Frauen an bislang den Männern vorbehaltene Aktivitäten, indem sie an politischen Demonstrationen teilnahmen, sich an örtlichen Sicherheitskontrollen beteiligten und sich nicht selten bei Straßenschlachten zwischen ihre Kinder und das israelische Militär stellten.

Nach dem Ende der *Intifada* und mit Beginn des Friedensprozesses waren die Erwartungen vieler Frauen an das neue politische System daher sehr hoch. Während des Aufstandes hatten Frauen im öffentlichen Raum, aber auch innerhalb der Familie bewiesen, daß sie bereit und fähig waren, Führungsaufgaben zu übernehmen. Dieses neue Selbstbewußtsein der Frauen sollte ihrer Meinung nach nun in neue Rechte und Partizipationsmöglichkeiten umgesetzt werden. Doch die Politik der Palästinensischen Autonomiebehörde enttäuschte viele der *Intifada*-Aktivistinnen. Anstelle der demokratischen, offenen Bürgergesellschaft mit verfassungsmäßig garantierten Rechten für Frauen, die sie sich erhofft hatten, kehrte die durch den Aufstand kaum veränderte *PLO* aus der Diaspora zurück und prägte der neu geschaffenen Autonomiebehörde ihren Stempel auf. Das politische System der Autonomiebehörde schwächte die zivilen Strukturen, in denen sich Frauen eine starke Position erkämpft hatten, stärkte sogar einige Elemente der palästinensischen Gesellschaft, die der Emanzipation von Frauen entgegenstehen, und versäumte es bislang, ein Rechtssystem aufzubauen, das die Belange der weiblichen Bevölkerung effektiv schützen könnte.

Auch der wachsende Einfluß der radikalen Islamisten auf die palästinensische Politik und Gesellschaft schmälerte die Erfolgsaussichten feministischer Reformprojekte. So etwa startete *Hamas* eine Kampagne gegen westlich gekleidete Frauen, die in ihren Augen ein Zeichen für den Werteverfall und die Verwestlichung der Gesellschaft darstellen. Dieser Kampagne, in deren Verlauf emanzipierte Frauen öffentlich beleidigt, sexueller Verfehlungen beschuldigt und manchmal sogar tätlich angegriffen wurden, setzte die Autonomiebehörde wenig entgegen: Arafat hatte sich bereits durch die Friedensverhandlungen mit Israel die radikalen Islamisten zu Gegnern gemacht, und daher war er bemüht, sie auf anderen Gebieten zu besänftigen. Eine Konfrontation mit den Islamisten über die Stellung und die Rechte von

Frauen erschien Arafat und der ihm loyalen Führungselite in der Autonomiebehörde somit nicht angebracht.

Die palästinensischen Frauenrechtsorganisationen zielen mit dem Großteil ihrer Initiativen jedoch weniger auf die Reform des gesamten politischen Systems oder die Zurückdrängung des islamischen Einflusses, sondern auf die Reform des palästinensischen Rechtssystems. Zum einen engagieren sich Frauen dafür, überhaupt ein einheitliches Recht herzustellen. Denn solange Elemente des osmanischen, britischen, jordanischen, ägyptischen, israelischen und palästinensischen Rechts nebeneinander existieren und daneben zusätzlich Gewohnheitsrecht und religiöses Recht angewendet werden, bleibt eine grundlegende Rechtsunsicherheit bestehen, die durch Mängel im Justizwesen noch weiter verstärkt wird. Die Wahrung von Menschen- und insbesondere Frauenrechten ist unter diesen Umständen ein schwieriges Unterfangen.

Abgesehen von diesen grundsätzlichen Anliegen bemühen sich Frauenorganisationen beispielsweise um die Aufnahme einer Gleichberechtigungsklausel in den Verfassungsentwurf, der seit einigen Jahren existiert und vom Legislativrat auch bereits verabschiedet wurde. Im Gegensatz zur palästinensischen Unabhängigkeitserklärung von 1988, die ein Bekenntnis zur Gleichberechtigung enthielt, ist ein solcher Passus in der zukünftigen palästinensischen Verfassung zumindest bislang nicht vorgesehen.

Auf der Ebene einfacher Gesetze kann die Frauenbewegung bereits einige Erfolge verzeichnen: So können Frauen jetzt auch ohne die Zustimmung ihrer Ehemänner oder der für sie zuständigen männlichen Verwandten Reisedokumente beantragen und in einigen Fällen auch ihre Kinder in diese Reisedokumente eintragen lassen.

Weniger erfolgreich waren hingegen bislang die Initiativen und Kampagnen, die eine Reform des Familienrechts zum Ziel hatten. Nach der momentanen Gesetzeslage unterliegen Fragen des persönlichen Status und des Familienrechts, also Ehe- und Scheidungsgesetze, Erbrecht, Bestimmungen über das Fürsorgerecht für Kinder und ähnliches, den unterschiedlichen religiösen Regelungen und Gerichten. Für die Mehrheit der muslimischen Frauen bedeutet dies die Anwendung des islamischen Rechts, der *Scharia*, und die Zuständigkeit islamischer Gerichte in diesen Fragen.

Forderungen nach der Einführung bürgerlicher Gesetze und Instanzen ziviler Gerichtsbarkeit in diesem Bereich stoßen bei radikalen Islamisten, aber auch im religiösen Establishment und bei der einfachen, religiös geprägten Bevölkerung auf heftigen Widerstand. Ob hier in naher Zukunft mit einer entscheidenden Veränderung der Rechtslage gerechnet werden kann, erscheint eher fraglich. Wahrscheinlicher ist ein langsamer Prozeß der Veränderung, der auf der Grundlage des islamischen Rechts die Interessen der Frauen stärker berücksichtigt. Dennoch zeigen die intensive Lobbyarbeit und die Organisation zahlreicher Gesprächskreise und Konferenzen zu frauenpolitischen Themen bereits heute einige Wirkung. So brechen gesellschaftliche Tabus, mit denen gerade Fragen der Gewalt gegen Frauen und der Sexualität belegt wurden, nach und nach auf.

Der im Vergleich zu anderen arabischen Ländern hohe Grad an politischem und gesellschaftlichem Engagement der palästinensischen Frauen hängt auch mit ihrem relativ hohen Bildungsstandard zusammen. Allerdings bedeuten vergleichsweise gute Ausbildung und politisches Engagement noch keineswegs den Zugang zu einflußreichen Posten in Wirtschaft und Politik. Arafat berief seit der Gründung der Palästinensischen Autonomiebehörde mit mindestens 20 Ministerien nur zwei Frauen zu Ministerinnen: Intisar al-Wazir als Sozialministerin und Hanan Ashrawi als Erziehungsministerin. Da Hanan Ashrawi im Sommer 1998 nach ihrer Degradierung zur Tourismusministerin ihr Amt jedoch niederlegte, gehört der Regierung auf Ministerebene heute lediglich eine Frau an.

Bei den Wahlen zum Legislativrat konnten 1996 fünf Frauen (bei 88 Sitzen) ein Mandat erringen – im Vergleich zu anderen arabischen Ländern eine hohe Zahl. Laut Angaben des *Women's Study Center* – eine der führenden palästinensischen Einrichtungen, die sich für die Emanzipation der Frauen einsetzen – haben Frauen in der Autonomiebehörde 21 von 113 Direktorenposten inne, auf der mittleren Verwaltungsebene stellen sie bereits über ein Drittel der Bediensteten, auf der unteren Ebene sind es 46%.

Obwohl die Stellung palästinensischer Frauen in der Autonomiebehörde zumindest in den unteren und mittleren Positionen relativ gefestigt scheint, sind berufstätige Frauen in der Privatwirtschaft immer noch eher die Ausnahme. Insgesamt stellten Frauen in der Westbank 1999 nur etwa 15% aller Arbeitskräfte, in dem traditioneller geprägten und ärmeren Gazastreifen waren es nur um die 10%. Diese Zahlen bedeuten einen beachtlichen Fortschritt im Vergleich zu 1996, als der Frauenanteil am Arbeitsmarkt lediglich 13,5% in der Westbank und 6,4% im Gazastreifen betrug. Dennoch gibt es in den palästinensischen Gebieten im Vergleich zu anderen arabischen Ländern wenig berufstätige Frauen. Einer der Gründe für diese niedrige Quote berufstätiger Frauen ist sicherlich die ungewöhnlich hohe Geburtenrate in den Autonomiegebieten; das Bevölkerungswachstum erreicht nicht selten 4% und ist damit eines der höchsten der Welt. Gleichzeitig ist es aber für Frauen schwieriger, eine Anstellung zu finden, als für Männer.

Trotz aller Defizite im rechtlichen Raum und in der Berufswelt und trotz der Versuche der extremen religiösen Gruppierungen, die Freiheit von Frauen einzuschränken, haben sich die Palästinenserinnen einen Platz in der Gesellschaft erkämpft und genießen trotz des Fortbestehens patriarchalischer Strukturen gute Bildungsmöglichkeiten, weitgehende Entscheidungsfreiheit und das politische Selbstbewußtsein, ihre Rechte wirksam einzufordern.

5. Palästinensische Kunst und Literatur

Palästina verfügt über eine derart reiche kulturelle Tradition, in der viele Zivilisationen und Weltreligionen ihre Spuren hinterlassen haben, daß der *zeitgenössischen* palästinensischen Kunst und Literatur oft nur wenig Aufmerksamkeit zukommt. Doch bieten die von palästinensischen Künstlern in Wort und Bild eingefangenen Stimmungen und Situationsbeschreibungen wichtige Einblicke in das palästinensische Selbstverständnis und den Umgang mit politischen und geschichtlichen Ereignissen.

Die wichtigste traditionelle Kunstform ist – wie im arabischen Kulturraum insgesamt – die mündliche Tradierung von Geschichten. Diese Tradition des Geschichtenerzählens wurde über Jahrhunderte meist von Frauen im Kreis der ausgedehnten Großfamilie fortgeführt. Die Geschichten, als *hikaye* oder *xurrafiyye* bezeichnet, handeln von den unterschiedlichen sozialen Situationen, in die ein Individuum in seinem Leben geraten kann, und dienen daher neben der Unterhaltung vor allem der Erziehung der Kinder. Das Geschichtenerzählen hat zwar wegen der Konkurrenz durch Fernsehen und Radio heute an Bedeutung verloren, doch lebt die Tradition fort, und Volksmärchen gehörten nach wie vor zum gemeinsamen Erfahrungsschatz vieler Palästinenser. Zudem kam der traditionellen Erzählform im Zuge der Wiederentdeckung zahlreicher Elemente nationaler palästinensischer Kultur während der *Intifada* neue Bedeutung zu – auf den Spuren der Gebrüder Grimm stellten etwa Ibrahim Muhawi und Sharif Kanaana eine Reihe palästinensischer Volksmärchen in dem Band *Speak Bird, Speak Again* (in englischer Übersetzung) zusammen.

Das Wiederaufleben der Tradition der mündlichen Weitergabe von volkstümlichen Geschichten als Teil einer „nationalen Kultur" im Zuge der Stärkung des palästinensischen Nationalbewußtseins in den 70er, 80er und 90er Jahren zeigt bereits die enge Verbindung zwischen palästinensischer Kunst und Politik, die sich auch sehr deutlich in anderen Formen der palästinensischen Kunst wiederspiegelt. Eine weitere traditionelle Kunstform, die von der Rückbesinnung auf Traditionen profitieren konnte, ist die Stickkunst. Hier erlebte nicht nur das Handwerk als solches einen Aufschwung, sondern es tauchten auch vermehrt wieder klassische palästinensische Motive auf, die mit neueren Formen kombiniert und weiterentwickelt wurden.

Ist also bereits die Wiederaufnahme alter Kunstformen vor dem Hintergrund einer politischen Agenda zu sehen, so gelangt der politische Inhalt der Kunst in der Malerei und der modernen Literatur noch weitaus klarer und direkter zum Ausdruck. Hier werden einerseits die Themen der Flucht, des Lebens im Exil, der Rückkehr und des Kampfes verarbeitet und reflektiert. Andererseits rufen die Bilder und Texte oft zu konkreten Handlungen auf und werden zur Mobilisierung und Beeinflussung der Bevölkerung benutzt.

Parallel zu den politischen Ereignissen lassen sich verschiedene Phasen in der palästinensischen Kunst unterscheiden. Nach *al-Nakbah*, der „Katastrophe" des ersten arabisch-israelischen Kriegs von 1948/49, waren Flucht und Vertreibung, das Gefühl der Niederlage und des Versagens und die Sehnsucht nach der Heimat das Hauptthema in Literatur und Malerei. Die Nostalgie, die Wehmut und die unkritische Verklärung der Heimat, die oft aus diesen Werken klingen, ließen aber nur wenige palästinensische Künstler dieser Epoche internationale Anerkennung erfahren.

Eine der großen Ausnahmen ist Ghassan Kanafani, ein Schriftsteller, der heute als einer der „Klassiker" der palästinensischen Literatur gilt. In seinen Romanen, Kurzgeschichten und Erzählungen, von denen viele auch ins Deutsche übersetzt sind, zeichnet er ein Bild der Erfahrungswelt der Palästinenser in den ersten beiden Jahrzehnten nach 1948. Der Autor, der in den 70er Jahren einem Attentat zum Opfer fiel, thematisiert die Flucht und das Leben der Palästinenser in der Diaspora, die damit einhergehenden Gefühle von Frustration und Ohnmacht und schließlich das Umschlagen dieser Gefühle in Begeisterung für den Befreiungskrieg. Sehr eindringlich beschreibt Ghassan Kanafani diese Gefühlsentwicklung in seiner Erzählung *Rückkehr nach Haifa*. Im Mittelpunkt dieser Erzählung steht ein Elternpaar, das während des israelisch-arabischen Krieges aus Haifa geflohen ist und nun in der vagen Hoffnung zurückkehrt, etwas über das Schicksal ihres zwanzig Jahre zuvor in den Kriegswirren verloren gegangenen Säuglings zu erfahren. Sie treffen ihr Kind tatsächlich bei seiner israelischen Ziehmutter wieder, doch ist ihr Sohn, der inzwischen erwachsen geworden ist und bei der israelischen Armee dient, ihnen vollkommen entfremdet und weigert sich, sie als seine Eltern anzuerkennen. Erst die Bereitschaft, die Unwiederbringlichkeit des Versäumten anzuerkennen und sich statt dessen auf die Zukunft zu konzentrieren, deutet eine Chance zur Überwindung des Traums an und markiert zugleich den Wandel von ohnmächtiger Passivität zu entschlossenem Handeln. Träger dieser neuen Einstellung wird allerdings – auch dies ein typisches Motiv in der palästinensischen Literatur – erst die Kindergeneration sein.

In seinem Porträt der palästinensischen Stimmungslage, die vor allem in seinem (neben *Rückkehr nach Haifa*) wohl bekanntesten Werk, *Männer in der Sonne*, zum Ausdruck kommt, verfolgt Kanafani aber gleichzeitig ein eigenständiges politisches Programm. Im Gegensatz zu vielen anderen palästinensischen Schriftstellern dieser Zeit, die mit ihrer Kunst oft die Bevölkerung zum Kampf gegen Israel mobilisieren wollten, hebt Kanafani schon sehr früh und immer wieder die Möglichkeit eines Dialogs mit den Israelis hervor – eine Position, die zu dieser Zeit noch von allen führenden politischen Kräften vehement abgelehnt wurde.

Mit Beginn der israelischen Besatzung der Westbank und des Gazastreifens 1967 schritt die Politisierung der palästinensischen Kunst weiter voran. Neue Literaturzirkel wurden gegründet, und viele Zeitungen führten Literatur- und Kunstseiten ein, doch drehten sich ihre Diskussionen und Aktivitäten häufig weniger um die Kunst als solche als um ihren politischen Inhalt. Die palästinensische Kultur litt auch darunter, daß viele der prominenten Künstler ein freies Leben in der Diaspora dem zensierten Dasein in der Westbank und dem Gazastreifen vorzogen.

Von diesem Problem war besonders auch der palästinensische Film betroffen, der zwischen 1967 und 1982 eine kurze Blüte erlebte. Beispielhaft zeigt sich dies an der 1967 im jordanischen Exil von Mustapha ʿAli, Hany Jawhariya und Sulafa Jadallah gegründeten Filmgruppe. Die mit der *Fatah*-Organisation verbundene Filmgruppe mußte nach dem „schwarzen September" 1971 nach

Beirut ausweichen, wo sie – mit nur den allereinfachsten Mitteln ausgestattet – Dokumentarfilme über die Situation der Palästinenser erstellte. Andere politische Organisationen der Palästinenser wie die PFLP (*Palestinian Front for the Liberation of Palestine*) oder die Kulturabteilung der *PLO* riefen ebenfalls eigene Filmproduktionen ins Leben, die, da sie von den besetzten Gebieten in Israel abgeschnitten waren, vor allem das Leben in den Flüchtlingscamps oder die kriegerischen Auseinandersetzungen thematisierten.

Der internationale Einfluß der palästinensischen Dokumentarfilme blieb marginal, aber deswegen darf ihre Bedeutung für die Mobilisierung der Palästinenser nicht unterschätzt werden. Nach der Invasion der Israelis in Beirut im Jahre 1982 kam die palästinensische Filmproduktion jedoch fast vollständig zum Erliegen, zumal die PLO im tunesischen Exil damit begann, sich auf Koproduktionen mit westlichen Filmemachern umzustellen.

Für die palästinensische Literatur hingegen erwies sich die Diaspora in gewisser Hinsicht sogar als Vorteil: Palästinensische Schriftsteller kamen im Exil in engen Kontakt mit den neueren Entwicklungen in der arabischen Literatur der Nachbarländer. Zugleich orientierte sich die literarische Produktion vermehrt an einem Publikum außerhalb des israelisch-palästinensischen Gebietes, etwa in Beirut oder Kairo. Im Wechselspiel mit der intensiven Rezeption der palästinensischen Literatur in anderen arabisch sprechenden Ländern wurde so eine recht fruchtbare Dynamik in Gang gesetzt. Durch die (nicht zuletzt exilbedingte) enge Anbindung an die restliche arabische Welt hat die palästinensische Literatur daher nachhaltig profitiert.

Kunst hatte nach 1967 explizit die Aufgabe der Identitätsbewahrung und unterstützte meist die Ideologie des *sumud*, des Durchhaltens. Mit der Zuspitzung der politischen Lage, die dem Ausbruch der *Intifada* voranging, wurde vielfach auch der Inhalt der Kunst militanter und rief nun häufig – besonders in Form von Graffitis – zum aktiven Widerstand gegen Israel auf. Politische Botschaften wurden dabei zum Teil direkt durch die behandelten Themen vermittelt; so wurden historische Beispiele palästinensischen Widerstandswillens, vor allem der Aufstand von 1936–39, hervorgehoben, oder, während der *Intifada*, der Mut junger Widerstandskämpfer verherrlicht. Aber auch die Verwendung bestimmter Materialien und Symbole hatte politische Bedeutung. Häufig wurden palästinensische nationale Symbole wie der Felsendom, der Olivenbaum und die *keffiyah* und, in der bildenden Kunst, Erde als Symbol für Heimat verwendet. Während der *Intifada* war das Symbol des Steins aus kaum einem Kunstwerk wegzudenken.

Die *Intifada* löste eine Flut literarischer Werke mit recht typischen Charakteristika aus, so daß sich für diese Art von Werken inzwischen die Bezeichnung *Intifada-Literatur* eingebürgert hat. Vor allem in der Dichtung, der neben der Kurzgeschichte wichtigsten Gattung der palästinensischen Literatur, spiegelt sich das Zusammenrücken der palästinensischen Nation und die Aufbruchstimmung während der Anfangsphase der *Intifada* wider. Allerdings kennzeichnet gerade die *Intifada*-Literatur eine gewisse Einsilbigkeit und ein vergleichsweise hohes Maß an Stereotypie. Nicht selten ist der Übergang zur Propaganda fließend, wie zum Beispiel bei der oft extrem idealisierenden Darstellung steinewerfender Kinder.

Gerade wegen ihrer politischen Ausrichtung und ihrer Rolle bei der Mobilisierung der Bevölkerung wurde die Tätigkeit palästinensischer Kultureinrichtungen ab Mitte der 80er Jahre von den israelischen Behörden stark eingeschränkt. Viele Künstler wurden wegen politischer Agitation inhaftiert oder ausgewiesen, und die Verbreitung von Literatur wurde teilweise, da als Propaganda betrachtet, verboten. Prominentester Vertreter der *Intifada*-Literatur mit ihrer typischen Mischung aus Sentimentalität und Militanz ist Mahmoud Darwisch. Seine Gedichte fanden ein breites Publikum und lösten nach ihrer Übersetzung ins Hebräische eine derart heftige öffentliche Kontroverse aus, daß sie sogar Gegenstand einer Parlamentsdebatte in der israelischen Knesset wurden.

Im Vergleich zu der recht einseitig politisch gefärbten Kunst, die während der Jahre der israelischen Besatzung und der *Intifada* entstand, hat die heutige palästinensische Kunst- und Kulturszene deutlich an Vielfalt, Offenheit und Innovationsfreude gewonnen. Die Vielfalt beginnt mit der räumlichen Verteilung: War vor Beginn des Friedensprozesses Ostjerusalem fast ausschließlich das Zentrum jeglicher kultureller Aktivität gewesen, verursachte die Abtrennung dieses Stadtteils von den übrigen palästinensischen Gebieten eine Verlagerung der Kunstszene auf mehrere andere palästinensische Städte. Dabei hat sich besonders Ramallah einen Namen als Kulturzentrum gemacht: Hier treffen die Kultur- und Medieninstitutionen der Palästinensischen Autonomiebehörde mit einer schillernden Vielfalt privater Initiativen und Künstlervereinigungen zusammen.

Nachdem der Kriegszustand zwischen Palästinensern und Israelis beendet war, konnten sich vor allem die künstlerischen Inhalte neue Freiräume erschließen. Das lag zum einen sicherlich an der Rückkehr vieler palästinensischer Künstler, die einen Großteil ihres Berufslebens in den verschiedensten Teilen der Erde verbracht hatten und von dort die unterschiedlichsten Eindrücke, Ideen und Konzepte mitbrachten. Wichtiger aber war vermutlich die Befreiung der Kunst von politischen Imperativen. Wo zuvor oft politische Ziele über die Ästhetik dominierten, konnte sich seit Beginn des Friedensprozesses eine unverkrampftere Haltung zur eigenen Situation und ein selbstkritischerer Umgang mit der eigenen Identität durchsetzen.

Zitatnachweise

Seite 11: Amos Elon: Blick über den Jordan, in: Ders.: *Nachrichten aus Jerusalem 1968 bis 1994*. Aus dem Englischen von Matthias Fienbork, Frankfurt am Main 1995, S. 285.

Seite 19: Karl Marx: Der 18. Brumaire des Louis Bonaparte, I. Kapitel, auf: *http://gutenberg.aol.de* unter:
http://gutenberg.aol.de/marx/brumaire/xm08_115.html#KapitelI

Seite 89: Shimon Peres: Battling for Peace. A Memoir, New York 1995, S. 303.
Im Original lautet das Zitat: „How strange it is, I found myself thinking, that we Israeli are now the ones granting the Palestinians what the British granted us more than seventy years ago, a ‚homeland in Palestine‘, in the words of the Balfour Declaration of November 1917."

Seite 122: NIZĀMULMULK: Das Buch der Staatskunst Sijasatnama. Aus dem Persischen übersetzt von Karl Emil Schabinger, Zürich o.J., S. 182.

Seite 137: Amira Hass: Drinking the Sea at Gaza. Days and nights in a land under siege, New York 1999 (Hebräische Originalausgabe: Tel Aviv 1996), S. 349.
Im Original lautet das Zitat: "In 1970, opening up the Israeli labor market to the occupied territories was intended to weaken Palestinian nationalism and preclude territorial separation; in the 1990s, shutting off the source of labor became a means of quashing the drive to independence. For Israelis, the immediate consequence of demographic separation was that Palestinians disappeared from their streets thereby quelling their increasing fears of Palestinians ‚just roaming around‘, in the words of a CLO official. (Their fear contained an intuitive understanding of the frustration building in Gaza and the West Bank, and Israelis seemed to know that such frustration would inevitably lead to a reaction, one that might not pose a strategic threat to the State of Israel but would instead endanger individual civilians.) For the Palestinian political elite the Israeli peace-camp segregation was seen as a harbinger of political and territorial separation, with hindsight, this was clearly wishful thinking."

Seite 149: Ibn Khaldûn: The Muqaddimah. An Introduction to History. Translated from the Arabic by Franz Rosenthal, Princeton 1967, S. 285.
Im Original lautet das Zitat: „We have explained before that royal authority and the foundation of dynasties are the goal of group feeling,

that sedentary culture is the goal of Bedouin life, and that any civilisation, be it a Bedouin civilisation or sedentary culture, whether it concerns ruler or commoner, has a physical life, just as any individual has a physical life."

Literaturhinweise

Allgemeines/Landeskunde

Balke, Ralf, *Israel*, München 2000.
Frings, Ute/Rosen, Rolly, *Anders reisen. Israel und Palästina*, Hamburg 1998.
Köndgen, Olaf, *Jordanien*, München 1999.
Weinrib, Laura, *Let's go. Israel and the Palestinean Territories*, Hampshire 1999.

Geschichte

Bethell, Nicholas, *Das Palästina-Dreieck. Juden und Araber im Kampf um das Britische Mandat 1935–1948*, Frankfurt a.M. 1979.
Carmel, Alex/Eisler, Ejal Jakob, *Der Kaiser reist ins Heilige Land. Die Palästinareise Wilhelms II. 1898*, Stuttgart 1999.
Faroqhi, Suraiya, *Geschichte des Osmanischen Reiches*, München 2000.
Haarmann, Ulrich/Halm, Heinz (Hg.), *Geschichte der arabischen Welt*, München [4]2001.
Lacqueur, Walter, *Der Weg zum Staat Israel. Geschichte des Zionismus*, Wien 1975.
Lewis, Bernard, *Stern, Kreuz und Halbmond. 2000 Jahre Geschichte des Nahen Ostens*, München / Zürich 1997.
Mejcher, Helmut, *Die Palästina-Frage 1917–1948. Historische Ursprünge und internationale Dimensionen eines Nationenkonflikts*, Paderborn 1993.
Timm, Angelika, *Israel – Geschichte des Staates seit seiner Gründung*, Bonn [3]1998.

Konflikt zwischen Israel und Palästina

Abu-Sharif, Bassam/Mahnaaimi, Uzi, *Mein Feind – Mein Freund. Ein Araber und ein Israeli kämpfen für eine gemeinsame Zukunft*, München 1996.
Avnery, Uri, *Zwei Völker – Zwei Staaten. Gespräch über Israel und Palästina*, Heidelberg 1995.
Ders./Bishara, Azmi (Hg.), *Die Jerusalemfrage. Israelis und Palästinenser im Gespräch*, Heidelberg 1996.
Diner, Dan, *Israel in Palästina*, Königstein 1979.
Elias, Adel S., *Wer wirft den letzten Stein? Der lange Weg zum Frieden im Nahen Osten*, Düsseldorf 1993.
Hansen, Gerda, *Palästina auf dem Weg zur Eigenstaatlichkeit. Literatur und Internetressourcen zur politischen, wirtschaftlichen und gesellschaftlichen Entwicklung seit Oslo*, Hamburg 1999.

Johannsen, Margret/Schmid, Claudia (Hg.), *Wege aus dem Labyrinth? Friedenssuche in Nahost*, Baden-Baden 1997.

Kimmerling, Baruch/Midgall, Joel, *Palestinians. The Making of a People*, Cambridge 1994.

Lerch, Wolfgang Günter, *Der lange Weg zum Frieden*, München/Berlin 1996.

Nassar, Jamal/Heacock, Roger (Hg.), *Intifada. Palestine at the Crossroads*, New York 1990.

Netanyahu, Benjamin, *Der neue Terror*, München 1996.

Quetsch, Guido, *Auf dem Weg zur Nation. Die palästinensische Bewegung in den fünfziger und sechziger Jahren*, Würzburg 2000.

Tophoven, Rolf, *Der israelisch-arabische Konflikt*, Bonn 1999.

Peres, Shimon, *Die Versöhnung*, Berlin 1993.

Rafael, Gideon, *Der umkämpfte Frieden. Die Außenpolitik Israels von Ben Gurion bis Begin*, Frankfurt a.M. 1984.

Said, Edward, *Zionismus und palästinensische Selbstbestimmung*, Stuttgart 1991.

Ders., *Frieden in Nahost? Essays über Israel und Palästina*, Heidelberg 1997.

Ders., *End of the Peace Process. Oslo and After*, New York 2000.

Sayigh, Yezid, *Armed Struggle and the Search for State. The Palestinian National Movement 1949–1993*, Oxford 1997.

Tibi, Bassam, *Pulverfaß Nahost – eine arabische Perspektive*, Stuttgart 1997.

Watzal, Ludwig, *Friedensfeinde. Der Konflikt zwischen Israel und Palästina in Geschichte und Gegenwart*, Berlin 1998.

Biographisches

Ashrawi, Hannan, *Ich bin in Palästina geboren*, Berlin 1995.

Aburish, Said K., *Arafat. From Defender to Dictator*, New York 1998.

Dachs, Gisela, *Getrennte Welten. Israelische und Palästinensische Lebensgeschichten*, Basel 1998.

Dachs, Gisela/Baltissen, Georg (Hg.): *Deutsche, Israelis und Palästinenser. Ein schwieriges Verhältnis*, Heidelberg 1999.

Leavitt, June, *Hebron, Westjordanland: Im Labyrinth des Terrors. Tagebuch einer jüdischen Siedlerin*, Hildesheim 1996.

Palästina (Politik, Wirtschaft, Gesellschaft, Kultur)

Asseburg, Muriel, *Palästina auf dem Weg zum Staat. Determinanten, Entwicklungen, Szenarien*, Ebenhausen 1999.

Darwish, Khalil, *Sozioökonomische Struktur und sozialer Wandel in der palästinensischen Gesellschaft nach 1948*, Pfaffenweiler 1983.

Diwan, Ishac/Shaban, Radwan (Hg.), *Development Under Adversity. The Palestinian Economy in Transition*, Washington 1999.

Elad-Bouskila, Ami, *Modern Palestinian Literature and Culture*, London 1999.

Gowers, Andrew/Walker, Tony, *Arafat. Hinter dem Mythos*, München 1994.

Rubinstein, Danny, *Yassir Arafat. Vom Guerillakämpfer zum Staatsmann*, Heidelberg 1996.

Wallach, Janet/Wallach, John, *Yassir Arafat*, München 1994.

Farsoun, Samih/Zacharia, Christina, *Palestine and the Palestinians*, Boulder 1997.

Kanafani, Ghassan, *Palestine's Children. Returning to Haifa and Other Stories*, London 2000.

Khalidi, Rashid, *Palestinian Identity. The Construction of Modern National Consciousness*, New York 1997.

Milton-Edwards, Beverly, *Islamic Politics in Palestine*, New York 1996.

Ortlieb, Sylvia, *Palästinensische Identität und Ethnizität*, Köln 1995.

Rubin, Barry, *The Transformation of Palestinian Politics. From Revolution to State-Building*, Cambridge/London 1999.

Shafik, Viola, *Arab Cinema. History and Cultural Identity*, Cairo 1998.

Internetseiten:

www.birzeit.edu/links/index.html Hervorragende Internetseite der Bir-Zeit-Universität, auf der Links zu den wichtigsten weiteren palästinensischen Webseiten zu finden sind.

www.pna.org Offizielle Webseite der Palästinensischen Autonomiebehörde.

www.passia.org Webseite der Organisation Passia mit vielen interessanten Artikeln.

www.ipcri.org Webseite einer israelisch-palästinensischen Menschenrechtsorganisation (Israel/Palestine Center for Research and Information).

www.cprs-palestine.org Auf dieser Seite sind aktuelle Meinungsumfragen zu finden (Center for Palestine Research and Studies).

www.ipsjps.org Webseite des Journal of Palestine Studies, das viele aktuelle Veröffentlichungen zum Thema Palästina/Israel enthält.

www.btselem.netgate.net Menschenrechtsorganisation.

www.fmep.org Informationen zu Themen der Endstatusverhandlungen aus palästinensischer Sicht.

www.palecon.org Dokumente und Publikationen zur palästinensischen Wirtschaft.

Zeitungen:

Die beiden großen deutschen Tageszeitungen, Frankfurter Allgemeine Zeitung (Klaus Dieter Frankenberger), Süddeutsche Zeitung (Thorsten Schmitz) und vor allem die Wochenzeitung DIE ZEIT (Gisela Dachs) informieren regelmäßig und mit großer Sachkenntnis über die Entwicklung in Israel und Palästina. Für den englischsprachigen Bereich sei auf die New York Times (Deborah Sonntag) verwiesen.

Zeittafel

13. Jh. v. Chr.	Früheste Erwähnung „Israels" in einer Inschrift des Pharaos Merenptah (1224–1204 v. Chr.).
586 v. Chr.	Eroberung Jerusalems und Zerstörung des Tempels durch Nebukadnezar. Beginn der babylonischen Gefangenschaft.
515 v. Chr.	Ende der babylonischen Gefangenschaft, Wiederaufbau des Tempels durch Kyros I.
3. Jh. v. Chr.	Alexander der Große erobert Palästina.
2. Jh. v. Chr.	Herrschaft der Seleukiden.
63 v. Chr.	Eroberung durch die Römer.
66–70 n. Chr.	Aufstand der Juden und Zerstörung des Tempels.
132–135	Bar Kochba-Aufstand.
571	Geburt Mohammeds.
622	Emigration Mohammeds (*Hijra*), Beginn der islamischen Zeitrechnung.
638	Kalif Omar erobert Jerusalem.
1099	Die Kreuzfahrer erobern Jerusalem.
1187	Saladin schlägt die Kreuzfahrer in der Schlacht von Hattin und erobert Jerusalem.
1250–1517	Herrschaft ägyptischer Mameluken über Palästina.
1517	Eroberung Palästinas durch die Osmanen.
1798	Landung Napoleons in Ägypten.
1882	Beginn der Ersten Alijah.
1916	McMahon-Hussein-Abkommen und Sykes-Picot-Abkommen.
1917	Balfour-Erklärung zur „Schaffung einer nationalen Heimstätte für das jüdische Volk".
1922, 24. Juli	Konferenz von San Remo, Aufteilung des Nahen Ostens in europäische Mandatsgebiete.
1922, 24. Juli	Beginn des britischen Mandats in Palästina.
1936–1939	Arabischer Aufstand gegen britische Herrschaft und jüdische Einwanderung.
1946, 22. Juni	Anschlag auf das King-David-Hotel.
1947, 29. Nov.	Verabschiedung der „Teilungsresolution" durch die Vereinten Nationen.
1948, 14. Mai	Ausrufung des Staates Israel durch Ben Gurion; Beginn des ersten arabisch-israelischen Kriegs.
1949, März	Endgültiger Waffenstillstand zwischen Israel und den arabischen Staaten; Beginn der ägyptischen Herrschaft über den Gazastreifen und der jordanischen Herrschaft über die Westbank.

1956, Okt./Nov.	Suezkrieg.
1957	Yassir Arafat ist Mitbegründer von *Fatah*.
1964	Gründung der *PLO*, Vorsitzender Shuqayri.
1967, 5.–10. Juni	Sechstagekrieg; Israel erobert die Westbank (inkl. Ostjerusalem), den Gazastreifen, die Sinai-Halbinsel und die Golanhöhen.
1967, 22. Nov.	Der Sicherheitsrat der Vereinten Nationen verabschiedet Resolution 242, die den Abzug der israelischen Truppen aus den besetzten Gebieten fordert.
1969	Arafat wird zum Vorsitzenden der *PLO* gewählt.
1971	„Schwarzer September": die palästinensischen Guerillaorganisationen werden aus Jordanien vertrieben.
1972, 5. Sept.	Palästinensischer Anschlag auf das israelische olympische Team in München.
1973, 6. Okt.	Yom-Kippur-Krieg: Ägypten und Syrien greifen Israel an.
1974, Nov.	Arafats Rede vor den Vereinten Nationen; die *PLO* erhält Beobachterstatus bei der Weltorganisation.
1979, 26. März	Unterzeichnung des Camp-David-Abkommens zwischen Israel und Ägypten.
1982, Juni	Einmarsch israelischer Truppen in den Libanon; Einrichtung einer „Sicherheitszone" im Südlibanon; die *PLO* verlagert ihren Sitz nach Tunis.
1987, 8. Dez.	Ausbruch der *Intifada*.
1991, 30. Okt.	Beginn der Friedensverhandlungen in Madrid.
1993, 13. Sept.	Unterzeichnung der Osloer Prinzipienerklärung zwischen Israel und der *PLO*.
1994, 4. Mai	Gaza-Jericho-Abkommen.
1994, 25. Juli	Jordanisch-Israelischer Friedensvertrag.
1995, 28. Sept.	Interimsabkommen.
1995, 4. Nov.	Ermordung von Ministerpräsident Yitzhak Rabin.
1997, Jan.	Hebron-Protokoll.
1998, 23. Okt	Wye-River Abkommen.
1999, 4. Sept.	Sharm-el-Sheikh-Memorandum.
2000, Okt.	Ariel Scharon besucht den Tempelberg, Ausbruch der *Al-Aqsa-Intifada*.
6. Feb. 2001	Wahl Ariel Scharons zum Ministerpräsidenten.

Register

Abbas, Mahmoud (Abu Mazen)
105
Abdullah, König von Jordanien
42 f.
Abraham 17
Abrahamsmoschee 94
Abu Ammar, s. Arafat
Abu Jihad (Khalil al-Wazir) 63,
81
Abu Mazen, s. Abbas, Mahmoud
Abu-Nidal-Gruppe 59, 94
Ägypten 12 f., 18, 24 f., 31, 35–48,
53–57, 64, 68, 72, 102, 110, 116,
132 f., 144, 150, 178 f.
Akkon 14, 24
Al-Aqsa-Intifada 97, 102, 179
Al-Aqsa-Moschee 96, 150
Alexander der Große 178
ʿAli, Mustapha 169
Alijah (Einwanderung der Juden
nach Israel) 28 f., 178
Allon, Yigal 71, 116
Allon-Plan 116
Al-Khalil, s. Hebron
Al-Quds, s. Jerusalem
Amal-Miliz 58
Amir, Yigal 94
Amman 11, 45, 52 f., 61, 65 f.
ANM (Arab Nationalists
Movement) 35, 45, 50
Ansar II und III (Gefangenenlager)
84
Arabische Liga 34
Arabischer Nationalismus,
s. Nationalismus
Arafat, Yassir 37, 51, 54–63,
79–83, 87–89, 94 f., 99–103,
122–139, 147, 151–166, 176,
179
Arbeitslosigkeit der Palästinenser
73 f., 140–142, 153

Aschkelon 14
Asfour, Hassan 87
Assad, Hafiz al- 53
Assoziierungsabkommen zwischen
Palästina und der EU (1997) 136
Assyrien 21
Ausgangssperren 80, 145
Autonomiebehörde, s. PA
Autonomiegebiete 14–18, 101–103,
115, 125, 128 f., 137–146,
151–153, 159, 161, 166

Bakr, Abu 23
Balfour-Erklärung (2.11.1917) 27,
89, 173
Bar Kochba Aufstand 22, 178
Barak, Ehud 97–100, 105
Beerscheba 18
Beirut 25, 35, 54, 58 f., 161, 165,
170
Bethlehem 8, 17, 100
Biltmore-Resolution (1942) 30
Bir-Zeit-Universität 165
Bush, George 86

Camp-David-Abkommen 57, 68,
86, 105, 132 f., 155, 179
Capernaum 16
Cäsarea 14
Clinton, Bill 135, 155
Corpus separatum 7, 31, 33, 106

Damaskus 53
Darwisch, Mahmoud 171
David, König von Israel und Juda
21, 82, 105
Deir Jasin (Massaker) 111
Deutschland 131, 135 f.
DFLP (Democratic Front for the
Liberation of Palestine) 58, 67,
79, 94

Diaspora, palästinensische, s. Exil
Djihad 94, 104, 156 f.

economic appeasement 71, 75
EFTA (European Free Trade
    Association) 141
Eilat 18
Einwanderung, jüdische, s. Alijah
Elon, Amos 11, 173
Endstatusverhandlungen 91, 100,
    104 f., 108, 110, 118, 120, 130,
    135, 155, 177
Erster Weltkrieg 12, 24, 27, 42
Europäische Union 105 f., 135 f.,
    141, 180
Exekutivkomitee 56, 125
Exil der Palästinenser 45 f., 48, 53,
    56, 61–69, 75, 81, 85, 87, 91, 93,
    122, 128, 140, 146, 151–153, 163,
    168–170

Faisal, Emir 27
Faisal-Weizmann-Abkommen 27
Fakhani (Stadtteil Beiruts) 58, 60
Fatah 37 f., 45, 50 f., 54, 61, 63, 67,
    69, 79, 83, 124 f., 155, 161, 179
Fellachen 26, 28
Film 169
Flüchtlingslager 47, 59, 78, 96, 112,
    114, 150
Frangi, Abdallah 131
Frankreich 12, 27, 41
Frauenorganisationen,
    palästinensische 66, 164
Friedensprozeß 20, 69, 89–98,
    106, 118, 122–126, 128, 130–134,
    137, 140–144, 147, 152–159, 163,
    171 f.
Friedensvertrag 13, 57, 104, 179
Fundamentalismus 128 f., 154, 156

Galiläa 16
Gaza-Jericho-Abkommen,
    s. Oslo I
Gaza-Stadt 15, 69, 88, 96
Genezareth (See) 13, 15 f., 120
Golanhöhen 13–15, 46, 55, 120, 179
Goldstein, Baruch 94

Golfkrieg, zweiter 85 f., 133 f., 138,
    145
Golfstaaten 44, 74, 77, 133 f., 138
Großbritannien 12, 27–30, 41
Großsyrien 24
Gush Emunim 116, 118

Habash, George 35
Hadrian (röm. Kaiser) 22
Haganah 28, 30
Haifa 14, 168 f., 177
Hamas 94, 104, 156–159, 163
Hamula 149, 151
Har Homa 97, 108
Haschemitisches Königreich
    42 f., 45, 50, 52, 87
Ha-Schomer 28
Hass, Amira 137, 173
Haycraft Kommission 29
Hebron (Al-Khalil) 8, 17, 94,
    98, 100, 102, 176
Hebron-Protokoll 98, 100, 105,
    179
Heiliger Krieg, s. Djihad
Herakleios (byzant. Kaiser) 22
Hindi, Hani al- 35
Hirschfeld, Yair 87
Holocaust, s. Shoa
Hussein, König von Jordanien 13,
    43, 45, 52 f., 55, 60–63, 82, 133
Husseini, Faisal 86 f., 150
Husseinis (paläst. Notabelnfamilie)
    150

Ibn Khaldûn 149, 173
Industrialisierung 138, 144
Interimsabkommen, s. Oslo II
Interimsphase 89–91, 98–104, 108,
    122–126, 156
Intifada (s. auch Al-Aqsa-Intifada)
    50, 61 f., 70, 74–88, 90, 92 f., 98,
    106, 120, 137 f., 152 f., 157,
    160–163, 167, 170 f., 176, 179
Intifada-Literatur 171
Irak 24, 31, 37, 56, 61, 85, 134
Irgun 30
Islam 17, 21–25, 38, 69, 155–157,
    159

Israelisch-Arabischer Krieg
(1948/49) 20, 30–34
israelische Armee 28, 48 f., 51 f.,
58 f., 103, 114, 169
Izz-al-Din-al-Qassam-Brigade 94

Jadallah, Sulafa 169
Jaffa 14
Jebel Abu Ghneim 97, 108
Jenin 16, 100
Jericho 17, 100
Jerusalem (Al-Quds) 7 f., 11 f., 17,
20–31, 35, 49, 52, 63, 71, 79, 91,
94, 105–108, 116, 150, 155, 173,
178, 180
– Ostjerusalem 7, 12, 37, 42, 70, 77,
92, 99, 101, 106–108, 115–118,
129, 145, 150 f., 156, 171, 179
Jewish Agency 29
Jischuv 28
Jordan, Jordantal 7 f., 11 f., 15 f.,
19 f., 37, 44, 52, 63, 71, 110, 116,
120, 173
Jordanien 7, 12 f., 18, 31, 34 f., 38,
42–48, 50–55, 58, 60–62, 64–66,
72 f., 82, 87, 92, 102, 106, 110,
112, 116, 129, 132 f., 144, 150,
156, 175, 179
Judäa 20, 71

Kairo 40–42, 57, 98, 124, 161, 170
Kalifen 23 f., 178
Kanaana, Sharif 167
Kanafani, Ghassan 168
Karameh 51
Karmelgebirge 11
King David Hotel 30
Kissinger, Henry 83, 134
Knesset 57, 70, 171
Kolonialmächte 12
Kommunismus 50, 67
Konferenz von San Remo 28,
178
Konstantin (röm. Kaiser) 22
Kreuzfahrer 14, 24, 178
Kurd, Maher al- 87
Kuwait 36, 79, 85, 133 f., 138
Kyros I. (pers. König) 21, 178

„Land für Frieden" 46, 48, 90, 131
Landkäufe jüdischer Einwanderer
28 f.
Levy, David 104
Libanon 12 f., 15 f., 31, 34, 50,
53–61, 63, 92, 112, 132, 134, 157,
179
– Südlibanon 13, 55, 59, 179
Libyen 134
Likud 67, 116

Mandat, britisches 7 f., 27–29, 77,
87, 124, 127, 129, 138, 149, 166,
175, 178
McMahon-Hussein-Abkommen
27, 178
Medina 22, 96
Mekka 22 f., 96
Menschenrechtsorganisationen
103, 128, 162, 177
Menschenrechtsverletzungen 128,
130, 165
Merenptah, ägypt. Pharao 21, 178
Milizen im Libanon 56, 58 f.
Moslembruderschaften 69, 157
Muhawi, Ibrahim 167

Nablus 16 f., 100
Napoleon I. 25
Nashashibi, Mohammed Zuhdi
150
Nashashibis (paläst. Notabeln-
familie) 150
Nasser, Gamal Abdel 36
Nationalismus 26, 35, 49, 137
–, palästinensischer 34, 39, 69,
155
–, panarabischer 26 f., 34–36, 85,
132
Nazareth 16
Nebukadnezar (babyl. König) 21
Negev (Wüste) 12, 18, 84
Netanjahu, Benjamin 94, 104
Norwegen 87, 136

Oktoberkrieg 55, 179
Ölboom 138
Omar (Kalif) 23, 178

Oslo I (Gaza-Jericho-Abkommen, 4.5.1994) 98, 139, 179
Oslo II (Interimsabkommen, 28.9.1994) 97 f., 179
Osloer Prinzipienerklärung (13.9.1993) 88–92, 98, 104, 110, 112, 118–120, 127, 135–137, 140, 142, 179
Osloer Verträge, Auswirkungen 122, 126, 135, 138, 152, 157, 165
Osmanisches Reich 12, 24 f., 27, 149, 175, 178
Ostjerusalem, s. Jerusalem

PA (Palästinensische Autonomiebehörde) 7, 15 f., 92 f., 100–105, 108, 122–131, 134, 139–147, 150–156, 160–166, 172, 177
PAE (Palestine Arab Executive) 29
Palästinensischer Nationalismus, s. Nationalismus
Panarabismus, s. Nationalismus
Pariser Protokoll (29.4.1994) 139 f., 144
Passfield White Paper 29
Patronagesystem der PLO 67, 83, 124, 147
Peres, Shimon 89, 173
Petrus, Apostel 16
PFLP (Volksfront zur Befreiung Palästinas) 45, 50 f., 58, 67, 79, 94, 170
PKP (Palästinensische Kommunistische Partei) 69
PLA (Palestinian Liberation Army) 38, 44, 50, 56
PLC (Palestinian Legislative Council) 29, 42, 68, 102, 125–128, 147, 154, 158, 164, 166
PLO (Palestinian Liberation Organization) 37 f., 44, 50–68, 79, 81–88, 97, 102, 104 f., 122–127, 130–138, 153–157, 160–165, 170, 179
PLO-Charta 37, 50, 90, 104, 126, 154 f.

PNC (Palestinian National Congress) 37, 51, 56, 82, 126, 127
PNSF (Palestinian National Salvation Front) 61
Ptolemäer 22
Pundak, Ron 87

Qatar 133
Qumranhöhlen 17
Qurei, Ahmed 87

Rabin, Yitzhak 77, 84, 88, 94
Rafah 14, 102, 114
Ramallah 17, 100, 165, 172
Ras Al-Naqua 14
Rotes Meer 18

Sabra und Shatila (Massaker) 59
Sadat, Anwar al- 57
Saladin, Sultan 24, 178
Salomon, König von Israel und Juda 21
Samaria 20, 71
Sassaniden 22
Saudi Arabien 18
Savir, Uri 87
Scharia 164
Scharon, Ariel 8, 60, 97 f., 106, 179
Schiiten 23
„Schwarzer September" (1970) 52
Sechstagekrieg 45 f., 48, 51, 62, 179
Selbstverwaltung, palästinensische, s. PA
Shafi, Haidar Abd al- 42
Shamir, Yitzhak 86
Sharm el-Sheikh (Anti-Terror-Gipfel) 95
Sharm-el-Sheikh-Memorandum (4.9.1999) 100, 105, 179
Shoa 30
Shultz, George 60
Shuqayri, Ahmed al- 37 f., 179
Siedlungen, jüdische 71, 73, 77, 81, 84, 91, 93 f., 96 f., 100 f., 105 f., 108, 115–120, 129, 144 f.
Siedlungspolitik, israelische 73, 77, 93, 96 f., 108, 115 f.

Sinai 12 f., 39, 41, 46, 64
SLA (South Lebanon Army) 58
Sowjetunion 42, 58, 60, 84–86, 134
Stern-Bande 30
Sudan 134
Suezkanal 41
Suezkrise 36
Sunniten 23
Sykes-Picot-Abkommen 27, 178
Syrien 12–15, 22, 24–28, 31, 34–36,
 38, 41, 46, 50, 52–58, 87, 92, 112,
 120, 132, 134, 179

Taba 104
Tabgha 16
Teilungsresolution 30–32, 106, 131,
 178
Tel Aviv 14, 94, 173
Tempelberg 95, 97, 106, 179
Terroranschläge 30, 38, 41, 45,
 54 f., 59, 61, 75, 84, 92–97, 104 f.,
 145 f., 156, 158 f., 168, 176,
 178 f.
Terrorgruppen 30, 82, 94 f., 129
Tiberias 16
Totes Meer 11 f., 16 f.
Transjordanien 12, 25, 31, 34,
 42–44
Tulkarem 16, 100

UAC (Unified Arab Command)
 37
Unabhängigkeit, israelische 20,
 27 f.
Unabhängigkeitserklärung,
 palästinensische (15. 11. 1988) 82,
 126, 135, 155, 164
UNO 30 f., 40, 46 f., 55, 58, 71, 82,
 90, 106, 108, 114, 130 f., 135,
 142 f., 146, 178 f.

UNO-Resolution 194 (III) 114
UNO-Resolution 242 46 f., 83,
 179
UNO-Resolution 302 (IV) 40
UNO-Sicherheitsrat 46, 58, 71, 90,
 131, 179
UNRWA (United Nations Relief
 and Works Agency for Palestine
 Refugees in the Near East)
 40, 72, 160
UN-Teilungsplan, s. Teilungsreso-
 lution
Urban II. (Papst) 24
USA 41, 53, 57–61, 82–84, 105,
 128–136, 139, 141, 165

Verbindungsbüros 130
Vereinigte Arabische Emirate 133
Vereinigte Nationale Führung 79
Vereinte Nationen, s. UNO
Verfassungsentwurf 124–126, 154,
 163 f.
Vespasian (röm. Kaiser) 22
Völkerbund 7, 28

Waqf 155 f.
Wasser, Wasserfrage 15, 73, 77,
 105, 115, 120, 139, 144
Wazir, Khalil al- 63, 81
Weltbank 141 f.
Wye-River-Abkommen
 (23. 10. 1998) 99, 105

Yassin, Sheikh 157
Yom-Kippur-Krieg 55, 179

Zionismus 19, 26, 28–30, 131, 175,
 176
Zionistischer Weltkongreß 28
Zweiter Weltkrieg 30, 150, 162